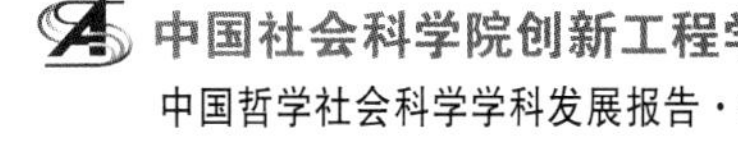

中国哲学社会科学学科发展报告·学科前沿研究报告系列

当代中国、信息情报研究与图书馆学学科前沿研究报告

THE FRONTIER ACADEMIC RESEARCH REPORT ON CONTEMPORARY CHINA, INFORMATION STUDY AND LIBRARY SCIENCE

（2010—2012）

中国社会科学院科研局
组织撰写

中国社会科学出版社

图书在版编目(CIP)数据

当代中国、信息情报研究与图书馆学学科前沿研究报告：2010～2012/中国社会科学院科研局组织撰写.—北京：中国社会科学出版社，2014.3

ISBN 978－7－5161－3647－8

Ⅰ.①当… Ⅱ.①中… Ⅲ.①中国历史—现代史—研究②信息学—研究③情报检索—研究④图书馆学—研究 Ⅳ.①K270.7②G2

中国版本图书馆CIP数据核字(2013)第271337号

出 版 人 赵剑英
责任编辑 赵 丽
责任校对 张玉霞
责任印制 戴 宽

出 版 中国社会科学出版社
社 址 北京鼓楼西大街甲158号(邮编100720)
网 址 http://www.csspw.cn
中文域名:中国社科网 010－64070619
发 行 部 010－84083685
门 市 部 010－84029450
经 销 新华书店及其他书店

印 刷 北京君升印刷有限公司
装 订 廊坊市广阳区广增装订厂
版 次 2014年3月第1版
印 次 2014年3月第1次印刷

开 本 710×1000 1/16
印 张 14
插 页 2
字 数 238千字
定 价 46.00元

出版说明

为了加强学科建设，按照《中国社会科学院〈学科年度新进展综述〉、〈学科前沿研究报告〉编撰实施办法》的规定，中国社会科学院科研局于2013年组织全院各所撰写2010—2012年的学科前沿研究报告。

在中国社会科学院各研究所的支持与努力下，共有38个研究机构撰写了学科前沿研究报告。根据《中国社会科学院学科分类名录》，我们按照6个学科门类、41个一级学科对研究报告进行了编纂，总计18卷，构成《学科前沿研究报告》系列图书出版。

组织策划《学科前沿研究报告》，旨在评估各学科发展状况，及时跟踪国内外学科最新发展动态，准确把握学科前沿，引领学科发展方向。值此《学科前沿研究报告》系列图书面世之际，特别感谢中国社会科学院各研究所领导、科研人员、科研管理人员的大力支持与配合。同时，撰写《学科前沿研究报告》是我们加强基础研究和学科建设的一项尝试，藉此出版之际，我们衷心期待国内外学界同仁对进一步完善《学科前沿研究报告》的撰写予以指导和批评。

中国社会科学院科研局

中国社会科学出版社

2013年7月22日

目　　录

中华人民共和国史学科前沿研究报告
(2010—2012)

2010—2012 年当代中国研究所进入了一个新的发展阶段，在学科建设和学术成果方面实现了突破性进展，成绩卓著；与此同时，国内外的中华人民共和国史（以下简称“国史”）研究，也取得了明显进展。

一 学科发展概况

国史研究最早可以追溯到 20 世纪 50 年代中期，但严格意义上说的国史研究，是从党的十一届三中全会以后开始的。尤其是 1981 年 6 月 27 日党的十一届六中全会通过《关于建国以来党的若干历史问题的决议》，对国史研究中的许多难点、热点问题做出了科学的回答，为国史研究的发展指明了正确的方向。与此同时，经中共中央书记处批准、中央宣传部部署，组织专门的编委会，从 1983 年开始编辑的《当代中国》丛书，利用大量丰富、确凿的档案资料，记述新中国成立以来各条战线、各个方面的发展历程、主要成就和基本经验，为系统研究国史奠定了坚实的基础。

随着实事求是思想路线的深入贯彻、学术环境的日益宽松和国史资料的大量披露出版，在新中国成立 40 周年之际，若干国史著作开始面世，如靳德行主编《中华人民共和国史》、何理主编《中华人民共和国史》、陈明显《新中国四十年》等。20 世纪 90 年代还出版了邓力群主编《中华人民共和国史稿》序卷、《当代中国人物传记》丛书元帅卷、《中华人民共和国地方简史》丛书十几部省卷、《中华人民共和国国史百科全书》等。

进入新世纪后，国史研究取得了显著的成绩和长足的进步，有力地推动了这门新兴历史学科的发展和成熟。这集中表现在出版了一批具有通史性的、专题性的著作，例如多卷本的著作有：当代中国研究所编的《中华人民共和国史编年》、林蕴晖等主编的《六十年国事纪要》、魏宏运主编的《国史纪事本末》、刘国新等主编的《中华人民共和国史长编》、郭德宏等主编的《中华人民共和国专题史稿》、徐达深等主编的《中华人民共和国六十年实录》、郑谦主编的《中华人民共和国史》、刘德军主编的《中华人民共和国史述评》；而涉及国史的文选、传记、年谱、大事记、回忆录、论文集、资料汇编更是不计其数，例如：《毛泽东传》、《邓小平年谱》、《江泽民文选》、多卷本的《李鹏日记》、《李鹏论宏观经济》、《朱镕基讲话实录》、李岚清的《国门初开的岁月》、《谷牧回忆录》、陈锦华的《国事忆述》等。这些书籍的陆续出版，使国史研究的学术园地呈现出百花齐放的繁荣景象。在2010—2012年的三年里，国史研究最突出和最有影响的成果是中共中央党史研究室编写的《中国共产党历史》第二卷、当代中国研究所编写的多卷本《中华人民共和国史稿》；国外学术著作中有傅高义撰写的《邓小平时代》。

2011年，中国社会科学院将“中国当代史”（又称中国现代史）与中国古代史、中国近代史并列为历史学二级学科，同时在下面分列了政治史、经济史、文化史、社会史、国防史、外交史、一国两制史、史学理论等三级学科。不少高校已经在历史系专门设立中华人民共和国史专业，这都为国史研究的进一步发展奠定了良好的基础。2010—2012年间，当代中国研究所和中华人民共和国国史学会每年都联合举办全国性的不同主题的国史研究年会，会议的规模都在百人以上。

在队伍建设方面，1990年，中共中央党史领导小组提议并经党中央批准，以《当代中国》丛书编辑部为基础成立了当代中国研究所，主要任务是研究、撰写、宣传中华人民共和国史，并负责联系和协调全国的国史研究工作。此后，当代所聚集了一批有志于国史研究的专业人员。1992年，当代所牵头成立了团结国史学界专家、学者的学术团体——中华人民共和国国史学会。2001年，以当代中国研究所为依托，中国社科院研究生院成立国史系，设有中共党史一个博士学位授予点，中国近现代史、中国当代史和中共党史三个硕士学位授予点以及中华人民共和国史博士后流动站。这为积极培养国史研究人才做出了贡献。除了当代中国研究所这一专门研究机构外，国史研究队伍主要分布在高等院校、地方社科院和中共党史研究系统，军队系统和机关工作人员包括离退休人员同样是一支不可或缺的力量，来自国外的作者也占有越来越大的比重。随着国史学科的不断发展，出现了很多专业领域里的学术带头人，同时也涌现了一批具有很强的综合素质与理论水平、科研能力与文字功底俱佳的国史研究工作者。

但是从总体上看，国史学科建设离我们的预期还有差距，主要问题有以下几点：第一，国史在高校专业设置和课程设置中事实上处于边缘地位；第二，近年来国史研究领域存在的历史虚无主义倾向，极大地干扰和破坏着国史研究的健康发展；第三，国史研究的总体学术质量有待提升，学术视野有待拓展；第四，国史学科体系的建构需要完善和优化等。

二 学科前沿动态

（一）国史学科体系的构建

长期以来，国史学界对于国史的学科体系建构还没有形成比较一致的看法，在学科定位及研究对象、内容、历史分期等问题上还是仁者见仁，智者见智。近三年来，这些问题的研究有所深化，共识越来越多，这有益于构建起完整的学科体系。

关于国史的定义与分期。关于什么是国史的问题，国史学界一直没有给出一个完整的定义。2010 年，朱佳木在总结当代中国史研究的历史进程与经验的基础上指出，国史是指 1949 年中华人民共和国成立后，共和国 960 万平方公里范围内社会及社会与自然界关系的历史。它是中国历史的自然延伸，是正在行进并且不断向前发展着的中国断代史。从广义上讲，它是中国历史的现代部分或当代部分，即中国现代史或中国当代史，其上限与中国近代史相衔接；从狭义上讲，它只包括中央政府管辖范围内的历史，因此比当代史的概念要小。

在国史分期上，存在两个基本问题：一是国史、当代史、现代史、近代史如何划分界限。随着新中国历史的发展，越来越多的人主张应当以 1949 年为限，来划分中国的近代史与现代史。在此基础上，朱佳木提出，应当取消目前的“中国近现代史”概念，而将近代史与现代史明确划分为两个学科，并将国史、当代史与现代史合并。二是国史自身各个历史阶段的如何划分。关于这一问题，国史学界有着二分法、四分法、五分法、六分法、八分法等多种分法。朱佳木提出，从经济社会发展目标模式的角度观察，迄今为止的国史大致可以划分为结合中国实际学习苏联、探索中国自己的建设社会主义的道路、开创中国特色社会主义道路、开创中国特色社会主义道路新局面和中国特色社会主义建设进入新的发展阶段等五个历史时期。与以往各种分法不同的是，这种分法将1956年至1978年的22年划为了一个时期，也就是说，把十年“文化大革命”和两年徘徊时期与“文化大革命”前的十年都作为探索社会主义建设道路的时期。

关于国史的主线。历史的主线是指贯穿历史全部过程并始终支配历史沿着某种既定方向前进、反映历史发展内在动力的基本线索和基本脉络。关于国史主线，以往论者有各种各样的提法，但无论哪种，基本持“一条”说。朱佳木认为，国史的主线至少应有三条：即探索中国社会主义的发展道路，争取早日实现中国的工业化和现代化，维护中国的国家安全、主权和领土完整。这三条主线既相互区别又相互联系，共同影响和左右着国史，共同决定着我们国家始终以中国最广大人民的利益和中华民族的利益为自己的最高利益。迄今为止在国史中发生的所有重大事件，几乎都与这三条主线有关。同时，从这三条主线研究中也可以预测出中国的未来走向。

关于国史研究与中共党史研究的关系。国史学界多数人认为，国史研究与中共党史研究是不同的，但在现实出版物中，国史书与党史书新中国成立后的部分往往大同小异。这个问题不解决，不仅国史学科建设难以有真正的进展，就连国史本身能否成为独立学科都成问题。对此，朱佳木指出，国史与党史之间既有联系又有区别。一方面，党史是国史的核心内容，因此，国史研究与党史新中国成立后部分的研究在内容上难免会有许多交叉和重合；另一方面，国史的范围比党史的范围要宽得多，因此，国史研究与党史新中国成立后部分的研究之间无论在学科属性还是在研究的角度、范围、重点、方法上，都是不同的，二者之间谁也代替不了谁。①

关于国史研究的社会功能。古往今来，学术界多数人都认为史学具有鲜明的社会功能，但究竟具有哪些功能，看法并不完全一致。通常的说法是，史学具有存史、资政、育人的功能。朱佳木认为，史学特别是国史，除具有这三大功能外，还有“护国”的功能。这是因为，“灭人之国，必

---

① 朱佳木：《对中国当代史定义、分期、主线问题的再思考》，《当代中国史研究》2010年第1期。

先去其史”。反过来，护己之国，也须先卫其史。历史证明，对国家史的认识和解释，历来是意识形态领域各个阶级、各种政治力量较量的重要战场。无论维护还是推翻一个政权，都高度重视对历史的解释，这是带有规律性的社会现象。

（二）唯物史观在中华人民共和国史研究中的坚持和运用

首先，研究国史要有正确的立场，即要坚持马克思主义立场、观点和方法。如有林指出，研究和编纂国史，要站在马克思主义的立场上，就是站在工人阶级和广大人民群众的立场上，就是维护他们的根本利益；要运用马克思主义的观点，也就是把辩证唯物主义运用到社会历史领域的唯物史观的观点，主要是生产观点、劳动观点、群众观点、阶级观点等；要运用唯物辩证法，全面地、发展地看问题。① 朱佳木认为，观察当代中国的科学方法，一要历史地看，既看新中国成立至今 60 年的历史，也要看新中国成立以前的中国历史，特别是中国的近代史；二要全面地看，既看新中国取得的辉煌成就和巨大发展，也要看新中国仍然面临的诸多问题和落后方面；三要发展地看，既看新中国继续发展的制约因素，也要看新中国具有克服这些制约因素的有利条件。②

其次，要划清马克思主义唯物史观与历史虚无主义之间的界限，旗帜鲜明地反对历史虚无主义思潮。近年来历史虚无主义思潮常常打着马克思主义的旗号，在一系列重大历史问题上散布各种似是而非的奇谈怪论。对此，有学者集中批判了国史研究中所存在的否定新中国所取得的巨大历史成就的虚无主义思潮，指出改革开放前 30 年的历史功绩不容被抹杀。③ 针对历史虚无主义思潮的泛起，梁柱呼吁划清马克思主义唯物史观与历史虚无主义之间的界限，旗帜鲜明地反对历史虚无主义思潮。④ 还有学者专门批驳了历史虚无主义否定革命及其重大意义的言论，指出其实质就是要抽掉中国走社会主义道路的历史依据，使中国走西方的资本主义道路。若任其弥漫，必将严重消解社会主义核心价值体系，导致整个社会的思想混乱

① 有林：《运用马克思主义立场、观点、方法研究和编纂当代中国史》，《当代中国史研究》2010 年第 6 期。

② 朱佳木：《怎样观察当代中国》，《中国社会科学院研究生院学报》2010 年第 2 期。

③ 穆艳杰：《当代历史虚无主义批判》，《政治学研究》2011 年第 5 期。

④ 梁柱：《谈谈划清两种历史观的问题》，《思想理论教育导刊》2010 年第 8 期。

和价值失序。为此，必须加快推进社会主义核心价值体系的大众化，增强广大群众对历史虚无主义的免疫能力和对中国特色社会主义道路的信念信心，有效抵制历史虚无主义的严重危害。①

再次，在国史研究中应用“革命史观”。李捷认为，新中国成立以来发生了四次革命。第一次革命是共和国成立，从根本上改变了中华民族的历史命运。第二次是土地革命，彻底推翻了封建土地制度，极大地解放了农村生产力，为现代化建设奠定了坚实的基础。第三次是社会主义革命，确立起社会主义基本制度，为在社会主义道路上实现中华民族伟大复兴、加速实现现代化铺平了道路。第四次是社会主义改革。改革开放是决定当代中国命运的关键抉择，是发展中国特色社会主义、实现中华民族伟大复兴的必由之路；只有改革开放才能发展中国、发展社会主义、发展马克思主义。②

（三）关于“中国道路”的研究和讨论

新世纪以来中国经济持续高速发展，特别是2008年世界金融危机爆发后中国“风景这边独好”，促使国外学者提出了“北京共识”和“中国模式”问题，并由此引发了国内外关于中国发展道路的广泛讨论。

首先，关于中国发展道路是否具有普世性问题。2009年国外有舆论认为中国模式他国可以效仿，到2010年，国外对这一问题进行了更为理性的思考，更加强调中国模式的独特性。如加州大学圣地亚哥分校国际关系与太平洋研究学院中国经济研究教授巴里·诺顿总结了中国经济发展的六个特征，指出中国发展的经验表明制度创新并不是外生的，而是出现于国家制度框架内部，因此中国的制度创新并不能简单地被别国照搬。③ 印第安纳大学中国政治商务研究中心主任、政治学和东亚语言文化系副教授斯科特·肯尼迪认为，中国发展并没有太多的独特性，更多地可以归类于韩国、台湾地区的发展主义国家和地区模式。因此作者认为中国模式并不构

---

① 周玉：《社会主义道路：中国近现代革命的必然逻辑——对历史虚无主义几个观点的回应》，《西南民族大学学报》（人文社会科学版）2011年第8期。

② 李捷：《要重视并充分肯定革命在共和国历史中的地位和作用》，《当代中国史研究》2010年第6期。

③ ［美］巴里·诺顿：《中国发展实践的不同特点和可借鉴的特征》，庞娟译，《国外理论动态》2010年第4期。Barry Naughton, “China's Distinctive System: Can It Be a Model for Others?”, *Journal of Contemporary China*, Volume 19, Issue 65, 2010.

成对世界现有秩序的重大挑战和威胁。[①] 美国左翼学者阿里夫·德里克则不同意把中国模式看作东亚威权主义发展模式的一种，认为中国发展方式和东亚模式有两大区别：中国革命历史中一直在国内强调建立平等的、人民有发言权的社会和新文化，在国际上强调独立自主发展。因此中国发展道路不能与东亚发展模式等同。中国要想保持持续发展和进步，必须保持和发扬这些在中国发展中起了重要推动作用的不被注意的社会主义因素。[②]

其次，如何看待中国道路的整体性问题。在研究中国道路时，很多人在强调中国经济改革高度成功的时候，总是隐含着一个对新中国前30年的否定；而另一方面，许多论者往往用新中国的前30年来否定其后30年。按照前者的观点，新中国的前30年是失败，是中国现代化过程中走过的一段弯路；后30年从失败走向成功是因为“补课”和“接轨”，因为走上了“普适”的西方道路。由此推理出的一个结论是，中国模式与前30年无关；如果说有关系的话，也只具备反面教材的意义。而按照后者的观点，中国特色的社会主义实际上就是中国特色的资本主义，中国改革其实已经走上了邪路。这两种观点都是错误的。2010年，有学者指出：“正确认识新中国成立以来两个30年的关系，是中国模式研究不可绕开的重要课题。如何看待这两个30年的关系，已经超越了对前30年和后30年各自的历史评价的问题，直接关乎对中国模式内涵的认识和把握。”在这个问题上，割裂新中国两个30年并作简单片面的评判，会使中国模式的研究不可避免地进入误区。对于中国模式的认识和把握，需要基于新中国60年的整体性视野。[③]

学界已有成果从新中国60年的长时段视野来研究中国道路的形成和发展。如武力主编的《中国发展道路》作为新闻出版署“十二五”重点图书和国家重大委托项目的成果，就是从更长的历史跨度和更宽的视野来探讨中国发展道路的历史和中国为什么会最终选择中国特色社会主义道路的。

---

① Scott Kennedy, “The Myth of the Beijing Consensus”, *Journal of Contemporary China*, Volume 19 Issue 65 2010.

② 阿里夫·德里克：《“中国模式”理念：一个批判性分析》，朱贵昌译，《国外理论动态》2011年第7期。

③ 吴波：《中国模式与两个30年》，《光明日报》2010年11月23日。

(四)中华人民共和国社会史研究成为新的热点

党的十六大以来，以胡锦涛为总书记的党中央第一次把社会建设作为一个独立概念加以阐述，10 年来我国的社会建设取得了巨大成就。与党的十六大以来大力开展社会建设、加强和创新社会管理的大局相适应，国史学界很快把中华人民共和国社会史研究提上日程，社会史研究领域也有不少学者将研究目光从中国古代、近代向中国现当代领域延伸，相关研究成果越来越多地见诸国史、党史学术期刊。

2010 年，当代中国研究所成立了专门从事中华人民共和国社会史研究的社会史研究室。在这个研究室的组织和参与下，2010 年、2011 年、2012 年先后在芜湖、保定、北京召开了三次中国当代社会史专题研讨会，标志着中国当代社会史研究正式拉开大幕。2010 年，国家社科基金首次将中国当代社会史列为重大招标项目。2011 年当代所的社会史研究室申请到国家社科基金重点项目“中国当代社会史研究的理论和方法”、中国社会科学院重点项目“中国当代社会史的研究现状和学科体系建设”，也反映出社会科学界对当代社会史的重视。

从国史研究的视角看，立足于长时段的论述，是三年来中国当代社会史研究的一个突出特点。北京师范大学张静如主编的第一部中国当代社会史的通史类著作——五卷本的《中国当代社会史》，以“大社会”为研究范畴，按照不同历史阶段分期横向的专题式写法，较为综合性地描述了新中国从 1949 年到 2008 年各个历史时期社会发展的状况，对中国当代社会史研究作了有益探索，是迄今为止全景式反映当代中国社会变迁的唯一著作。

三 学科建设状况

(一)学科前沿的主要代表作和代表人物

1.《中华人民共和国史稿》。2012 年中共中央审定出版的多卷本《中华人民共和国史稿》(以下简称《国史稿》)，是国史研究的一个带有标志性突破的重大成果，也是继大型丛书《当代中国》之后的又一部在中央领导下、聚集多方力量、经过长期研究并体现出国史研究最高水平的重要成果。该书由当代中国研究所编写，邓力群为主编。已经出版的五卷，是以新中国前35年历史为主要研究对象，回顾和总结新中国成立、社会主义基本制度确立和探索适合国情的社会主义建设道路的历史进程，深入阐述了当代中国一切发展进步的根本政治前提与制度基础；深刻分析了中国特色社会主义基本制度的历史由来与优越性；深刻揭示了中国特色社会主义理论体系与毛泽东思想既一脉相承又与时俱进的关系，以及中国特色社会主义道路的历史必然性。

《国史稿》是在中共中央的直接领导和关怀下，由国家专门研究规划国史的机构当代中国研究所，经过20年的不懈努力才推出的一项成果，它不仅吸纳了已有的研究成果，而且是集全国有关部门的智慧和力量共同推出的最权威成果。正如该书的副主编李力安所说：“《国史稿》的撰写、修改和出版，得到党中央的高度重视。在撰写和修改过程中，中央领导同志给予了大力支持和精心指导。当代中国研究所的历届领导和科研人员都参加了编研工作，行政和后勤部门也全力以赴地做好服务工作，同时还约请了一批所外专家学者参与了书稿的编写和审读工作。在撰写的第一阶段，是在当代所内部起草讨论。写成初稿后，征求所外一些专家学者的意见。2009—2011年，中共中央办公厅和中共中央宣传部根据中央领导同志指示精神，组织、协调中央和国家30个部委两次审读《国史稿（送审稿)》。2012年又组织18个部委，第三次审读《国史稿（送审稿)》。参加审读的同志们以严谨求实的科学精神，对书稿的观点、结构、史实、文字提出很多重要的修改意见和补充建议，使我们获益匪浅。国家统计局还审核了《国史稿（送审稿)》的大部分数据。”①

《国史稿》出版以后，好评如潮，专家学者给予了高度评价。如时任中国社会科学院常务副院长王伟光评价说：“这是继大型丛书《当代中国》之后中华人民共和国史研究又一部重要成果，也是哲学社会科学繁荣发展中的一个创新成果。”“《中华人民共和国史稿》的出版，对于推进哲学社会科学创新工程具有重要的启示作用。《中华人民共和国史稿》的编纂出版之所以在中华人民共和国史研究和学科建设中具有里程碑意义，一个重要的原因就在于锐意进取、开拓创新。”中央党史研究室主任欧阳淞评价

① 李力安：《20年风雨写春秋》，《光明日报》2012年9月28日。关于该书的编写经过和特点以及遇到的难点等问题，可参阅人民网强国论坛2012年11月2日专题访谈“李捷、张星星、程中原解读《中华人民共和国史稿》”。

说：“《国史稿》是继《党史》二卷之后专门反映和评价新中国历史的又一部精品力作”，“是一部思想性、政治性、学术性、可读性都很强的成功之作，不仅具有重要的史学价值，而且具有重要的资政育人价值。”中央文献研究室主任冷溶则提出：“这部《国史稿》，是党的思想理论建设的一项重要基础性成果，为深入开展党史、国史教育提供了重要教材。”①

2.《中华人民共和国史编年》。《中华人民共和国史编年》（以下简称《国史编年》）是当代中国研究所根据中共中央书记处原则批准的科研规划，从2002年起开始编纂的大型编年体史书，到2011年底已陆续出版了1949年卷至1959年卷，2011年11月启动了1960—1963年卷国史编年工作。该书按年设卷，每卷上百万字，旨在为研究中华人民共和国史提供翔实可靠的史料，同时也为国内外读者查阅中华人民共和国史的资料提供方便。《国史编年》出版后，也得到学术界好评。有学者认为，编纂体例的创新是《国史编年》的一大特点。《国史编年》继承、借鉴中国传统史书和同类史书的编纂方法，同时又与时俱进，形成了合纲文、目文、文献、注释、史表、图片、附录为一体的体例，实现了编年体史书编纂体例的创新。

3. 朱佳木及其代表作。朱佳木长期从事中华人民共和国史研究和学科建设工作，在此期间担任中华人民共和国史学会常务副会长，这个阶段他的代表作除了修订出版的《论中华人民共和国史研究》外，还有《关于中国当代史的概念问题》（《团结报》2010年1月7日）、《对中国当代史定义、分期、主线问题的再思考》（《当代中国史研究》2010年第1期）、《谈谈国史学科与党史学科的关系》（《中共党史研究》2010年第7期）、《正确认识新中国两个30年的关系》（《前线》2010年第3期）、《研究中华人民共和国史经验应当注意的几个方法问题》（《中国社会科学》2011年第3期）、《中国共产党对工业化道路的探求与当代中国的历史走向》（《半月谈》2011年第10期）、《加强国史研究和宣传，为走中国特色社会主义道路提供历史依据和借鉴》（《当代中国史研究》2012年第6期）等。

4. 李捷及其代表作。李捷长期从事中共党史和中华人民共和国史研

① 王伟光：《〈中华人民共和国史稿〉对推进哲学社会科学创新工程的启示作用》，《光明日报》2012年9月26日；欧阳淞：《共和国史的一部成功之作》，《当代中国史研究》2012年第6期；冷溶：《高度重视用党史国史教育全党和人民》，《人民日报》2012年10月19日。

究，并担任中央马克思主义理论研究和建设工程咨询委员会委员、首席专家。2010年以来，他主要发表了以下文章：《毛泽东军事思想史一座丰富的宝藏》（《中国社会科学报》2010年3月10日）、《对抗美援朝决策过程阶段特性的几点分析》（《中共党史研究》2010年第12期）、《中国共产党与两大历史任务》（《中国特色社会主义研究》2011年第2期）、《要重视并充分肯定革命在共和国历史中的地位和作用》（《当代中国史研究》2010年第6期）、《中国共产党与两大历史任务》（《中共党史研究》2011第7期）、《中国特色社会主义理论体系与当代中国史学理论的新发展》（《贵州师范大学学报》（社会科学版）2011第6期）、《弘扬优良学风，开创国史研究新局面》（《当代中国史研究》2012年第5期）、《坚定不移走中国特色社会主义道路》（《人民日报》2012年11月7日）、《基本路线的确立与中国特色社会主义道路的开辟》（《当代中国史研究》2012年第6期）等。

5. 有林及其代表作。自1994年担任当代中国研究所副所长以后，有林便投入国史研究，在诸多方面取得丰硕成果。2010—2012年间，有林主要发表了《运用马克思主义立场、观点、方法研究和编纂当代中国史》（《当代中国史研究》2010年第5期）、《对于建设社会主义长期性和阶段性认识的深化》（《思想理论教育导刊》2011年第3期）、《关于学习中华人民共和国史的若干思考》（《中共云南省委党校学报》2012年第6期）等论文。2012年7月，当代中国出版社还出版了有林的文集《当代中国史论文自选集》，收入他1994年以来研究中华人民共和国史的主要论文，对研究当代中国史的理论和方法、如何看待我国的社会主义实践、如何看待计划和市场在我国社会经济发展中的作用等问题，进行了较为深入的探讨。

6. 国外研究成果和代表人物。在2008年以来持续的中国热中，2010—2012年国外关于中华人民共和国史的研究呈现向纵深发展之势，涌现了大量研究成果。从成果形式看，既有宏观研究的大部头著述，如傅高义的《邓小平与中国的转型》、麦克法夸尔的《中国政治：中华人民共和国60年》、基辛格的《论中国》、科比等人的《中华人民共和国60周年：国际评价》、科斯的《中国变成资本主义》（2012年在中国大陆出版中文版《变革中国》）、西村成雄的《20世纪中国政治史研究》、Chan Lai-Ha等人的《新中国60年：全球与地方的交互作用》等；也有深入的专题研究成果，如加茂具树等的《中国向改革开放的转换：越过“1978 年”》、冈田实的《“对外援助国”中国的创造与变化（1949—1964）》、久保亨的《对社会主义的挑战（1945—1971）》、卡萝琳·普尔的《改变中国的 30 年（1980—2010）》等。

傅高义的《邓小平与中国的转型》是其中影响最大的论著（2013 年初在中国大陆出版中文版《邓小平时代》）。该书重点叙述了邓小平 1977 年复出之后的政治生涯，对其在中国改革开放和发展中的作用进行了系统考察和分析，既关注其人，也关注转型中的中国，对中国改革开放史进行了独到的阐释。该书还涉及中美建交、改革开放的幕后曲折、邓小平与陈云的关系、香港问题、邓小平南方谈话等重大议题。该书荣获莱昂内尔·盖尔伯奖，也是迄今为止西方关于邓小平研究最权威的著作。

（二）当代中国研究所学科建设和发展情况

20 年来，当代中国研究所认真贯彻中央要求，在中国社会科学院党组领导下，高举中国特色社会主义伟大旗帜，继承发扬中华民族修史治史的优良传统，牢牢把握正确的政治方向，始终坚持以科研为中心，坚持学术研究与理论宣传相结合、多出成果与多出人才相结合，扎实开展重大国史问题研究，精心组织国史研究学术交流，推出了一批在史学界有较大反响的学术成果，特别是编纂出版多卷本编年史书《中华人民共和国史编年》，参与组织编辑出版 150 多卷大型史料性丛书“当代中国”，撰写出版《中华人民共和国史稿》（五卷）等，积极为中华人民共和国写史立传，为更好地发挥国史研究资政育人的作用，做出了积极贡献。此外，还编纂出版了《国史论丛》、《旌勇里国史讲座》、《国史年会论文集》、《陈云论文集》、马克思主义专题研究文丛《当代中国史研究文集》（2011 年卷、2012 年卷）等一系列成果。

多年来，当代所主办了一系列学术研讨会议，引领全国国史学界的学术前沿。其中自 2001 年开始面向全国征文的当代中国史学术年会制度和每五年举办一次的当代中国史国际高级论坛制度，有力促进了当代中国史研究的发展和国内外的学术交流。2010—2012 年间的年会主题分别为：“中国当代史研究与地方志编纂”、“党的执政经验与中国特色社会主义”、“当代中国的历史发展与党在社会主义初级阶段的基本路线”。此外，以各研究室为主办平台，当代所每年都召集一系列专题学术研讨会，推进了相关专题研究的深入发展。如2012年，当代所先后组织主办了“纪念七千人大会召开50周年学术座谈会”、“纪念邓小平‘南方谈话’发表20周年学术座谈会”、“毛泽东《在延安文艺座谈会上的讲话》与新中国文艺建设——纪念《讲话》发表70周年学术座谈会”、“中俄关系20年回顾与思考”学术座谈会、第六届陈云与当代中国学术研讨会、纪念胡乔木诞辰100周年研讨会、新中国民族自治地方建设与发展的历史经验研讨会、当代中国史综述和前沿问题研讨会等。会议产生的一系列成果在《光明日报》、《中国社会科学报》、《当代中国史研究》、《中共党史研究》等报刊发表，产生了较好的反响。

为适应国史研究的繁荣发展，当代中国研究所把加强中国当代社会史、国史理论研究和学科体系建设提上了重要议事日程，2010年，在原有政治史研究室、经济史研究室、文化史研究室、外交史与港澳台史研究室的基础上，成立了社会史研究室和理论研究室。同时，成立了“新中国历史经验研究中心”等五个非实体研究中心，组织开展相关的专题研究活动。2011年以来，各研究室分别以编著“中华人民共和国政治史”、“中华人民共和国经济史”、“中华人民共和国文化史”、“中华人民共和国社会史”、“中华人民共和国外交史”和“中华人民共和国史研究的理论与方法”为主攻任务，逐步建立完善以马克思主义为指导的具有中国特色的、完整系统的国史研究学科体系。

为了系统做好国史研究和国史宣传工作，当代中国研究所构建了健全的国史研究和宣传平台，其中有我国唯一的国史研究专业刊物《当代中国史研究》（双月刊，当代中国研究所主办）、《国史参阅》（国史学会主办的内部刊物）、中华人民共和国国史网，以及当代中国出版社。这些都为我国国史学科的发展和学术繁荣做出了重要贡献。

多年来，当代中国研究所涌现了不少在国史研究中深有造诣的专家学者，其中朱佳木、李捷、有林、程中原、田居俭、夏杏珍、陈东林、刘国新、张星星、武力等发表了一大批高质量研究成果，在国史学界产生了重要影响。程中原近年来组织撰写出版的“历史转折三部曲”（包括《前奏》、《决战》、《新路》），以历史唯物主义为指导，客观地叙述和评价从1975年整顿到1982年十二大召开这段波澜壮阔的历史，全面总结中国人民在中国共产党的领导下，战胜“文化大革命”带来的灾难，实行改革开放，走出一条中国特色社会主义新路，建设繁荣富强的新中国的宝贵经验。田居俭主持的国家社科基金重点项目《当代中国发展进步的政治前提和制度基础》（2011 年出版）以“当代中国发展进步的政治前提和制度基础”这个新论断为主题和主线，重新整合资料、进行缜密分析、再经过综合引出新的结论，认为通过新民主主义革命建立新中国，确立社会主义基本制度和实行改革开放，都是意义深远的革命。

四　学科发展前景

1. 积极贯彻党的十八大报告关于繁荣发展哲学社会科学的精神。哲学社会科学是人们认识和改造世界、推动社会进步的强大思想武器，哲学社会科学的发展水平已成为衡量一个国家发展程度和综合国力的重要标志，是国家文化软实力的重要组成部分。我们党历来高度重视哲学社会科学，以毛泽东、邓小平、江泽民为核心的党的三代中央领导集体，始终把哲学社会科学作为推进革命、建设、改革的重要力量。党的十六大以来，以胡锦涛为总书记的党中央从中国特色社会主义发展全局的战略高度，把繁荣发展哲学社会科学作为重大而紧迫的任务进行谋划部署，颁布了《关于进一步繁荣发展哲学社会科学的意见》，启动实施了马克思主义理论研究和建设工程，极大地推动了我国哲学社会科学的繁荣发展。党的十八大从中国特色社会主义事业总体布局的高度，把繁荣发展哲学社会科学作为建设社会主义文化强国的一项重要内容。

国史研究既是社会主义文化建设的重要阵地，又是党的意识形态工作的重要战线。因此，我们要真正把思想和认识统一到十八大要求上来，切实把十八大精神转化为推进国史研究繁荣发展的强大动力和实际行动。一是从提高综合国力、参与国际思想文化竞争和提升国家形象的战略高度，充分认识和精心策划国史研究创新驱动和“走出去”战略；二是在国史研究中坚持正确的政治方向，始终把马克思主义立场观点方法贯穿于科研全过程，保证国史研究科学健康发展；三是要深入研究十八大提出的重大理论和现实问题，实施好当代所的创新工程，为建设具有中国特色、中国风格、中国气派的中华人民共和国史研究做出应有的贡献。

2. 作为国内研究国史的最大机构和主要阵地，当代中国研究所提出了“三步走”战略规划。2012 年，当代中国研究所新任所长李捷同志明确提出了“三步走”的战略设想，即第一步是 2012 年完成《中华人民共和国史稿》的撰写出版；第二步是2013—2015年，通过实施创新工程项目，加上所重点项目“一国两制”史和国防史，完成八部专门史著作，为各研究室的学科建设奠定坚实基础；第三步是从2016年开始，将全所的研究重心逐步转入以中国道路、中国经验、中国理念为重点的改革开放以来的新时期，并通过重大专题研究，将国史研究与当代中国研究更加紧密地结合起来，使当代所可以更好地发挥资政育人作用。这个“三步走”战略目前在当代所已经形成共识，各项科研工作也以此为指导而开展。《中华人民共和国史稿》的顺利出版是第一步战略目标实现的标志；目前六个创新工程项目即“中华人民共和国政治史”、“中华人民共和国经济史”、“中华人民共和国文化史”、“中华人民共和国社会史”、“中华人民共和国外交史”、“中华人民共和国史研究的理论与方法”，已经完成详细的撰写提纲，进入正式撰写阶段。“一国两制”史和国防史的研究撰写也正按计划进行。

3. 以进入创新工程为抓手，加强人才队伍建设。“人才强院”是社科院的三大强院战略之一，也是当代所发展战略之根本所在。2012年为准备整体进入创新工程，所里加大了人才培养力度。一是注重提高科研人员的马克思主义理论水平。在原有历史唯物主义学习小组继续开展学习的同时，还持续安排所外的著名专家学者来所作讲座，重点辅导学习马克思主义史学理论经典著作；二是为了激励青年科研人员尽快成长，所里专门召开了“青年学术论坛”，邀请所内科研人员，包括退休老专家，对参会论文逐一进行评议和讨论，并给予适当的物质鼓励，帮助青年科研人员健康成长；三是积极为社会培养国史研究人才。虽然当代所科研体制机制改革和科研任务重，但是仍然非常注重研究生、博士后和访问学者工作，每年招收的研究生、博士后和访问学者约20人。

4. 加强学科建设。目前当代所学科发展中存在的主要问题，一是不仅科研队伍的数量和质量均需加强，而且各学科建设也不均衡，有的研究室“兵强马壮”，发表成果较多，影响大；有的研究室则缺编较多，成果不多，影响力不大。二是研究室整体作用发挥还不够突出，整体研究能力和研究水平还有待提高。这与研究室过去缺乏系统、长远的科研规划以及未能充分利用所外的研究资源有关。三是国史档案资料建设和对外学术交流平台建设尚待大力加强。

为了改进这些问题，一是要加强科研队伍建设，尤其是充实研究力量较弱的研究室，使当代所各专门史学科都能科学发展；二是要以创新工程项目为核心，进一步提高科研能力和学术水平，提高论文的写作质量，打造更多的学术精品；三是充分发挥集体力量，以创新工程为契机，加强研究室全面长远的科研规划，力争通过创新项目，实现培养出一批一流科研人才的目标；四是利用创新工程和所里的科研平台，充分发挥所内离退休研究人员和所外研究人员的力量。

5. 加强改革开放史研究。新时期以来，解放思想、实事求是思想路线重新确立和改革开放伟大事业，赋予了国史研究蓬勃生机与活力；改革开放 30 多年来的成功开拓和辉煌成就，又对国史研究提出了新的时代课题。从整个学术界来看，改革开放史被纳入国史研究的范围有十几年了，已经有了一些初步的研究成果，比如中央党史研究室出版的《中国共产党新时期历史大事记》、《中国改革开放三十年》等，但总体上研究还比较薄弱，处于起步阶段。

为了深入总结改革开放的宝贵经验，为了对继续推动中国社会主义制度自我完善和发展做出更加积极的贡献，当代所要不失时机把研究重点逐步转移到改革开放史研究上来，在大力宣传改革开放以来取得的伟大成就、深入总结改革开放以来创造的宝贵经验、科学分析改革开放以来探索中遇到的新问题、正确看待改革开放进程中出现的不同认识等方面进行深入的研究，产生一批在学术界有影响的成果。

6. 加强口述史研究。在中国当代史研究中，因为亲历者的存在而产生的口述史料，是最有特色的史料来源之一。因此，刻不容缓地重视口述史，保存中国当代史不可再得的鲜活资料，已经成为中国当代史建设中极其重要的一个问题。当代中国研究所历来就重视口述史的开展，在 90 年代就开展了对宋任穷、邓力群、林默涵、吴德、许毅、吴冷西、熊向晖等老同志的访谈，先后出版了《共和国要事口述史》、《邓力群国史讲谈录》（内容资料）、朱佳木《我所知道的十一届三中全会》等成果。在把研究重点转向改革开放史研究的同时，向改革开放重大历史事件亲历者征集口述史料，无疑也是其中一项重要内容。

（当代中国研究所　武力　王爱云　王丹莉）

中华人民共和国政治史学科前沿研究报告（2010—2012）

中华人民共和国政治史是中华人民共和国史的分支学科，主要研究对象是中华人民共和国成立以来在政治领域发生的变化和进步，以及中华人民共和国国家政权的阶级性质及与之相适应的国家权力、组织结构形式和运行机制的建立与健全、改革与发展的规律；主要研究内容包括中华人民共和国重要政治人物、重大政治事件以及政治思想史、政治制度史、民主与法制建设史、党际关系史、国防史、公共行政管理史等。2010 年至 2012 年，中华人民共和国政治史学科取得了新进展。

一　学科发展概况

三年来，中华人民共和国政治史学科总体呈积极发展态势，在队伍建设和研究成果等方面都取得了新的重要进展。

中华人民共和国政治史研究是与中华人民共和国史研究同时起步的，它最早的成果可以追溯到由中共中央宣传部等有关部门组织编写、人民教育出版社 1955 年出版的《中国人民解放战争和新中国五年简史》。但从严格意义上说，中华人民共和国政治史研究是从 1978 年中共十一届三中全会后开始的。经过学术界 30 多年的持续建设，中华人民共和国政治史正逐步成长为史学领域中一个独立的分支学科。

从 2001 年开始，中国社会科学院当代中国研究所专门设立政治史研究室，中国社会科学院国史系成立，并开始招收中华人民共和国政治史方向的硕士、博士研究生。从此，中华人民共和国政治史有了专门的研究机构、专业的研究队伍和人才培养基地。2009年，中国中央文献研究会及毛泽东、周恩来、刘少奇、朱德思想与生平研究分会先后成立，当代中国研究所政治与行政制度史研究中心也于2010年成立。这些学术团体，为从事中华人民共和国政治史研究的学者提供了良好的学术交流平台。目前，有关中华人民共和国政治史的研究人员已遍布国内有关科研机构、高等院校的历史学、中共党史、政治学、思想政治教育等学科专业。美国、日本、澳大利亚等国家也有一些在中华人民共和国政治史研究方面取得了有影响的成果的专家。可以说，目前有关中华人民共和国政治史学科建设的基本概念及其内涵和外延已逐渐明晰，研究队伍日益壮大，研究成果不断丰富，资料等基础建设有所进展，中华人民共和国政治史研究在中华人民共和国历史研究中占有极其重要地位。

经过30多年的不懈努力，中华人民共和国政治史研究取得较为丰硕的成果，一大批相关学术著作和文章相继出版或发表。这些成果涉及中华人民共和国重要政治人物、重大政治事件以及政治思想史、政治制度史、民主与法制建设史、党际关系史、国防史、公共行政管理史等内容。近三年中比较有代表性的著作，主要是中共党史出版社2011年出版的《中国共产党历史》第二卷（以下简称《党史》二卷）、军事科学出版社2011年出版的《中国人民解放军军史》（第一卷至第六卷）、人民出版社、当代中国出版社2012年出版的《中华人民共和国史稿》（以下简称《国史稿》）、中央文献出版社2012年出版的《彭真年谱》和《彭真传》，这几部书提供了大量宝贵的史料，是研究中华人民共和国政治史必须认真研读的基本著作。比较有代表性的会议是2010年10月召开的“新时期中国农村基层治理理论与实践”的学术研讨会和2012年纪念建党90周年、邓小平南方谈话20周年、七千人大会召开50周年、《延安文艺座谈会上的讲话》发表20周年等召开的学术研讨会，这几次会议对中华人民共和国政治史的研究产生了积极的推动作用。

目前，中华人民共和国重要政治人物的传记、选集、年谱、文选、文集、文稿、日记、回忆录、口述史等渐次出版，中华人民共和国重要文献、档案不断公布，中华人民共和国政治思想史、政治制度史、政治事件史等专门著作陆续问世。各种中华人民共和国史著作，多在政治史的基本框架基础上展开，多以重大政治事件和重要政治人物作为基本内容，所依据的材料多为政治文书和官方档案，其研究目的，多具有资政、育人、护国的功能。国外有关中华人民共和国史研究的成果也多集中于中华人民共和国政治史领域，有关政治人物和政治事件的研究成为热点。中华人民共和国政治史成为中华人民共和国史的基本框架或主要内容。

从已有的中华人民共和国政治史研究成果看，主要存在以下问题：在对政治人物的研究上，关注少数政治领袖人物的多，对普通民众的行为、观念和情感注意得不够；在对政治事件的研究上，关注重大政治事件的多，挖掘事件背后潜藏的因素，把具体的政治事件当作透视社会结构及其变迁的窗口方面注意得不够；在政治制度的研究上，对政治机构设置及其沿革、制度条文规定及其演变的表层化描述的多，对政治制度的实际运作情形，对影响制度形成、运作和变迁的社会历史背景关注得不够。在时段上，对改革开放时期政治史的研究十分薄弱。

二 学科前沿动态

三年来，中华人民共和国政治史研究多集中于重要政治人物、政治制度史及民主与法制建设史等方面，且呈现出以下几个主要特点：

1. 党和国家领导人生平思想研究依然是学界关注的重要内容

在中华人民共和国政治人物研究中，关于毛泽东、邓小平的研究占大部分，这些研究涉及毛泽东、邓小平对民主与法制建设、社会主义建设、多党合作和政治协商制度、经济制度、文化制度、外交问题、军事问题、党建问题、干部选拔问题、医疗卫生问题、就业问题、妇女解放问题等的思考和实践。

关于毛泽东的研究，有研究者从马克思主义中国化、社会主义基本矛盾、社会主义发展阶段、社会主义生产力、社会主义民主与法制等方面阐述了中国特色社会主义理论体系对毛泽东思想的继承和发展，指出了中国特色社会主义理论体系在社会主义市场经济理论、社会主义基本经济制度理论、社会主义基本分配制度理论、社会主义本质理论、和平发展的时代观以及以人为本的科学发展观等方面对毛泽东思想的重大突破；指出了中国特色社会主义理论体系作为马克思主义中国化的最新成果，对毛泽东思想的继承和发展不是一般性的、平面的，而是产生了质的飞跃，它使马克思主义中国化进入了一个新的发展阶段，并在这种继承、发展、超越当中进一步证明和显示了毛泽东思想的当代价值和理论生命力。[1] 有研究者对20世纪五六十年代毛泽东抵御执政风险的思想与实践进行了考察，认为执政风险是党执政后面临的一个直接而现实的问题。毛泽东作为党的第一代中央领导集体的核心，首次从执政党角度提出了“风险”的概念。他正确判断出党的主要执政风险源在党内，科学分析了引发闹事问题的矛盾主导方面，提出大力加强党的作风建设，练好党抵御执政风险的内功。这些重要思想和实践对在新的历史条件下抵御执政风险仍具有重要指导意义。[2]

关于邓小平的研究，为纪念邓小平“南方谈话”发表20周年和提出“建设有中国特色的社会主义”重要命题30周年，学术界发表了一系列相关成果。有的分析了邓小平“南方谈话”的理论贡献、历史作用与现实意义，指出“南方谈话”深刻回答了长期束缚人们思想的许多重大认识问题，丰富和发展了党的基本理论、基本路线，标志着邓小平理论的最终形成。“南方谈话”有力地将中国的改革开放事业推进到建设社会主义市场经济的新阶段，对于坚持党在社会主义初级阶段的基本路线不动摇和全面建设小康社会具有重要的现实指导意义。[3] 有的指出，30年前邓小平关于“建设有中国特色的社会主义”的科学命题，开启了当代中国发展的新征程。通过30年的不断实践与提炼，中国特色社会主义已经形成为比较完整的理论形态，中国特色社会主义理论体系对当代如何焕发马克思主义生命力具有巨大的理论创新价值；通过30年的不断探索与拓展，中国特色社会主义已经形成为比较成熟的道路形态，中国特色社会主义发展道路对当代后发型国家如何走向现代化具有巨大的道路引领价值；通过30年的不断改革与完善，中国特色社会主义已经形成为比较定型的制度形态，中国特色社会主义基本制度对如何发挥社会制度的优越性和推动力具有巨大的制度建构价值。[4]

对刘少奇、周恩来、朱德、陈云、华国锋、胡耀邦、李先念、彭真等

---

① 李捷：《中国特色社会主义理论体系从哪些方面继承和发展了毛泽东思想》，《马克思主义与现实》2010年第5期。

② 王真：《20世纪五六十年代毛泽东抵御执政风险的思想与实践》，《当代中国史研究》2011年第1期。

③ 李正华：《邓小平“南方谈话”的理论贡献、历史作用与现实意义》，《当代中国史研究》2012年第1期。

④ 包心鉴：《论中国特色社会主义的当代价值——纪念邓小平提出“建设有中国特色的社会主义”30周年》，《中国延安干部学院学报》2012年第4期。

的研究也在逐步深入。自中国中共文献研究会2009年成立毛泽东思想生平研究分会、周恩来思想生平研究分会、刘少奇思想生平研究分会、朱德思想生平研究分会，以及当代中国研究所“陈云与当代中国研究中心”以来，这些团体每年都定期举行学术活动，有力推进了对老一辈革命家思想生平和党的重要文献的研究工作。例如关于朱德的研究，内容已不仅仅局限于军事领域，还涉及了党的建设、经济建设、思想政治建设、文化观等方面①。《李先念年谱（1909—1992）》、《建国以来李先念文稿》② 和《彭真传》、《彭真年谱》等，是关于李先念、彭真研究的最新成果。关于华国锋与中共工作重点转移的关系问题，有学者撰文，提出了新的观点。③ 此外，对江泽民、胡锦涛的研究，也有相关论著和文章问世。

2. 政治制度史方面的研究成果丰硕

在人民代表大会制度方面，有研究者考察了人民代表大会制度的前身——“人民代表会议”制度的产生、组织、职权以及过渡等问题。④ 有研究者通过考察1949—1954年湖北各级各界人民代表会议制度，描述了中国特色民主政治的成长历程。⑤ 有研究者提出可以从提高群众对人大的认识、完善人民代表大会的监督与立法功能、改进和完善人大选举制度、提高人大代表素质、理顺中国共产党与人大关系、坚持民主集中制这六个方面完善人民代表大会制度。⑥ 还有研究者从人类社会国家政权组织形式的发展趋势、近代以来中国社会的发展、我国的具体国情、我国人民行使国家权力的方式几个方面论证了人民代表大会制度对中国国情的适应性。⑦

---

① 这方面的研究成果主要有江泰然：《试论朱德诸军兵种联合作战思想》，《西华师范大学学报》（哲学社会科学版）2010年第2期；崔向华：《从普通佃农之子到共和国第一元帅——试论朱德元帅光辉历程中的五大功绩》，《军事历史研究》2010年第1期；胡苗、李正华：《朱德与新中国海防建设》，《毛泽东思想研究》2012年第2期等。

② 《李先念传》编写组和湖北鄂豫边区革命史编辑部编写和编辑的《李先念年谱（1909—1992）》和《建国以来李先念文稿》，由中央文献出版社2011年出版。

③ 王成诚：《华国锋与中共工作重点的转移》，《当代世界社会主义问题》2012年第3期。

④ 李格：《论“人民代表会议”制度》，《中共党史研究》2010年第10期。

⑤ 黎见春：《从湖北各界人民代表会议看人民民主的成长》，《当代中国史研究》2011年第1期。

⑥ 刘磊：《如何坚持和完善人民代表大会制度》，《法制与社会》2011年第10期。

⑦ 刘亚军：《人民代表大会制度：适合中国国情的根本政治制度》，《兰州交通大学学报》2012年第2期。

在中国共产党领导的多党合作和政治协商制度方面，有研究者分析了多党合作和政治协商制度的内涵、必要性和重要性①。有研究者认为民主共和体制、人民民主专政的国体和人民民主的民主形态为中国政治协商制度的形成提供了强大的理论资源，同时也决定了中国政治体系的协商性特征。② 有研究者从实践的角度分析了新中国成立以来，特别是新时期多党合作和政治协商制度的发展历程。③ 还有研究者对选举民主与协商民主的关系进行了分析，认为二者是现代社会最重要的两种民主类型，但它们并不是相互对立的，而是民主的不同表现，是互相兼容的，二者的合作建构和共生发展既是践行我国民主理念的内在要求，也是建立新型现代民主的必然路径。二者的合作建构与共生发展尤其在促进我国基层民主建设和政治现代化、提高基层治理绩效方面意义重大。我国民主政治的未来走向将是以选举民主和协商民主为核心推进四个民主的协调发展。④

在民族区域自治制度方面，研究成果主要集中于两个方面：一是对中国共产党施行民族区域自治制度的理论分析、历史考察和经验总结；⑤ 二是对民族区域自治制度的个案研究。⑥ 关于新疆、西藏研究，相关论文主要有《西藏和平解放若干史实考释》、《达赖、班禅关系与新中国治藏方略研究（1949—1959）》和《新中国成立初期新疆实行民族区域自治的实践

---

① 肖存良：《中国政治协商制度的理论资源》，《中国政协理论研究》2012 年第 2 期。

② 于秋兰：《政协制度在我国政治制度中的地位》，《党政论坛》2012 年第 3 期。

③ 相关成果主要有肖艳：《十六大以来多党合作和政治协商制度的发展创新及其现实意义》，《福建省社会主义学院学报》2012 年第 2 期；郭锦杭：《从 1955 年中央统战文件看多党合作的意蕴》，《广东省社会主义学院学报》2012 年第 3 期；佟一：《中共十六大以来我国多党合作的理论、政策与实践》，《中共中央党校学报》2012 年第 4 期；陈盼盼：《中国共产党对民主党派性质认识的曲折发展》，《赤峰学院学报》（汉文哲学社会科学版）2012 年第 5 期。

④ 张莉：《论选举民主与协商民主》，《西南石油大学学报》（社会科学版）2011 年第 2 期。

⑤ 相关成果主要有谢忠、许彬：《建国头七年的民族区域自治》，《陕西行政学院学报》2011 年第 4 期；冯霞、杨勇：《新中国成立以来民族地区区域政治发展的历史变迁及其启示》，《学术论坛》2011 年第 11 期；何海涛：《党的第一代领导集体民族工作哲学思想研究》，《中南民族大学学报》（人文社会科学版）2012 年第 3 期等。

⑥ 相关成果主要有白莉等：《新疆维吾尔自治区法制建设 50 年》，新疆人民出版社 2010 年版；布青沪、陆维成：《中国民族区域自治实践的萌芽——中共领导建立豫海县回民自治政府之探析》，《中共党史研究》2011 年第 12 期；龚志祥：《民族区域自治制度发展与创新——以恩施土家族苗族自治州为例》，《湖北民族学院学报》（哲学社会科学版）2012 年第 1 期等。

与启示》等。①

在基层群众自治制度方面，有研究者通过梳理新中国成立60年来农村基层群众自治的实践历程，反映出中国共产党在引导村民自治的实践中，对基层民主政治建设的认识逐步深化，并形成了科学体系，引领农村基层民主的发展不断走向制度化、规范化和程序化。② 值得关注的相关研究成果还有《新中国成立初期的上海里弄整顿》和《新中国乡村治理的经验与启示》等。③

此外，在对民主政治建设的总体性研究方面，有研究者认为权利政治代表政治发展方向，新中国民主政治建设是不断探索坚持党的领导与坚持人民当家作主、依法治国有机统一的历程。④ 有研究者指出，新中国成立60多年来，中国共产党一直重视和加强对权力的制约和监督，在不同历史时期进行了艰辛实践和探索，经历了从以领导干部为对象到以权力为核心、从主要依靠运动到更加注重制度建设、从以惩戒震慑为主到惩防并举、注重预防等三个重大历史性转变，并积累了弥足珍贵的历史经验。⑤ 还有研究者对民主制度建设进行了分析，认为中国共产党在新中国成立初期以多元共治的精神为指导，通过民主选举兼容政治协商的这种包容性民主形式，使社会各阶层中达致最大限度的政治共识，使新政权的建立平稳有序且不失民意。⑥

3. 行政制度史研究成新热点

改革开放三十年来，中国先后进行了六次大规模的行政管理体制和机构改革，改革不断深入且取得了明显成效。同时，随着社会主义市场经济

---

① 宋月红：《西藏和平解放若干史实考释》，《中国藏学》2011年第2期；孙宏年：《达赖、班禅关系与新中国治藏方略研究（1949—1959）》，《中国边疆史地研究》2011年第2期；陈国裕：《新中国成立初期新疆实行民族区域自治的实践与启示》，《中共党史研究》2011年第6期等。

② 张鲲鹏、吴敏先：《建国后农村基层群众自治的实践与基层民主的发展》，《东北师大学报》（哲学社会科学版）2012年第3期。

③ 杨丽萍：《新中国成立初期的上海里弄整顿》，《当代中国史研究》2010年第5期；李正华《新中国乡村治理的经验与启示》，《当代中国史研究》2011年第1期。

④ 徐双敏：《从权力政治到权利政治：新中国民主政治建设的演进轨迹》，《重庆社会科学》2010年第11期。

⑤ 阎德民：《新中国的权力制约和监督：历史嬗变与经验启示》，《中共福建省委党校学报》2011年第3期。

⑥ 赖静萍：《包容性民主与政治共识——新中国成立初期中国共产党对民主选举的认知》，《中共党史研究》2012年第5期。

的进一步发展和各项改革的深入，行政体制改革的艰巨性、风险性加大，改革的环境更为复杂。回顾改革开放以来中国行政体制改革走过的历程，对行政体制改革在政府机构改革和职能转变、中央地方关系重塑、政府与企业、社会和市场关系调整、行政决策和监管体制创新与完善等领域所取得的积极进展和主要成效进行概括综合，对行政体制改革尚未解决且与经济社会发展不相适应的问题加以研究探讨，在此基础上，展望行政体制改革的未来发展趋势和路径选择等，相关研究成为热点。①

4. 法制史研究有新突破

2012 年是现行宪法颁布实施 30 周年，有关“八二宪法”的研究成为热点。有研究者认为 1954 年宪法确立了人民民主的政治目标和制度体系，奠定了中国民主政治模式的基础和总体框架，对社会主义民主政治建设实践具有重要意义。② 有研究者指出，“八二宪法”从根本大法的形式上稳妥地纾解了中国政治发展的重大问题，其主要体现在：规范了公共权力结构，促进了公共权力运行的科学化和合理化，具体规定了公民的基本权利，合理处理了国家民主与基层民主的关系，理顺了党法关系。正因如此，“八二宪法”也成为新时期中国政治发展的制度总章程，揭开了中国政治发展崭新的一页。③

在研究法制建设的代表性文章中，吴邦国撰文论述了形成中国特色社会主义法律体系的重大意义和基本经验。他指出，中国特色社会主义法律体系是中国特色社会主义永葆本色的法制根基，是中国特色社会主义创新实践的法制体现，是中国特色社会主义兴旺发达的法制保障。总结形成中国特色社会主义法律体系的基本经验，主要有以下五点：一是坚持党的领导；二是坚持以中国特色社会主义理论体系为指导；三是坚持从中国国情

---

① 刘丹：《中国行政体制改革若干问题研究》，《社科纵横》（新理论版）2010 年第 4 期；魏向前：《行政管理体制改革：反思与推进》，《“中国特色社会主义行政管理体制”研讨会暨中国行政管理学会第 20 届年会论文集》，2010 年；祝列克：《行政管理体制改革与保障和改善民生》，《行政管理改革》2011 年第 8 期；张家麟：《经济发达镇行政管理体制改革的实践与探索》，《决策》2011 年第 6 期；白鹭：《我国“省管县”体制改革研究》，《政府管理创新理论与实践研讨会论文集》，2011 年。

② 薛剑符：《五四宪法与中国民主政治模式的构建》，《东北师大学报》（哲学社会科学版）2010 年第 3 期。

③ 师泽生、杨博：《“八二宪法”与中国政治发展》，《武汉大学学报》（哲学社会科学版）2012 年第 6 期。

和实际出发；四是坚持以人为本、立法为民；五是坚持社会主义法制统一。[①] 有研究者对近十年中国法制建设取得的主要成就从五个方面进行了考察：中国特色社会主义法律体系如期形成；依法行政全面推进；司法及司法行政工作持续发展；司法体制改革不断深化；法制宣传教育取得显著成效。这些成就，为当代中国经济社会发展提供了有力的法制保障和稳定的社会环境。[②] 此类的代表性论文还有《改革开放以来我国法制建设的发展历程及伟大成就》、《改革开放以来中国共产党法律观念的演进》、《我国依法治国方略的形成和法治》等。[③]

5. 研究方法、研究视角有新亮点

三年来，一些学者借鉴了政治学、社会学的方法来开展中华人民共和国政治史研究，关注的焦点也是学科交叉的前沿、热点问题，如中国共产党的政党认同、政府公共管理、社会阶层、社会阶级等。有研究者选取典型危机个案，考察了新中国成立以来中国共产党危机动员的历史发展和社会变迁，并总结了党和国家进行危机动员的特点经验和影响效能。[④] 还有研究者概述了人民政权面对来自环境的压力，整合政治资源防控疫病的举措和经验。[⑤] 相关成果还有《中国共产党执政声誉的政治学分析》、《交心运动的政治学分析——基于政党认同的视角》等[⑥]。

在比较研究方面，有研究者对改革开放初期的邓小平与陈云进行了比较分析，认为邓小平和陈云是改革开放初期中央决策层中起关键作用的两个人。纵观这一时期陈云与邓小平的关系，可以说他们彼此之间的合作与相互补充是主流，是第一位的，差别与分歧是支流，是第二位的；而且他

① 吴邦国：《形成中国特色社会主义法律体系的重大意义和基本经验》，《求是》2011 年第 3 期。

② 张金才：《近十年来中国法制建设的历程及成就》，《当代中国史研究》2012 年第 5 期。

③ 张金才：《改革开放以来我国法制建设的发展历程及伟大成就》，《毛泽东邓小平理论研究》2010 年第 6 期；董节英：《改革开放以来中国共产党法律观念的演进》，《中共党史研究》2010 年第 12 期；蒋晓伟：《我国依法治国方略的形成和法治》，《当代中国史研究》2011 年第 1 期。

④ 唐明勇、孙晓辉：《危难与应对——新中国视野下的危机事件与社会动员个案研究》，中共党史出版社 2010 年版。

⑤ 王冠中：《新中国成立初期中共整合政治资源防控疫病的举措及经验》，《中共党史研究》2010 年第 10 期。

⑥ 蒋硕亮：《中国共产党执政声誉的政治学分析》，《上海师范大学学报》（哲学社会科学版）2012 年第 1 期；倪春纳：《交心运动的政治学分析——基于政党认同的视角》，《党史研究与教学》2012 年第 2 期。

们之间的差别与分歧也不在于要不要改革开放，而在于如何改革开放。在一系列重大问题上的一致主张是他们携手启动改革开放的思想基础；他们在改革开放的过程中相互支持、配合和补充，使各项事业得以较顺利地进行。在分歧面前，他们以改革开放大局为重，求大同存小异。他们的合作不仅给改革开放事业奠定了良好基础，而且直到今天仍然对中国政治生活产生着深远的影响，成为留给后人的一份宝贵的政治遗产。① 类似的成果还有《邓小平、陈云的改革思想比较》等。②

三　学科建设状况

近三年，该学科建设取得重要进展，产生了一批较有影响的成果。国内比较有代表性的集体研究成果，一是经中共中央批准，于 2011 年中共党史出版社出版的《中国共产党历史》第二卷（以下简称《党史》二卷）。《党史》二卷记载中国共产党自 1949 年 10 月中华人民共和国成立至 1978 年 12 月中共十一届三中全会召开这段历史，也就是新中国前 29 年的历史。二是经中共中央军委批准，于 2011 年由军事科学出版社出版的《中国人民解放军军史》（第一卷至第六卷）。《中国人民解放军军史》记述中国人民解放军从 1927 年 8 月 1 日南昌起义，到 1978 年 12 月中共十一届三中全会召开这一历史时期的发展情况。三是经中共中央批准，于 2012 年人民出版社、当代中国出版社出版的《中华人民共和国史稿》（以下简称《国史稿》）。《国史稿》记载中华人民共和国成立至 1984 年的历史。这三部书，是近三年间出版的重要政治史著作，对推进中华人民共和国政治史学科建设具有重要意义。

本学科三年来在国内的前沿代表人物主要是中共中央党史研究室主任欧阳淞和北京大学教授梁柱。欧阳淞的代表作③主要是《肩负着人民的希望——中国共产党 90 年历程的回顾与思考》（《人民日报》2011 年 6 月 15 日），该文指出，中国共产党成立 90 年来，始终站在时代前列，紧紧依靠

① 朱佳木：《改革开放初期的陈云与邓小平》，《当代中国史研究》2010 年第 3 期。

② 李正华：《邓小平、陈云的改革思想比较》，《安徽史学》2011 年第 4 期。

③ 欧阳淞的代表作还有：《准确把握党的历史的主流和本质——写在中国共产党历史第二卷出版之际》，中共党史研究 2011 年第 1 期；《共和国史的一部成功之作》（《当代中国史研究》2012 年第 6 期）等。

和紧密团结全国各族人民，为实现近代以来中华民族面临的民族独立、人民解放和国家繁荣富强、人民共同富裕这两大历史任务，进行了不懈奋斗和艰辛探索，经历了革命、建设、与改革三个历史阶段。党的不懈奋斗史、理论探索史和自身建设史，构成了党的历史发展的主流，体现了党的历史发展的本质，反映了作为历史创造者的人民的呼唤和要求。

梁柱的代表作是《中国共产党九十年的根本性经验——毛泽东与马克思主义中国化的历史启示》(《毛泽东邓小平理论研究》2011 年第 2 期)、《毛泽东的预见与苏联解体的历史教训》(《思想理论教育导刊》2011 年第 1 期)。其中前一文章指出，坚持马克思主义中国化的方向，是中国共产党 90 年历史提供的一条根本性经验。毛泽东是马克思主义中国化的最主要的倡导者和领导者。他在民主革命时期，逐步探索出适合中国革命特点的一系列战略和策略，胜利地解决了经济文化落后的东方大国的资产阶级性质的民主革命同社会主义前途相联结这一历史课题。社会主义制度在中国确立之后，毛泽东依据当时国际形势的新变化和党面临的新任务，明确提出了现在要进行马克思列宁主义同中国实际第二次结合的重要命题，为党胜利完成新时期的历史性任务指明了正确方向。

此外，中国社会科学院当代中国研究所政治史研究室研究员田居俭、中共中央党校教授罗平汉、中国社科院政治学所研究员杨海蛟、南开大学教授朱光磊等也有新作问世①。其中田居俭研究员主编的《当代中国发展进步的政治前提和制度基础》(当代中国出版社 2011 年版)，遵循历史与逻辑统一的原则，采取夹叙夹议的写法，系统梳理了中国近现代史、中共党史、新中国历史，科学论证了中国共产党在新世纪、新阶段提出的一个重要论断，即“新民主主义革命的胜利，社会主义基本制度的建立，为当代中国一切发展进步奠定了根本政治前提和制度基础”。该书用翔实的历史，不仅阐明了新中国政治前提、制度基础，而且论述了其与包括改革开放在内的当代中国一切发展进步的内在联系和因果关系，对于促进中华人民共和国政治史特别是政治制度史研究具有一定意义。2011 年该书被新闻出版总署定为纪念建党 90 周年的重点图书。

---

① 罗平汉:《党史细节——中国共产党 90 年若干重大事件探源》，人民出版社 2011 年版；杨海蛟:《中国特色社会主义政治发展道路具有巨大优势》，《人民日报》2011 年 9 月 8 日；朱光磊:《中国政府发展研究报告：服务型政府建设》(第 2 辑)，中国人民大学出版社 2010 年版。

本学科在境外的前沿代表人物主要是美国哈佛大学教授傅高义[①]、罗德里克·麦克法夸尔，新加坡国立大学东亚研究所所长郑永年[②]等。其中罗德里克·麦克法夸尔教授的代表作为《中国政治：中华人民共和国60年》（剑桥大学出版社2011年版）。该书指出，30年前，中国从一个其历史上创伤最严重的时期崛起，当时中国人民深受长年的国内斗争、大饥荒、经济与政治隔绝的折磨。今日，中国成为世界第二大经济体，以及全球外交的主要力量。作者追溯了中华人民共和国自1949年以来的剧变，从“大跃进”、“文化大革命”、毛泽东去世、再到它在21世纪成为超级大国。该书关注邓小平留给其继任者江泽民、胡锦涛的遗产，认为在毛泽东的领导下，中国在意识形态和军事上挑战了外部世界，今天，作为经济和外交超级大国的中国对世界的挑战也许更强大。

中华人民共和国政治史是中华人民共和国史的核心。近年来，本学科围绕建党90周年、邓小平南方谈话20周年、七千人大会召开50周年、《延安文艺座谈会上的讲话》发表20周年等主题，召开了学术研讨会，申请了相关课题。三年中，该学科主要成员先后完成了“1975—1982：历史转折研究”、“中国发展进步的政治前提和制度保证研究”两个国家社科基金重点课题，完成了当代中国研究所重点课题“新中国乡村政治建设研究”、“新中国法制建设的历史经验研究”，完成了中国社会科学院国情调研重点项目《华北乡村基层治理与社会管理调研——以河北易县和北京大兴为调研地》，国家社科基金2008年度重大招标课题“新中国成立60年基本经验研究”、国家社科基金2011年重点课题《中国社会主义道路的探索与毛泽东思想的发展研究》、中国社会科学院哲学社会科学创新工程项目《中华人民共和国政治史》、中国社会科学院重点课题《中华人民共和国政治史论稿》等重大课题的研究正在进行当中。

上述课题形成的研究成果，涵盖了中华人民共和国政治史学科的主要方面，特别是在基本政治制度史、宪法和法制建设史、改革开放史、乡村基层治理史、国防史以及毛泽东、刘少奇、邓小平、陈云、胡乔木等重要政治人物研究方面，有所前进，在学术界产生了良好影响。其中较有代表

---

① 主要著作是2011年由哈佛大学出版社出版的《邓小平与中国的变革》（*Deng Xiaoping and the Transformation of China*），中文译为《邓小平时代》）。

② 郑永年的著作主要有：《中国改革三步走》，东方出版社2012年版；《郑永年看中国：中国国际命运》，浙江人民出版社2011年版；《改革及其敌人》，浙江人民出版社2011年版。

性的文章主要有李捷:《中国共产党与两大历史任务》(《中共党史研究》2011年第7期);朱佳木:《正确认识新中国两个30年的关系》(《前线》2010年第3期);李正华《中华人民共和国政治史学科建设与发展前景》(《当代中国史研究》2010年第1期);宋月红《新中国成立初期民族自治地方行政建制研究》(《中共党史研究》2012年第11期);王瑞芳:《新中国成立初期的政治制度及其初步调整》(《党史博览》2012年第3期);张金才《改革开放以来我国法制建设的发展历程及伟大成就》(《毛泽东邓小平理论研究》2010年第6期);刘维芳:《对党领导妇女运动历史的若干思考》(《中华女子学院学报》2012年第1期);姬文波:《略论新中国成立以来中国共产党对军队的绝对领导》(《当代中国史研究》2012年第1期)等。

四　学科发展前景

根据中华人民共和国政治史的研究现状和发展规律,本学科应充分利用中国社会科学院实施哲学社会科学创新工程的机遇,循着下列的方向与规划向前发展:

1. 加强队伍建设,培养后备人才,形成学科优势。中国社会科学院当代中国研究所政治史研究室是专门从事中华人民共和国政治史研究的部门,研究队伍初具规模。但要推进中华人民共和国政治史研究,必须进一步加强和完善队伍建设,力争在本学科的相关重要领域能有专人把守,同时要依托中国社会科学院国史系和各高校历史系的教育平台,为中华人民共和国政治史研究培养后备人才;发挥好当代中国研究所、《当代中国史研究》、当代中国政治与行政制度史研究中心的平台作用,利用国史年会制度、访问学者制度等,开展各种形式的学术活动,团结和组织国内外相关学者进行研究,力争在一些重点领域有所突破,形成中华人民共和国政治史的学科优势。

2. 努力克服政治史研究中的不足,全面推进政治史研究。根据前述中华人民共和国政治史研究中存在的不足,在今后研究中不仅要关注政府和党和国家领导人的政治管理行为,而且要研究普通民众的政治参与行为,正确处理重要政治人物与普通群众的关系。不仅要注重对党和国家领导人政治行为、具体的政治事件、政治制度进行表象化的描述,而且要对大众政治行为、政治事件背后的各种因素、政治制度的运作和影响等进行具体的分析。不仅要关注国家机构的设置、运行，人大代表、政协委员的活动，立法表决的过程等，而且要探讨政治体系的活动规律及其过程变动等。不仅要重视改革开放以前的政治史研究，而且要着力加强改革开放以来政治史的研究，要通过对改革开放时期政治史的系统全面深入研究，充分展示改革开放以来政治发展取得的伟大成就、深入总结其经验、科学分析政治发展中遇到的新问题，为推动中国社会主义制度完善和发展做出积极的贡献。

3. 加强资料建设，努力收集整理和抢救相关史料。目前本学科已经拥有基本的文献资料，但资料建设没有系统化、经常化。本学科应根据自身的特点，与相关部门建立密切联系，加强史料征集工作，使相关资料保存能做到经常化；要通过访问调查等形式，积极抢救收集活的史料；要充分利用学术交流、学者访问等有利条件，不断发掘和整理国外的相关史料。

4. 继续深化中华人民共和国政治史理论与方法的研究。中华人民共和国政治史是一门新兴学科，其研究对象、范围、重点、难点等基本概念尚待明确，其与中华人民共和国经济史、文化史、社会史、外交史等相关学科的区别和联系等，尚需进一步深入探讨。在研究方法上，辩证唯物主义和历史唯物主义的世界观和方法论是中华人民共和国政治史研究的根本方法。科学地坚持这一根本方法，有利于辩证地客观地认识和分析中华人民共和国的政治现象，有利于从社会经济生活中去探究政治发展的动因，准确揭示中华人民共和国政治现象的客观性和规律性。因此，中华人民共和国政治史研究中坚持这一根本方法必须毫不动摇。与此同时，还要正确处理好基本方法和具体方法的关系，善于吸取和运用其他相关学科的研究方法，以便更科学地回答和解释中华人民共和国的政治现象。

5. 充分发挥政治制度史的研究优势，不断拓展政治史的研究范围。中国传统史学是以政治史为中心的，而中国传统的政治史，又主要是指政治制度史。钱穆更是将政治制度史等同于政治史。他说："若讲政治，则重要在制度，属专门史。"① 从中华人民共和国政治史研究现状来看，政治制度史方面的研究成果也是最丰富、最突出的。今后的中华人民共和国政治史研究，一方面要继续深化对四大基本政治制度历史的研究，特别是要加

① 钱穆:《中国历史研究法》，生活·读书·新知三联书店2001年版，第18页。

强中国特色社会主义制度的形成和发展的研究，正确处理好政治制度表达与政治制度实践的关系，注意影响政治制度的社会历史背景；另一方面要加强政治事件、政治行为、政治文化等领域的研究。要根据政治史学科发展的要求，深化重点、难点和基本问题的研究，弄清政治发展的基本事实，总结经验，发现规律。同时，要从社会的实际需要出发，围绕经济社会发展和改革开放大局，有针对性地拓展研究领域。目前，加快推进行政管理体制改革、探索构建有利于科学发展的体制机制已是大势所趋。政府机构改革、政府职能转变以及民主与人权问题等，将会成为一个时期内政治史研究的重点和热点。

（当代中国研究所　李正华　张金才）

中华人民共和国经济史学科前沿研究报告（2010—2012）

2010年以来，随着我国经济的快速发展，并成为世界第二大经济体，中国经济发展道路、成就和经验进一步成为国内外关注和研究的热点，对其进行了多学科、多视野的研究，取得明显进展。

一　学科发展概况

对中华人民共和国经济史的研究，起步于20世纪50年代，研究机构和研究队伍逐步增加。改革开放前，研究机构主要有财政部财政科学研究所和北京大学等高校的经济学院（系），一些著名学者如薛暮桥、许涤新等人对中华人民共和国经济史进行了卓有成效的研究。改革开放以来，研究机构和高等院校也增设了中国当代经济史研究机构，研究人员比改革前有了较多的增加。目前，中国社会科学院当代中国研究所专门设立了经济史研究室（又称第二研究室），经济研究所设立了中国现代经济史研究室；中国社会科学院经济片的其他研究所、国务院有关经济管理部门、高等学校等也设立了专门研究机构或有专门研究人员负责中华人民共和国经济史的研究。同时，中国经济史学会还设立了中国现代经济史专业委员会，以推动中华人民共和国经济史研究和学术交流的开展。

随着实践的发展，中华人民共和国经济史研究的内容在纵横两个维度而都有所拓宽，并不断取得新的成果。20世纪50年代起至70年代末，已开始了对新民主主义经济、社会主义改造、新中国经济发展规律的研究。80年代至世纪末，中华人民共和国经济史的研究，重点是抢救历史资料和总结经验，主要成果有：一是由中央党史资料征集委员会牵头搜集整理出版的系列经济史文献，如多卷本的有关资本主义工商业改造的历史资料；二是由《当代中国》丛书编委会牵头组织编写了经济方面的诸分卷及其大量的副产品（如资料选编、大事记等）。新世纪以来，中华人民共和国经济史的研究重新成为热点，研究领域几乎涉及各个方面，对许多问题的研究还拓展到微观和个案的实证分析层面，呈现出不断深入的趋势；随着改革的深化和经济的发展，改革开放以来的经济发展和制度变迁成为经济史研究的对象，越来越多的学者回顾和研究这段历史；哲学、经济学、社会学方面的学者也进入到经济史研究领域，研究视角和方法也逐步多样化，改变了以往研究方法多以叙述和归纳为主的局面。这期间，在档案资料的整理和开发利用、专题史的研究、通史类经济史的编著等方面，都取得重要进展。

中华人民共和国经济史学科有了一定的基础，如可以运用较成熟的经济学、历史学等多学科的理论和方法进行研究，全国性经济统计资料相对齐全，已公开了大量档案资料，可参考的文献较多。然而，作为中华人民共和国史体系中的经济史研究，却面临较多问题，其中最大的问题是如何构建起与经济学、党史研究既有相同又有差异的研究框架。此外，中华人民共和国经济史研究还存在一些具体的问题，如经济史学相对成熟，在下一步的研究中如何创新的难度较大；以往对生产关系的研究较多，而对生产力的研究较少；对改革开放前经济史的研究相对成熟，而对改革开放以后经济史的研究相对薄弱。这些问题，都需要在今后的研究中加以解决。

二 学科前沿动态

3 年间，本学科的研究呈现出一些新的特点，重点在以下方面取得了新的进展。

（一）对中国共产党 90 年的经济工作和经济思想史进行了较多的研究

在纪念中国共产党成立 90 周年之际，学界从发展道路、制度创新、理论创新、经验总结等方面对中国共产党 90 年的经济工作和经济思想进行了多视角的研究，形成了丰富的成果。白永秀等的《中国共产党经济思想 90 年》（人民出版社 2011 年版）、赵凌云等的《中国共产党经济工作史

(1921—2011 年)》(中国财政经济出版社 2011 版)等专著对中国共产党 90 年的经济工作和经济思想进行了较为系统的梳理。武力、王丹莉的《中国共产党与 20 世纪中国经济发展道路的三次转变》(《教学与研究》2011 年第 6 期),权衡、高帆、乔兆红的《复兴与增长——共容性组织推动的经济制度变迁(1921—2011)》(中国大百科全书出版社 2011 年版),李明等的《中国共产党三代领导集体与"三农"》(知识产权出版社 2010 年版),黄茂兴、叶琪的《九十年来中国共产党"国富民强"思想演变与实践探微》(《马克思主义研究》2011 年第 7 期)等,则从某一方面对中国共产党的经济工作和经济思想进行了研究。

(二)对中国经济发展道路的研究更为广泛和深入

2010 年以来,由于中国改革开放的显著成就,特别是我国在克服 2008 年国际金融危机过程中的突出成就并成为世界第二大经济体,关于中国经济发展道路的研究也成为持续的热点。2012 年,中国经济史学会在湖北省召开"中国经济发展道路的历史探索"国际学术研讨会暨中国经济史学会年会,对中国经济发展道路进行了多视角的探讨。王丹莉在《中国模式研究之新动向与再认识》(《中国经济史研究》2012 年第 2 期)的综述中,从中国模式研究的角度指出,在研究中国特色社会主义经济过程中有两个值得关注的新动向:越来越多的学者开始将视野拓展到改革开放前,而不以 1978 年作为"中国模式"的起点;还有不少学者通过从政治基础、人力资本等诸多层面研究新中国前后两个 30 年之间的内在联系来论述"中国模式"的延续性。林春在《"中国模式"议》(《政治经济学评论》2010 年第 4 期)中指出,中国模式的根本意义在于挑战资本主义优越性和普遍性的意识形态。王辉耀主编的《中国模式:海外看中国崛起》(凤凰出版社 2010 年版),收录了国外学者对中国模式的研究成果。

关于中国经济发展道路,学界还从经济史的视角对新自由主义的主张进行了有针对性的研究,并具体到基本经济制度、政府或计划与市场的关系等层面。在基本经济制度方面,关于"国进民退"问题的讨论持续成为热点,同时对于国有经济的改革也进行了回顾和讨论。桑东华发表了《新中国成立以来党的所有制政策的演变与我国所有制结构的变迁》(《中共党史研究》2010 年第 7 期)。有林针对《逐渐淡化"公私二分",走向社会所有》一文,发表了《略论我国现阶段生产资料所有制的社会主义公有制》（《马克思主义研究》2011年第10期）。汪海波在《国有经济改革和发展现状及基本特点》（《中国延安干部学院学报》2011年第2期）中指出，国有经济改革包含：压缩国有经济在经济总量中的比重，调整产业结构布局；改组国有企业，建立现代企业制度；建立与社会主义市场经济和现代企业制度相适应的国有资产管理制度。周叔莲在《我对国有企业改革的研究》（《中国延安干部学院学报》2012年第4期）中指出，20年来，国有企业改革可以划分为扩大企业自主权（1978—1984年）、实行两权分离（1985—1993年）和建立现代企业制度并调整国有经济布局（1994年至今）等3个阶段。在政府或计划与市场方面，在2012年纪念邓小平南方谈话发表20周年之际，对社会主义市场经济体制的形成进行了回顾和研究。2012年2月，中国社会科学院马克思主义研究学部、当代中国研究所、中国社会科学杂志社、中国社会科学网和中华人民共和国国史学会联合主办，当代中国研究所经济史研究室承办的“纪念邓小平南方谈话发表20周年学术座谈会”，在邓小平南方谈话的历史地位、精神实质、现实意义、与中国特色社会主义道路与理论的关系等方面，进行了热烈而有益的探讨。章百家在《总结经验 指点迷津 启示未来》（《中共党史研究》2012年第2期）中，分析了1992年邓小平南方谈话的背景，指出邓小平的南方谈话坚定了人们对改革开放的信念，明确回答了长期困扰和束缚人们思想的许多重大认识问题。董志凯在《政府与市场在中国大陆投资中的作用变迁（1949—2009）》（《中国经济史研究》2010年第3期）中分析了新中国成立60年政府与市场在投资中的作用变迁。刘国光在《中国社会主义市场经济的特色》（《中国社会科学报》2012年9月12日）中指出：国家计划是宏观调控的“主心骨”。这就是社会主义市场经济的宏观调控不同于资本主义市场经济宏观调控的地方。“社会主义市场经济”实质上就是“有计划的市场经济”。之所以在改革目标的表述上没有用“有计划”三个字，主要是由于当时传统计划经济的影响还相当严重，而市场经济的概念尚未深入人心，但加上了“社会主义”四个字作为极有分量的定语。简单说不改革开放就是“死路一条”是不准确的、片面的，应该说不坚持社会主义方向的改革开放，走资本主义道路的改革开放，才是“死路一条”。

（三）经济增长和发展方式转变成为研究的热点

经济增长及其原因一直是经济史研究中备受关注的问题。学者们从技术进步、制度变迁、金融发展、税制变化、人口红利等角度为经济增长寻求解释①。还有学者从区域差异等视角解读我国的经济增长②。这些研究几乎都是以改革开放以来的经济增长为对象，而对新中国成立至改革开放前的研究相对较少，这是一个缺陷。约翰·奈特2012年出版的*China's Remarkable Economic Growth*（《惊人的中国经济增长》），综合了经济学理论、实证评估和制度分析，对中国如何成为并维持一个“发展中大国”的地位进行了分析。(加）斯维特曼和张军编的《中国特色的经济转型》（复旦大学出版社2010年版），由加拿大女王大学与复旦大学合作完成，该书依据大量文献，采用实证研究方法，分析了中国过去30年经济增长及经济转型。

在深入贯彻科学发展过程中，学界更加关注经济发展方式转变的研究，对加快转变经济发展方式战略思想形成和发展进行了分析。张卓元在《转方式调结构是避开“中等收入陷阱”的正确选择》（《新视野》2011年第2期）中回顾历史，认为中国关于转变经济增长和发展方式在有关正式文件中经历了以下4个阶段。一是1995年制订“九五”计划时，首次提出要从根本上转变经济增长方式，即从粗放型向集约型转变。二是2005年中央在制订“十一五”规划建议时，重新强调转变经济增长方式，但其内涵有所扩展，提出了要从“高投入、高消耗、高排放、低效率”的粗放扩张的增长方式，转变为“低投入、低消耗、低排放、高效率”的资源节约型增长方式，并且明确了具体要求。三是2007年党的十七大进一步提出要加快转变经济发展方式。四是2010年初以来中央指出国际金融危机爆发后，转变经济发展方式显得更加刻不容缓，转变经济发展方式必然包括使公众共享改革发展成果的内容，即实现所谓包容性增长。

（四）宏观调控及相应的财政金融政策史持续成为研究的热点

刘树成在《十年宏观调控“四部曲”》（《光明日报》2012年10月25日）中将近10年中国的宏观调控轨迹分为两个阶段。第一个阶段，

---

① 如宋东林、王林辉、董直庆：《资本体现式技术进步及其对经济增长的贡献率（1981—2007）》，《中国社会科学》2011年第2期；张建辉、靳涛：《经济自由与可持续经济增长：中国的检验（1978—2008）》，《中国工业经济》2011年第4期；等等。

② 如钞小静、任保平：《中国经济增长质量的时序变化与地区差异分析》，《经济研究》2011年第4期。

2000—2007 年，中国经济处于新中国成立以来从未有过的长达 8 年的连续上升周期，宏观调控的主要任务就是紧缩型调控，防止经济过热，防止物价上涨。第二个阶段，2008—2011 年在国内经济需要调整结构时，遇上国际金融危机“雪上加霜”，一些企业倒闭、工人失业、农民返乡，中国经济遇到了新的困难和波动。宏观调控的主基调就是松紧有度、平稳增长。于是每年 1 个主题词，2009 年“保增长”、2010 年“控物价”、2011 年“稳增长”。从“双防”到“保增长”、“控物价”、“稳增长”，这是 10 年宏观调控的“四部曲”。在一系列“平衡”艺术中，宏观调控手段更灵活，效果更显著。

董志凯在《新中国建立初期对通货膨胀的治理及启示》（《河北学刊》2011 年第 5 期）中，从货币政策的角度回顾了新中国建立初期对通货膨胀的治理。其对当今抑制通货膨胀的启示为：抑制通胀仍是经济工作的基本任务；货币资本与产业资本平衡仍是抑制通胀的基本要领；由于与新中国建立初期通胀的背景不同，今日抑制通胀不可简单依靠货币紧缩。

财政史问题则聚焦于财政分权问题。王守坤在《中国转型过程中财政分权的特征事实：历程与评价》（《中国经济史研究》2011 年第 1 期）中认为，财政体制无论是财政承包制阶段还是分税制阶段，中国渐进式改革过程的主轴都是中央政府与地方政府之间的财政分权改革。通过将中国分权体制的变革历程与中央、地方政府财政能力的相对变化结合起来分析，可以发现财政承包制在边际上增加了地方政府分享经济发展成果的比例，因为各地方政府在财政收支划分等财政问题上往往处于信息优势地位，这就造成了“两个比重”的下降。学界还从财政分权与经济增长、宏观调控、通货膨胀、居民消费、市场发展、贸易发展、金融安全、政府行为等方面进行了探讨。

（五）中外经济关系史研究持续成为热点

在 2011 年中国加入世界贸易组织（WTO）10 年之际，对我国加入世界贸易组织历程及加入后我国经济、政策发生的变化进行了研究。高立在《入世十年中国外贸发展回顾》（《中国宏观经济信息》2011 年第 42 期）中指出，研究表明：一方面，在 WTO 框架下，我国抓住了全球化发展的机遇，逐渐形成了在全球分工和产业链中的位置，外贸领域取得了长足的发展；另一方面，我国外贸发展未摆脱粗放型发展模式，存在很多问题和挑战，值得注意。路风、余永定从转变经济发展方式的角度，研究了在以美元本位为特征的国际货币体系下，中国近20年来同时保持经常项目和资本项目顺差的现象。夏梁、赵凌云在《“以市场换技术”方针的历史演变》（《当代中国史研究》2012年第2期）中回顾了“以市场换技术”方针的历史演变，并指出“以市场换技术”虽然在一定程度上加速了技术进步，但并没有达到“形成技术自生能力”的预期目标，2001年后这一方针逐渐淡出政策视野，向自主创新过渡。董筱丹、薛翠、温铁军按照宏观经济背景梳理改革以来对外开放的进程和内在逻辑，认为对外开放的战略对中国来说其实是一把“双刃剑”，一方面，它被中国政府在资本短缺时期作为推动经济发展和政策调整的重要工具，另一方面，它又是加剧国家对外负债导致其后数年国内经济困境的始作俑者。刁莉、梁松、刘捷在《20世纪80年代以来世界银行对华贷款及其经济社会影响》（《中国经济史研究》2011年第4期）中，分析了20世纪80年代以来世界银行对中国贷款及其影响，总结了1980—2009年世界银行对华援助战略及援助的特点。

（六）重视以较长历史视野审视新中国经济发展历程

2010年，中国经济史学会在云南省召开了中国经济史学年会暨“中国经济的长期发展”国际学术研讨会，将新中国经济发展与制度演进的成败得失置于一个更长远的历史时段内去考察，拓展了新中国经济史研究的视野与维度，有助于人们在一个连续的而非间断的历史情境中对新中国历史进行深入的思考。董志凯在《党领导中国工业化、现代化的基本经验》（《中国浦东干部学院学报》2012年第1期）中指出，在过去300年里，全球发达国家的比例不到20%。而现代世界中发展中国家升级为发达国家的可能性约为5%。这样有限的机遇使得发展中国家的赶超战略备受关注。武力等在《中国发展道路》（湖南人民出版社2012年版）中，从鸦片战争以来的172年中国怎样走上现代化道路的艰辛历程及其所处的国际环境等方面，探讨和认识中国为什么和怎样选择了中国特色社会主义发展道路。尽管中国的现代化进程是在外来因素的强力冲击下开启的，但“近代中国历史的特征并非是一种对西方的被动反应，而是一场中国人应付内外挑战的主动奋斗”，终于成就了今天的伟大事业。胡书东的《中国经济现代化透视——经验与未来》（格致出版社2010年版）、郑雅卓的《回看一百七十年：重读中国近现代经济史》（新华出版社2010年版）、姚余栋的《重燃中国梦想：中国经济公元1—2049年》（中信出版社2010年版）都从“大历史观”视角考察了中国经济发展历程。

（七）经济史研究的方法更加多样化

口述史的研究进一步受到重视。邓力群的《“工业七十条”起草始末》（《百年潮》2011年第12期）、《和毛泽东一起读苏联〈政治经济学教科书〉》（《党的文献》2011年第5期），丰富了人们对历史文献和历史事件的认识。刘仲藜口述，汪文庆、文世芳整理的《我们的“养老基金”是如何建立的》（《百年潮》2012年第7期），回顾了2000—2001年建立养老基金，通过资本运作，保证养老基金的保值增值，以解决社会保障制度建设的资金缺口问题的历程。陈锦华在《宝钢：中国现代钢铁工业的新模式》（《百年潮》2012年第3、4期）中回忆了宝钢新模式的建立。魏廷铮在《长江三峡工程的决策》（《百年潮》2012年第3、4期）中回忆了长江三峡工程的决策历程。刘玠口述，文世芳、汪文庆整理了《鞍钢改革与脱困的回顾和思考》。马社香发表了《中国农业合作化运动口述史》（中央文献出版社2012年版）。

重视比较视角的研究。2011年中国经济史学会中国现代经济史专业委员会与外国经济史专业委员会联合在沈阳市召开了“中国经济发展的历史经验与国际比较”学术研讨会。［英］罗澜著的《中国的崛起与俄罗斯的衰落——市场化转型中的政治经济与计划》（浙江大学出版社2012年版），系统地分析了中国和俄罗斯改革的差异，认为俄罗斯的“休克疗法”是失败的，而中国的渐进式改革是成功的。而存在这种差异的原因主要在于两国选择的政策不同。尤国珍指出，苏联的富农政策经历了一个曲折变动的历史过程。苏联的富农政策对中国产生了深刻的影响，使中国的富农政策也经历了一个由保存到消灭的曲折过程。①

运用计量经济史研究方法研究中华人民共和国经济史。柏培文的《1978—2008年中国隐性失业人口估算及影响因素分析》（《中国经济史研究》2011年第4期），对我国改革开放以来隐性失业人口水平及其影响因

① 尤国珍：《前苏联富农政策对中国土改政策的影响》，《国际关系学院学报》2011年第2期；《建国后中共保存富农政策变动的再思考》，《党史研究与教学》2011年第1期。

素进行了定量分析。李强在《用 GDP 评价新中国头 30 年建设成就的几个问题》（《当代中国史研究》2011 年第 1 期）一文中认为，用 GDP 进行国民经济核算时，计划经济国家和发展中国家的经济总量往往被低估。黄庆桥、关增建在《1959 年：新中国计量制度走向统一》（《当代中国史研究》2011 年第 4 期）中，对 1959 年计量制度的统一进行了研究，为我们理解新中国诸多制度的起源提供了生动的注解。此外，一些学者利用有关模型分析经济增长、通货膨胀，如苗文龙在《货币化、通货膨胀预期与通货膨胀》（《投资研究》2012 年第 3 期）一文中，运用包含货币缺口和收入结构变量的混合凯恩斯 Philips 曲线，利用 1979—2010 年的经济数据，分析货币化、通货膨胀预期与通货膨胀的关系。

此外，在农业经济史、工业经济史等方面的研究不断深入，从地方经济史看中国共产党和国家重大经济决策也成为近年研究的一个新视角，都取得了丰硕成果。

三　学科建设状况

三年里，当代中国经济史学科建设有较为显著的进展，不仅研究成果丰硕，而且队伍不断壮大，尤其是当代中国研究所的经济史学科建设，进步更突出。

（一）学科主要代表人物及代表作

国内学者汪海波、董志凯、武力、赵德馨、苏少芝、萧国亮等在中华人民共和国经济史研究方面取得了较多成果。其中，近 3 年有影响的代表人物和代表作如下：

汪海波：中国社会科学院荣誉学部委员、工业经济研究所研究员，主要研究领域为工业经济和经济史。2012 年出版了《对党的经济纲领的历史考察（1949—2011）》（新闻出版署迎接党的十八大主题出版重点出版物）。该书以历史唯物主义为指导思想，以政府经济职能为依据，全面阐述了新民主主义社会的经济纲领（1921—1952）、从新民主主义社会到社会主义社会过渡时期的经济纲领（1953—1957）、计划经济体制强化时期的经济纲领——以“大跃进”时期实行的经济纲领为例（1958—1960）、从计划经济体制到社会主义市场经济体制转变时期的经济纲领（1979—

2011）。发表《对新中国产业结构演进的历史考察——兼及产业结构调整的对策思考》（《中共党史研究》2010 年第 6 期）、《我国投资和消费比例关系的演变及其问题和对策》（《中国延安干部学院学报》2010 年 11 月第 6 期）等论文。

董志凯：中国社会科学院经济研究所研究员，第四届和第五届中国经济史学会会长，主要研究领域为中华人民共和国经济史。2011 年，作为第一主编，与武力共同主编出版了《中华人民共和国经济史（1953—1957）》。该书利用丰富的档案资料，将经济体制、经济政策、经济运行与经济效益结合起来，对 1953—1957 年的经济史作了探讨。发表《投资结构调整与经济结构变迁的回顾与展望——兼及增长方式的转变（1949—2010）》（《中国经济史研究》2012 年第 1 期）、《党领导中国工业化、现代化的基本经验》（《中国浦东干部学院学报》2012 年第 1 期）等论文。

武力：中国社会科学院当代中国研究所副所长、研究员，第四届和第五届中国经济史学会副会长兼中国现代经济史专业委员会主任。2010 年主编出版的《中华人民共和国经济史（增订版）》，全面系统地再现了 60 年中国经济的发展和制度变迁，入选新闻出版总署评定的第三届三个一百原创出版工程图书。发表《工业化、制度变革与促进共同富裕》（1949—2011）（《重庆社会科学》2011 年第 7 期）、《不均衡与均衡：中国经济发展的历史与逻辑》（《中共党史研究》2012 年第 7 期）等论文。

国外学者罗纳德·哈里·科斯（Ronald H. Coase）、巴里·诺顿（Barry Naughton）、约翰·奈特、皮沃瓦罗娃等对中华人民共和国经济史进行了较长时期的关注和研究。近 3 年在中华人民共和国经济史研究方面较有影响的代表人物和代表作如下：

巴里·诺顿（Barry Naughton）：美国加州大学圣地亚哥分校教授、经济学家，国外研究中国经济改革的先驱。诺顿在中国经济方面的研究成果丰硕，主要集中在经济转型、工业和技术、外贸、中国政治经济等 4 个彼此关联的领域。出版的 *Growing out of the Plan*：（1978—1993）（剑桥大学出版社 1995 年版）获得了大平正芳纪念奖；《中国经济：转型和增长》一书被评价为填补了关于中国自 1949 年以来的经济发展研究的空白，该书于 2007 年由麻省理工学院出版社出版后，被翻译成中文和韩文，中文版由上海人民出版社 2010 年出版。自 2002 年起，诺顿担任胡佛研究所电子杂志《中国领导观察》的经济栏目负责人，发表了数十篇关于中国经济政治决策的季度分析报告。近年来其主要代表作有：《中国发展经验的奇特性和可复制性》（*China Analysis*，01/2009）、《1989 年前后中国经济转型》（11/2009）、《宏观经济平衡和修订增长战略》（03/2011）、《中国新议程》（《新世纪》2012 年第 52 期）等。

Э. П. 皮沃瓦罗娃：俄罗斯科学院远东研究所学术委员会委员、经济学博士，长期关注和研究中华人民共和国经济史。所著《中国特色的社会主义》于 2011 年由莫斯科“论坛”出版社出版，主要从中国生产力的发展、所有制改革、建立社会主义市场经济、实行对外开放政策和制定“社会主义初级阶段”构想等方面阐述了改革开放以来中国经济的发展过程。她把“混合经济”看成是中国发展的最好模式。她预测中共将继续进行这方面卓有成效的探索，以找到国家最有效的发展道路。她认为，“建设有中国特色的社会主义”的提出，说明中共在改革开放中从未背离社会主义的大方向，只是在实现社会主义理想的方式上发生了不小的变化。尽管中国的一些做法源自马克思、列宁、毛泽东的思想遗产，但研究者不能因此而回避对新社会主义建设理论的深入研究，也不能忽视对这一理论如何适应变化了的社会环境的深入研究，否则既不能了解中国共产党的伟大，也无法有根据地预测中国的未来。

（二）当代中国研究所经济史学科建设和发展状况

中华人民共和国经济史是中华人民共和国史的重要分支学科。当代中国研究所成立初期，尽管按中华人民共和国历史时期设置研究室，但已有研究人员从事中华人民共和国经济史研究。2001 年 12 月，当代中国研究所对研究室进行了调整，按照专业领域设置了 4 个研究室，其中设置了经济史研究室，主要承担中华人民共和国基本经济制度史、宏观经济史、财政史、产业经济史、区域经济史、对外经济关系史、经济思想史等研究任务，编制 10 人。2008 年对研究人员的研究领域进行了分工，以促进中华人民共和国经济史研究的全面展开。当代中国研究所在中华人民共和国史体系下的经济史研究方面处于前沿地位，在推动学科发展上发挥着推动和引领作用。

第一，在推动学术交流和学科发展上发挥组织推动和引领作用。继当代中国研究所副所长武力担任中国经济史学会副会长兼中国现代经济史专业委员会主任后，2012 年郑有贵当选为中国经济史学会副会长兼中国现代经济史专业委员会主任；从2011年起，中国社会科学院当代中国研究所经济史研究室与经济研究所、中国经济史学会中国现代经济史专业委员会、中南财经政法大学经济史研究中心等单位联合在当代中国研究所召开年度“中国现代经济史学科研究动态与前沿问题”研讨会。同时，2012年，当代中国研究所还发起筹办中华人民共和国国史学会三线建设研究分会，副所长武力任筹备领导小组副组长、郑有贵任筹备领导小组秘书长，积极推进三线建设研究和学术交流。

第二，当代中国研究所经济史研究室参与国史年会和陈云年会有关经济史方面的选题拟定、征文评审和组织分组交流讨论，在这些学术活动中引领中华人民共和国经济史学科发展，并通过这些工作逐步培养形成了一支从国史视角研究中华人民共和国经济史的队伍。

第三，当代中国研究所经济史研究力量较强，现有9名研究人员，近3年的研究项目和成果在学界产生了积极的影响。(1)发表论文30余篇，其中多篇入选重要学术会议和被转载。郑有贵的《指引汪洋大海的小农经济通向现代化的灯塔——中国共产党农民合作经济的四大理论成果》入选中共中央党史研究室、中国中共党史学会、中国中共党史人物研究会主办的“全国党史界纪念中国共产党成立90周年学术研讨会”，王瑞芳的《从“三废”利用到污染治理：新中国环保事业的起步》和冷兆松的《由转变经济增长方式到转变经济发展方式的重大飞跃》入选中共中央文献研究室、中国中共文献研究会举办的“纪念中国共产党成立九十周年理论研讨会”。郑有贵、陈东林、段娟等的《历史与现实结合视角的三线建设评价——基于四川、重庆三线建设的调研》，郑有贵的《推进中国特色社会主义伟大事业的重要文献——“纪念邓小平南方谈话发表20周年学术座谈会”综述》，王丹莉的《工业化进程中的农村税费制度演进——对新中国成立以来农民税费负担变化趋势的历史解读》、《“中国模式”研究之新动向与再认识》，王蕾的《二十世纪以来中国物价史研究述评》等被有关刊物转载。(2)研究成果获得奖励：郑有贵的专著《目标与路径——中国共产党“三农”理论与实践60年》于2010年获第三届中华优秀图书奖，郑有贵主编的《一号文件与中国农村改革》于2011年入选新闻出版总署评定的第三届三个一百原创出版工程图书；王瑞芳主持并独立完成的国家社科基金项目《土地制度变动与中国乡村社会变革》，以“优秀”等级结项，入选中国社会科学院文库，由社会科学文献出版社出版；2011年6

月，陈东林、王瑞芳、钟瑛、王丹莉的论文分别获“陈云与当代中国学术研讨会”优秀论文奖；段娟的论文《中国不同类型地区城乡互动发展的影响因素分析》获2011年度“中国区域科学年会优秀论文三等奖”；郑有贵主持完成的2012年度中国社会科学院重点国情调研项目《三线建设和西部大开发中的攀枝花——基于攀枝花钢铁基地的建设与发展》获当代中国研究所所国情调研成果一等奖。同时，有关历史与现实结合的成果还获得到中央领导同志的批示。

3年间，当代中国研究所经济史研究室研究员承担项目7项。其中，承担国家社会科学基金项目2项，分别是陈东林研究员主持、于2011年结项的《建国以来气象灾害与农业经济关系研究之一——三年自然灾害与三年经济困难时期》，王瑞芳研究员主持、于2011年立项的《“大跃进”时期的农田水利建设研究》。完成2012年度中国社会科学院国情调研重点项目《三线建设和西部大开发中的攀枝花——基于攀枝花钢铁基地的建设与发展》。承担所重点项目3项，分别是陈东林研究员主持的《1966年至1976年国民经济状况研究》(2011年结项)；李文研究员主持的《当代中国的农村土地经营方式：变迁和展望》(2011年结项)；郑有贵主持的所重点项目《中华人民共和国经济史》(2012年立项)。此外，还有王蕾承担的院青年学术项目《新中国成立以来五次物价波动研究》。

四　学科发展前景

中华人民共和国经济史学科的发展方向是：在研究主线上，围绕中国特色社会主义经济发展道路的探索、形成、发展、完善历程，经济发展成就和经验，并针对新自由主义展开研究；在研究的时段上，对改革前经济史的研究将继续深化，对改革以来经济史的研究将逐步展开并成为研究重心，不分割历史，将其作为一个整体加以研究，并探讨改革开放前后两个历史时期的关系；在专题史的深化研究上，增强现实关怀意识，更多地关注与现实热点相关的政府与市场的关系史、宏观调控史、财政金融史、物价史、发展方式转变史，服务于推进工业化、城镇化、信息化和农业现代化同步发展的产业政策史，服务于区域经济协调发展的区域发展战略与生产力布局史，同时对研究的薄弱问题如生产力发展史展开研究；在理论方法上，坚持马克思主义唯物史观，综合运用历史学、经济学、社会学、统计学、逻辑学、计量学等方法，不搞历史虚无主义，避免碎片化，不断完善和发展研究范式，增强话语权。同时，在人才建设、文献资料积累、专门史研究等方面为中华人民共和国史的研究奠定基础。

“十二五”时期，当代中国研究所中华人民共和国经济史学科建设的任务是：通过创新工程项目《中华人民共和国经济史》的实施，撰写1部约25万字的《中华人民共和国经济史》专著；建成研究方向基本完备的中华人民共和国经济史学科；收集和整理相关文献资料，形成一套文献索引目录；培养形成结构优化、有创新能力的研究团队。重点做好以下方面的工作：

第一，在研究中增强问题意识、现实关怀意识、前沿意识，通过真实反映历史，有针对性地回答为什么选择公有制为主体、多种所有制共同发展的基本经济制度，为什么能集中力量办大事，为什么能走出“贫困陷阱”而成为世界第二大经济体，新中国前后两个30年经济发展是什么样的关系等重大理论与实践问题，并在回答这些重大问题过程中实现观点创新，发挥好经济史研究的当代价值。

第二，坚持开展以三线建设为主题的国情调研，以此解剖麻雀，深入分析经济管理体制机制与经济政策的实施及其绩效，为中华人民共和国经济史研究的深入开展奠定扎实的个案基础。同时，通过中华人民共和国国史学会三线建设研究分会（筹），推动三线建设研究的开展。

第三，促进学术交流。围绕创新工程《中华人民共和国经济史》项目的实施组织召开专题学术会议，并通过中国社会科学院当代中国研究所经济史研究室与经济研究所、中南财经政法大学经济史研究中心、中国经济史学会中国现代经济史专业委员会联合举办每年一次的中国现代经济史研究动态及前沿问题研讨会，推动中华人民共和国经济史学术交流和研究的深入展开。

（当代中国研究所　郑有贵　王瑞芳　王丹莉）

中华人民共和国文化史学科前沿研究报告（2010—2012）

中华人民共和国文化史是中华人民共和国史的分支学科，2010年至2012年，中华人民共和国文化史学科建设和研究成果均取得了明显进展。

一　学科发展概况

1949年新中国成立之后，中华人民共和国文化史的研究也随之起步。1954年，人民出版社出版的薛和昉编著《新中国五年来文化教育的成就》，是较早关于中华人民共和国文化史研究的专著。但严格意义上的中华人民共和国文化史研究，是从党的十一届三中全会后开始的。党的十一届六中全会通过《关于建国以来党的若干历史问题的决议》，为中华人民共和国史文化史的研究指明了正确的方向。随后，由胡乔木倡议、中国社会科学院提出方案，经中共中央书记处批准、中央宣传部部署，从全国抽调力量组织编辑的《当代中国》丛书，包括了文字改革、文学艺术、广播电视、新闻出版、图书馆文博事业、教育、科技、体育等领域的总结和研究。这是首次对新中国文化建设情况的全面梳理，为之后的文化史研究奠定了基础。

20世纪70、80年代，西方史学界出现所谓“文化转向”，“新文化史”取代“社会史”，激发了国内学者开拓文化史研究的兴趣。80年代，中国出现的“文化热”带动了中华人民共和国文化史的研究。90年代之后，开始有研究专著问世，代表性著作有张顺清、李金山主编《中华人民共和国文化史（1949—1991）》（黑龙江教育出版社1992年版），汪澍白著《二十世纪中国文化史论》(中国青年出版社 1999 年版)。进入 21 世纪后，随着国家对文化战略地位认识的提升，文化体制改革的大力推进，文化史研究逐渐繁荣。特别是围绕改革开放 30 周年、新中国成立 60 周年等重大纪念活动，出现了一批研究成果。如蔡武主编《改革、发展、繁荣——改革开放 30 年中国文化发展报告》(文化艺术出版社 2008 年版)、张颐武主编《中国改革开放三十年文化发展史》(上海大学出版社 2008 年版)、贺少俊等著《共和国 60 年文化发展》(中国大百科全书出版社 2009 年版)等，以及关于社会主义文化建设理论(包括毛泽东、邓小平等领导人文化建设思想)、文化体制改革、文化事业、文化产业、文学艺术和影视出版、大众文化等方面的专题性研究成果。

在队伍建设方面，2001 年，中国社会科学院当代中国研究所成立了文化史研究室，并在中国社会科学院国史系成立后，开始招收当代中国文化史方向的硕士、博士研究生。中央文献研究室、中共中央党史研究室、中国人民大学马克思主义学院、东北师范大学、湖南师范大学等单位的专家也开展新中国文化史的研究。中国社会科学院、北京大学、中国传媒大学、上海交通大学、上海社会科学院等单位设有文化产业研究基地，出版年度文化发展报告。这推动了中华人民共和国文化史学科的发展。

近三年来，随着中共十七届六中全会和中共十八大关于文化建设理论的创新，学术界围绕文化软实力、中国特色社会主义文化发展道路、文化体制改革，国家文化安全和社会主义核心价值观等新观点、新问题，站在时代的高度回望过去，在社会主义文化的发展繁荣中去回溯、总结和评价新中国成立尤其是十六大以来文化建设的历程和经验，掀起了中华人民共和国文化史研究的热潮，一系列研究成果问世。2012 年 8 月，中共中央党史研究室和中共浙江省委举办以“党史文化”为主题的首届全国党史文化论坛，探讨党史文化的内涵，重点总结文化建设的成果、经验，壮大了文化史研究队伍，有助于中华人民共和国文化史研究水平的提高。

总的来说，中华人民共和国文化史这门新兴的学科还不成熟，主要表现在学科体系的构架尚在建设中；研究中存在两“多”两“少”现象，即专题成果较多，系统研究成果较少；阶段史研究成果较多，通史成果少。现有的文化史要么是中国共产党文化政策史，要么是若干专题研究的组合，研究领域分散、内容条块分割，研究的系统性，影响了对新中国文化发展规律的深入把握。与中华人民共和国经济史、政治史比较，文化史科研力量弱小，知识积累薄弱，学术研究落后于蓬勃发展的文化建设实践，研究能力和成果质量有待提升。这说明中华人民共和国文化史研究空间广阔，任务艰巨。

二　学科前沿动态

（一）关于中华人民共和国文化史学科体系的构建

由于文化定义的多样性，文化史至今是一个边界不清、脉络不明的领域。结合中国社会科学院创新工程的开展，当代中国研究所文化史研究室组织专家就文化史的研究对象和内容多次进行讨论，认为“文化”是与经济、政治、社会相对应的一个概念，特指国家在文化领域内发生的思想表达、新闻传播、社会科学研究、文学艺术创作、文化遗产保护等各种以满足人类精神需求为目的的活动。党的十七届六中全会通过的《中共中央关于深化文化体制改革、推动社会主义文化大发展大繁荣若干重大问题的决定》大体也是在这一意义上使用文化的概念。李长春在对《决定》做说明时所指出：“《决定》从中国特色社会主义事业总体布局出发把握文化范畴，重点研究部署与经济建设、政治建设、社会建设相对应的文化建设。对教育、科技、体育等领域，在与文化建设直接相关的问题上也有所涉及。”①。这是大文化的概念。那么，中华人民共和国文化史主要研究新中国在中国共产党领导下进行文化建设，探索文化建设、改革与发展规律的历史；主要包括文化体制与政策演变、文化建设与发展历程、主流意识形态建设、思想道德建设、语言文字改革、哲学社会科学发展、文学艺术、新闻出版、影视传媒、公共文化事业和群众文化活动、文化产业发展、对外文化交流、文化思潮及其代表人物，以及与文化直接相关的教育、科技、体育等的发展与成就。

关于中华人民共和国文化史的主线。李捷认为主线是中国特色社会主义文化发展道路。新中国成立60多年来，党的文化政策在不断进行调整，对文化的认识不断提高，文化建设的内涵不断丰富，文化建设的领域不断拓展，从新中国初期社会主义文化建设的探索，到现在提出建设社会主义

---

① 《中国共产党第十七届中央委员会第六次全体会议文件汇编》，人民出版社2011年版，第57页。

文化强国，实际上是中国特色社会主义文化发展道路的酝酿、形成、发展的历史。中华人民共和国文化史以国史脉络为背景，勾勒新中国文化建设的历史发展脉络，总结其发展的内在规律，从学理上来诠释中国特色社会主义文化发展道路。

关于中华人民共和国文化史的历史分期。如何体现文化史特色，科学划分新中国文化发展的历史分期，是中华人民共和国文化史研究的基本问题，也是学术界存在争论和分歧的焦点。目前存在三阶段法①；五阶段法②。刘仓主张将新中国文化建设放在整体经济社会发展与演变的大背景中，确立划分新中国60多年文化发展分期的标准，将新中国文化史划分为六个历史阶段，即1949—1956年，社会主义文化的基本确立和初步建设时期；1956—1966年，全面探索时期；1966—1976年，陷入灾难时期；1976—1992年，完成拨乱反正和在改革开放中复苏、发展的新时期；1992—2002年，探索社会主义市场经济体制条件下文化建设新路子时期；2002年以来，是文化改革发展时期。③

（二）关于中国特色社会主义文化发展道路

中共十七届六中全会指出，改革开放特别是党的十六大以来，走出了一条中国特色社会主义文化发展道路。2012年11月，中共十八大报告对中国特色社会主义道路、理论体系、制度的内涵和关系作了系统论述，使得中国特色社会主义文化发展道路的研究获得了清晰的理论框架。中宣部、中央文献研究室编写了《论文化建设——重要论述摘编》，从文化建设的地位、指导思想、基本方针、社会主义核心价值体系、文化事业和文化产业、文化创新和文化体制改革、文化人才队伍以及党对文化建设的领

① 其一是：1949年到1978年，奠定基础；1978年到1997年，建设社会主义精神文明；1997年至今，建设中国特色社会主义文化。樊锐：《新中国文化建设的历史成就和主要经验》，《党史研究与教学》2009年第6期。其二是：1949年到1966年，确立了新中国文化发展的理论政策；“文化大革命”期间，给文化建设带来了深重的灾难，党的十一届三中全会以后，中国进入文化发展最好的时期之一。文化部党组书记、部长蔡武在国务院新闻办公室就中国文化建设60年发展成就举行发布会上答记者问，2009年9月14日 http：//www. gov. cn/wszb/zhibo345/。

② 即探索阶段（1949—1965年）、探索陷入误区（1966—1976年）、拨乱反正和恢复马克思主义文化理论（1977—1996年）、文化体制改革展开（1997—2002年）、文化大发展大繁荣（2003年至今）。李道中、杨吉华：《建国六十年来我党文化理论的演变与创新》，《科学社会主义》2009年第5期。

③ 刘仓：《论新中国文化发展的历史分期》，《当代中国史研究》2011年第2期。

导等方面，摘录了毛泽东、邓小平、江泽民、胡锦涛的一系列重要论述，集中反映了党领导文化建设的重要思想成果和思想脉络。在此背景下，出现了一批以“中国特色社会主义文化发展道路”为主题，对新中国文化建设的理论和实践进行历史考察的学术研究成果。如李捷《走中国特色社会主义文化发展道路》(《光明日报》2011 年 10 月 26 日)，中央党校中国特色社会主义理论体系研究中心《中国特色社会主义文化发展道路的里程碑》(《光明日报》2011 年 10 月 20 日)，张瑞才、范建华著《中国特色社会主义文化建设的理论与实践》(社会科学文献出版社 2012 年版)，李新主编《中国特色社会主义文化发展道路与实践探索》(西南交通大学出版社 2012 年 12 月)等，从不同角度考察了中国特色社会主义文化发展道路的历史进程①。颜旭试图揭示中国特色社会主义文化发展道路形成的实践基础，认为中国特色社会主义文化发展道路是对改革开放时代文化课题的积极回应，是对社会主义文化建设经验教训的深刻反思，是对人民群众文化创造活动的理论升华，是文化发展规律的自觉遵循(《中国特色社会主义文化发展道路形成的实践基础》，《南京政治学院学报》2012 年第 1 期)。一些学者研究党和国家领导人对中国特色社会主义文化发展道路的贡献。如欧阳雪梅《毛泽东对中国特色社会主义文化发展道路的探索与贡献》(《湖南社会科学》2012 年第 2 期)一文认为，毛泽东对中国先进文化建设中的带有方向性、根本性、战略性的重大问题的探索，是中国特色社会主义文化发展道路探索的历史起点。杨攀总结了江泽民对中国特色社会主义文化建设理论的贡献。② 樊锐研究改革开放新时期以来党的文化政策演变。③

十八大召开前后，出现了总结十六大以来中国特色社会主义文化发展道路的成就、经验的热潮。郭如才指出党的十六大以来，以胡锦涛为总书记的党中央提出了一系列有关文化建设的新观点新论断，形成了在新的形势下推动社会主义文化大发展大繁荣的新思路。其中，建设社会主义核心

---

① 对中国特色社会主义文化发展道路的探索历程作梳理的还有邓显超：《我党对中国特色社会主义文化发展道路的探索》，《理论探索》2011 年第 3 期；苗瑞丹：《中国特色社会主义文化发展道路的探索及经验》，《中共山西省委党校学报》2012 年第 3 期；谢玉亮、杨玉青：《中国特色社会主义文化建设的历史演进述论》，《理论导刊》2012 年 6 月 10 日。

② 杨攀：《论江泽民对中国特色社会主义文化建设理论的贡献》，《湖北省社会主义学院学报》2012 年第 4 期。

③ 樊锐：《新时期文化建设探论》，中共党史出版社 2012 年版。

价值体系是主线，提高我国的文化软实力、维护国家的文化安全是重要着眼点，进一步解放和发展文化生产力，满足人民群众精神文化需求是基本内容，以高度的文化自觉和文化自信推动文化的大发展大繁荣、不断提高党建设社会主义先进文化的能力是关键。[①] 蔡武著有《坚持中国特色社会主义文化发展道路，不断开创文化改革发展新局面》（《党建研究》2012年第9期），主编《坚持科学发展 推动文化创新——党的十六大以来文化改革发展成就（2002—2012）》（人民出版社2012年版），从文艺创作、文化体制改革、公共文化服务体系、文化产业、文化市场建设、文物保护、非物质文化遗产、对外文化交流、文化人才队伍建设等方面，对十六大以来的文化建设概况、历程和经验做了全面阐述。类似著作还有孙若风著《建设社会主义文化强国》（中共党史出版社2012年版）、李宗桂著《当代中国文化探讨》（花城出版社2012年版）等。代表性论文有刘仓《中国共产党领导社会主义文化建设的基本经验》（《理论视野》2011年第10期）、曹光章《新世纪新阶段社会主义文化的繁荣与发展》（《当代中国史研究》2010年第2期）学术界还从宣传思想文化工作、马克思主义理论研究和建设工程、哲学社会科学[②]、公共文化服务体系建设、文化体制改革、文化产业[③]、新闻出版、文化传播、少数民族文化繁荣发展、网络文化管理、教育、知识产权保护、科技等各领域，进行了全面的梳理总结，凸显中国特色社会主义文化发展道路的内涵与实践成就。

目前，中国特色社会主义文化发展道路的研究刚刚起步，但是它所蕴含的学术价值和现实意义，决定了在未来若干年都将是文化史研究中的重大前沿性课题，将深刻地影响中华人民共和国文化史研究的整体面貌和走向。

（三）关于国家文化安全

2006年10月，十六届六中全会把文化安全上升为国家安全战略的有机组成部分，目前，文化安全逐渐成为学术界研究的热点和重点。国家文

① 郭如才：《十六大以来党中央关于文化建设的新思路》，《党的文献》2012年第4期。

② 中国社会科学院党组：《千岩竞秀万壑争流——党的十六大以来我国哲学社会科学的繁荣发展》，《求是》2012年第17期。

③ 张培奇、胡惠林：《探索与发展的十年：十六大以来我国文化产业学术研究述评》，《学术论坛》2013年第1、2期。

化安全以意识形态安全为首要目标，对意识形态主导权的争夺和巩固事关文化领导权。“以社会主义核心价值体系实现文化领导权是巩固党执政合法性的必然要求”①，“建构文化领导权是中国共产党的一项重要使命”②，国家文化安全、文化领导权问题成为当代文化史研究的新视角，是传统的社会主义意识形态研究的拓展和深化。胡惠林认为，国家文化安全不再是传统意义上以“意识形态”为唯一内容的狭义的国家文化安全和衡量标准，而是涉及国家文明传承、国家发展和文化认同的国家文化安全。中国的文化发展进入民族复兴和国家崛起“双重历史任务”的战略发展新阶段，“复兴—崛起困境”构成了中国国家文化安全研究的新范式。③ 赵海峰提出从意识形态领导权入手理解马克思主义中国化这一概念。他强调马克思主义中国化这一概念既是争夺意识形态话语权的需要，也是理解和表述中国独特的社会主义建设道路的需要。马克思主义中国化是统合各种相互异质的意识形态、建构社会主义核心价值观和文化认同的基础，研究了中国意识形态文化认同的历史进程。④ 代表性著作还有赵子林《中国国家文化安全论：中国共产党人的探索与启示》（湖南大学出版社 2012 年版）。

意识形态安全是国家文化安全和国家安全的重要组成部分。学术界从西方文化霸权和对华意识形态渗透与意识形态安全、党的意识形态建设与意识形态安全、政治经济建设与意识形态安全、文化领导权与意识形态安全、新型媒体与意识形态安全、社会思潮与意识形态等角度，探讨维护国家意识形态安全的战略问题，反思以往的经验与教训。石云霞等著《十六大以来意识形态建设研究》（武汉大学出版社 2012 年版）以十六大以来中国共产党的历史进程为线索，全方位、多视角、多领域地考察了党的意识形态建设，从总体上揭示了中国共产党意识形态建设的基本特点和历史经验，对推进社会主义核心价值体系学习教育，巩固和加强马克思主义在意识形态领域的指导地位，并进行了前瞻性和对策性的思考。刘少杰《当代中国意识形态变迁》（中央编译出版社 2012 年

① 张铃枣：《建设社会主义核心价值体系实现党的文化领导权》，《科学社会主义》2010 年第 1 期。

② 张士海：《建国以来中国共产党文化领导权建设史论》，《云南社会科学》2010 年第 1 期。

③ 胡惠林：《非传统安全与中国国家文化安全研究新范式》，《新疆师范大学学报》2012 年第 4 期。

④ 赵海峰：《意识形态领导权和文化认同：关于马克思主义中国化的思考》，《马克思主义与现实》2012 年第 5 期。

版）、樊浩《中国大众意识形态报告》和《中国伦理道德报告》（中国社会科学出版社 2012 年版），周新城《对二十世纪八十年代我国反对资产阶级自由化斗争的回顾——过程、性质和基本经验》（《贵州师范大学学报》（社会科学版）2011 年第 3 期）、欧阳雪梅《邓小平对社会主义意识形态建设的历史贡献》（《毛泽东邓小平理论研究》2012 年 12 期）、杨永志和张艳著《论新媒体时代我国意识形态安全的维护》（《理论与现代化》2012 年第 6 期）、曹光章《社会主义核心价值体系建设的历史进程及其经验》（《毛泽东邓小平理论研究》2012 年第 11 期）等，从不同角度探讨了这一问题。

（四）关于文化体制改革

随着文化体制改革的深化，中国文化体制改革的发展历程与经验成为聚焦点。除了文化部文化体制改革司在总结，文化体制改革的亲历者龙新民也一直在研究。他阐述了文化体制改革的历史背景，把改革开放以来文化体制改革划为五个阶段，指出我国文化体制改革是在没有现成的模式和经验可以借鉴的情况下进行的，“摸着石头过河”，在实践中提出改革的任务，在实践中探索改革的路子，在实践中积累改革的经验，这是我国文化体制改革近 30 年走过的历程。①

蒯大申、饶先来《新中国文化管理体制研究》（上海人民出版社 2011 年版）总结了新中国成立 60 年来，文化管理体制在领导社会主义文化建设、确立马克思主义在思想文化领域的指导地位、构建社会主义文化事业体系、建立社会主义文化产业和文化市场体系等方面所取得的伟大成就，认为在诸如正确认识文化与政治的关系、按照文化建设本身的规律和特点来领导文化、重视知识分子在文化建设中的作用、正确处理主流文化与文化多样性问题、为文化发展提供法律的制度保障等方面积累了许多宝贵经验。

陈世香《中国政府文化管理体制改革研究：背景、成果与发展趋势》［《武汉大学学报》（哲学社会科学版）2012 年第 2 期］把我国地方政府文化管理体制改革进程划分为初始创新、试点推动与普遍推动等三个阶段。游祥斌、毋世扬《文化事业单位的改革历程、理论经验和问题》（《中国

① 新民：《我国文化体制改革的发展历程和启示》，《百年潮》2012 年第 8 期。

行政管理》2011 年第 4 期）单独分析考察和总结文化事业单位的改革进程，在文化体制改革史研究中也是比较鲜见的选题和成果。胡惠林《我国文化产业发展战略理论文献研究综述》（上海人民出版社 2010 年版），赵阳、徐宝祥编著《文化产业政策与法规》（中山大学出版社 2012 年版）一书中，有专章梳理我国文化产业政策法规的发展进程，体现着文化法制化研究进程这一课题开始受到关注。上述情况表明文化体制改革成为文化史研究的新亮点。

（五）关于文学艺术史、新闻出版史、科技教育史的研究

文学艺术史、新闻出版史、科技教育史等在文化史研究中是比较成熟的领域，主要的进展体现为研究内容的进一步完善和研究方法的反思与探索。程光炜、南帆等对 20 世纪 80 年代文学的研究引起学术界的关注。《文艺争鸣》、《东岳论丛》等开辟专栏，对 21 世纪以来文学发展历程进行回顾、总结。张为民《对新世纪文学特征的几点认识》、白烨《新变、新局与新质——为新世纪文学特征把脉》等专注于对新世纪文学的整体梳理，是具有文学史开拓价值的研究成果。常勤毅《现当代文学中的党史研究》（浙江大学出版社 2012 年版）和吴秀明的《当代历史文学生产体制和历史观问题研究》（中国社会科学出版社 2011 年版）两部著作，则体现了当代文学史研究视角的创新。

2012 年，文化界纷纷举办研讨会纪念毛泽东《在延安文艺座谈会上的讲话》发表 70 周年，对毛泽东文艺思想进行再认识。其中，由中国社会科学院当代中国研究所、中华人民共和国国史学会主办，文化史研究室承办的“毛泽东《在延安文艺座谈会上的讲话》与新中国文艺建设”的讨论会最具代表性。李捷指出，这篇讲话在马克思主义中国化的文艺理论形成与发展中占有奠基性的地位，在系统总结五四运动以来革命文化发展的基本经验方面、在开辟中国特色社会主义文化发展道路中，占有开创性的地位，对于建设社会主义文化强国仍具有指导作用和现实意义。① 会后，《中国社会科学报》发表《〈在延安文艺座谈会上的讲话〉是新中国文艺建设的理论指南》专栏，介绍会上的重要观点；《光明日报》先后刊发了李捷《马克思主义中国化文艺理论的奠基之

① 李捷：《马克思主义中国化文艺理论的奠基之作》，《光明日报》2012 年 5 月 24 日。

作》、李云雷《〈讲话〉与我们的时代》（2012 年 5 月 28 日）、黄如军《〈在延安文艺座谈会上的讲话〉的历史地位及启示》（2012 年 5 月 30 日）3 篇文章。欧阳雪梅《〈在延安文艺座谈会上的讲话〉：方向、影响与发展》（《北京党史》2012 年 4 期）、张贞《论延安文艺对当代中国文艺创作的启示》（《延安大学学报》2012 年第 4 期）等，阐发了毛泽东"文艺为人民大众"、人民生活是文艺创作的源泉等思想的当代意义。近年，红色经典受到关注，不少成为硕士论文的选题。如董晓《再谈苏联文学对当代中国文学的影响》（《当代外国文学》2011 年第 2 期）、陈钰的《俄苏文学"红色经典"在中国》（上海师范大学 2010 年硕士论文）、佘燕芝《〈小兵张嘎〉：一个"红色经典"的改编与传播》（暨南大学 2010 年硕士论文）、潘芊芊《论九十年代以来中国"红色经典"电影的电视剧改编》（福建师范大学 2010 年硕士论文）、张萌萌《当代中国"红歌"创作流变》（《党史文汇》2012 年第 1 期）。

上海交通大学谢金文教授所著《中国新闻史纲要》（2011 年版）的当代部分，研究内容时段延伸至 2010 年。方汉奇主编《中国新闻史（1978—2008）》（复旦大学出版社 2011 年版），对 30 多年来我国新闻传播体系、新闻传播观念、新闻传播调控、媒介经营管理的历史脉络进行梳理。李彬、张垒《重塑共识 · 多元视野 · 当代意识——对新世纪十年新闻史研究的回顾与反思》（《杭州师范大学学报》（社会科学版）2011 年第 5 期），谭泽明《试论中国新闻史研究方法的创新路径》（《浙江传媒学院学报》2011 年第 6 期）等，体现了新闻史重视研究方法的探索，体现出学科建设的自觉。陈有和《关于人民出版社建社历史的再探讨》（《中国出版》2011 年第 19 期）、赵鹏《抗美援朝运动初期〈人民日报〉宣传方式分析》（《中共党史研究》2010 年第 7 期）、张济顺的《五十年代初的上海报业转制：从民办到党管》（《炎黄春秋》2012 年第 4 期）等文章，则体现了新闻出版史研究中的个案研究和区域研究越来越"热门"的发展趋势。

与高校创新发展相适应，教育史中的高等教育研究受到重视。郝维谦《中华人民共和国高等教育史》（新世界出版社 2011 年版）对 60 年的高等教育发展史做了系统、全面和深入的研究。选题方面，从北平军管会对清华大学的接管、中国人民大学创立、蒋南翔与 20 世纪五六十年代清华大学的教育建设，到高等教育投资体制改革、教育价值定位变迁、课程体系、教材建设、研究生教育发展等[①]都进入了研究视野，体现着教育史研究不断拓展新视角的努力。易琴《新世纪中国教育史研究的反思与前瞻》(《教育探索》2011 年第 6 期)、李忠《中国教育史研究问题的反思与应对》(《河北师范大学学报》2011 年第 7 期) 等文章，对教育史的研究视野、范畴与对象，以及理论依据、分析工具与研究方法等各方面所取得的成果与不足进行梳理与反思。

科技史方面，科技发展思想和战略研究[②]、重大历史事件研究[③]、重要科技人物研究[④]、科技档案研究[⑤]等内容，体现着科技史研究的热点和前沿动态。丹珠昂奔主编《少数民族对祖国文化的贡献》(中央民族大学出版社 2012 年版)，代表三年来少数民族文化研究方面的突出成果。

三　学科建设状况

(一) 本学科的主要代表人物及代表作

蔡武，文化部部长、党组书记，一直着眼于文化部下辖的文化领域的理论与实践的总结。代表作有《在中国特色社会主义文化发展道路上开拓前进》(《求是》2012 年 6 月 16 日)，主编《新中国成立 60 年文化发展报

---

① 刘颖：《北平军管会对清华大学的接管》《当代中国史研究》2010 年第 7 期；欧阳雪梅：《刘少奇与中国人民大学的创建》,《当代中国史研究》2011 年第 3 期；由刘冰口述、苏峰整理的《蒋南翔与二十世纪五六十年代清华大学的教育建设》,《中共党史研究》2010 年第 4 期；刘新丽：《我国高等教育投资体制改革的回顾与前瞻》,《大学教育科学》2010 年第 4 期等。

② 欧阳雪梅：《第一代中央领导集体的科技战略思想与新中国的科技进步》,《毛泽东邓小平理论研究》2012 年第 1 期；王治国：《自主创新：从"中国制造"到"中国创造"》,《毛泽东邓小平理论研究》2010 年第 8 期；刘凤健、张学明：《中国共产党关于国防科技发展的战略思想及启示》,《军事历史研究》2011 年第 2 期；张立慧：《中国共产党与中国科技大国的崛起》,《理论月刊》2012 年第 1 期；胡晋源：《中国共产党科学技术观的历史演进》,《中共贵州省委党校学报》2012 年第 2 期；夏梁、赵凌云：《"以市场换技术"方针的历史演变》,《当代中国史研究》2012 年第 2 期；高博、陈瑜：《中国载人深潜自主创新十年回眸》,《科技日报》2012 年 7 月 16 日。

③ 张藜：《苏联专家在中国科学院对 1950 年代中苏两国科学院交流与合作的历史考察》,《科学文化评论》2012 年第 2 期；杨培青等：《科技体制改革的先声——1983 年参与中国科学院调查组回顾》,《百年潮》2012 年第 4 期。

④ 中国中共党史人物研究会编著：《中共党史人物传》科教卷，中共党史出版社 2010 年版；曾敏：《毛泽东科技领导思想对新中国科技事业的重大影响》,《天府新论》2012 年第 1 期；黄庆桥等：《钱三强科学史贡献初探》,《自然辩证法通讯》2012 年第 1 期；何亚平等：《竺可桢与中国科技史研究》,《合肥工业大学学报》(社会科学版) 2011 年第 3 期。

⑤ 阎文华：《科技档案发展历程回顾》,《林业科技情报》2012 年第 3 期。

告》(文化艺术出版社 2010 年版)、《坚持科学展 推动文化创新——党的十六大以来文化改革发展成就(2002—2012)》(人民出版社 2012 年版)。

杨凤城，中国人民大学马克思主义学院副院长兼中共党史系主任、博士生导师，长期从事当代中国思想文化研究。近 3 年来，发表《改革开放以来中国文化的宏观审视》(《中共党史研究》2010 年 7 期)、《中国共产党 90 年的文化观、文化建设方针与文化转型》(《中国人民大学学报》2011 年第 3 期)、《“文革”时期知识分子的两部分与双重角色》(《党史研究与教学》2010 年第 4 期) 等，主编《20 世纪的中国：走向现代化的历程(思想文化卷 1949—2000)》(人民出版社 2010 年版)。他认为中国共产党的文化观中制约文化建设方针的核心问题是文化与政治的关系，其前后经历了从为无产阶级政治服务到建设中国特色社会主义文化的转变，当代中国文化也随之出现了从多元到一元、再从一元到一元主导下的多元并存的两次转型。第一次转型带来了中国思想文化的新景观，但又导致了思想文化的单一化和沉闷。十一届三中全会开启的第二次文化转型，在马克思主义一元指导地位不变的情况下，实现了中国特色社会主义建设时代背景下的文化多样化发展。

夏杏珍，中国社会科学院当代中国研究所研究员，长期从事中华人民共和国文化史研究。近 3 年代表性论文有《〈人民日报〉改版与中国新闻事业的改革》(《党史文汇》2011 年第 5 期)、《新中国历史上的两次群众诗歌运动——“大跃进民歌”和“天安门诗歌”述评》(《当代中国史研究》2012 年第 2 期) 等。在后一篇文章中，认为“大跃进民歌”和“天安门诗歌”具有共同的典型意义，也因产生的时代背景不同形成了各自的特点。“大跃进民歌”是自上而下，由领导者组织发动的一场全国范围配合正在开展的“大跃进”的诗歌运动；而“天安门诗歌”则是在极其特殊的政治环境下，群众自发地以诗歌为武器，追悼周恩来、声讨“四人帮”而爆发的一场群众示威运动。两次诗歌运动真切地印证了人民群众是文化创造的主体，群众文化的兴起和蓬勃发展，对社会主义文化大发展大繁荣有着巨大的影响。

蒯大申，上海社会科学院文学研究所所长、研究员，长期从事中国文学、文化问题研究，关注新中国文化发展历史。代表作有《新中国文化管理体制研究》(上海人民出版社 2010 年版)，论文有《新中国文化管理体制形成的思想理论根源》(《当代中国史研究》2010 年第 3 期)、《新中国文化管理体制形成的制度渊源》（《毛泽东邓小平理论研究》2010 年第 3 期）。

国外专门研究中华人民共和国文化史的学者和成果都比较少。从了解到的成果来看，多是侧重于“社会文化史”的视角和方法进行研究。代表性人物及成果有伊利斯·埃勒·卡鲁尼，为法国学者，著有《中国的后社会主义转型：作为文化变迁的制度变迁》（孟秋编译，《马克思主义与现实》2011 年第 4 期）一文，探讨了中国的改革开放带来的社会制度变迁，以及这种变迁所具有的文化意义。

康浩，新西兰奥克兰大学亚洲研究院教授，著有《青年文化在中国：从红卫兵到网络公民》（剑桥大学出版社 2012 年版）。他认为 1968 年、1988 年和 2008 年是中国青年文化发展的三个关键点。1968 年开始的上山下乡，使青年人的大众文化向农村延伸；20 世纪 80 年代，寻根文学、第五代导演的电影和融合西方文化，影响青年人的观念；21 世纪，尤其是 2008 年抗震救灾、北京奥运等问题上，青年人通过互联网的交流，塑造青年人的共识。

（二）当代中国研究所文化史学科发展情况

当代中国研究所文化史学科建设已有 12 年时间，基本完成了对文化史各领域研究的布局，研究内容涉及社会主义意识形态建设，文化方针政策、文化管理体制、知识分子政策、文学艺术发展、新闻出版媒体、群众文化建设、教育、科技发展战略等。近 3 年来，完成了当代中国研究所重点课题“社会主义核心价值体系与构建和谐社会”，在研的有中国社会科学院重点课题、国家社科基金课题；积极组织筹办学术会议，分别于 2011 年 6 月 27 日、2012 年 5 月 18 日，举办主题为“价值、价值观、社会主义价值观”、“毛泽东《在延安文艺座谈会上的讲话》与新中国文艺建设——纪念《讲话》发表 70 周年”、《中华人民共和国文化史》大纲的学术研讨会，取得良好社会反响；结合各自研究方向积极撰写陈云年会、国史年会论文，提交高质量的学术论文；关注现实，连续三年先后赴山东东营市、广东省佛山市和东莞市、上海进行文化国情调研，撰写研究报告；为配合宣传党的十七届六中全会精神，在国史网策划并主持《新中国文化建设的理论与实践》、《讲话》与新中国文艺建设专题，为宣传党的文化思想政策提供历史视角；为迎接十八大，应邀为中国网撰写有关十六大以来的文化建设成就与经验的系列论文，受到好评。围绕“中华人民共和国文化史”创新项目，研究室在人员少、基础薄弱的情况下，做了大量卓有成效的工作，追踪文化史研究的最新动向，撰写研究综述，形成了基本成熟的《中华人民共和国文化史》大纲，推动了学科建设，锻炼了学术团队，取得了一批学术成果。

刘国新，中国社会科学院当代中国研究所研究员，曾长期担任文化研究室主任。先后主持《社会主义核心价值体系与构建和谐社会》和《20世纪50年代文化建设研究》课题；组织了文化建设国情调研，其中2012年广东省佛山市和东莞市城市文化调研获得中国社会科学院国情调研报告二等奖。近3年发表的代表性成果有《论新中国文化建设的历史经验》(《北京党史》2010年第6期)、《中国当代的文化发展和文化体制改革》(《中国地方志》2011年第1期)、《论党史文化的创新品格——以“社会主义核心价值体系”为例》(《当代中国史研究》2012年第11期)，为推动中华人民共和国文化史学科建设发挥了积极的作用。

欧阳雪梅研究员为“中华人民共和国文化史”创新项目的首席研究员，积极组织《中华人民共和国文化史》项目的论证和大纲的草拟与修改；为国家社科基金重点课题《中国社会主义道路探索与毛泽东思想发展研究》(12ADJ002)课题组主要成员，承担毛泽东的社会主义文化思想的研究任务；是文化部《中国特色社会主义文化发展道路研究》课题组成员，为“中国特色社会主义文化地位与作用”一章的主要撰稿人。两年来，代表性的成果有《刘少奇与中国人民大学的创建》(《当代中国史研究》2011年第3期)、《毛泽东对中国特色社会主义文化发展道路的探索与贡献》(《湖南社会科学》2012年第2期)、《第一代中央领导集体的科技战略思想与新中国的科技进步》和《邓小平对社会主义意识形态建设的历史贡献》(《毛泽东邓小平理论研究》2012年第1期、第12期)等。

年青学者刘仓、曹光章表现了良好的发展势头。刘仓《论新中国文化发展的历史分期》(《当代中国史研究》2011年第2期)和《中国共产党领导社会主义文化建设的基本经验》(《理论视野》2011年第10期)，曹光章《新世纪新阶段社会主义文化的繁荣与发展》(《当代中国史研究》2010年第2期)、《社会主义核心价值体系建设的历史进程及其经验》(《毛泽东邓小平理论研究》2012年第11期)，在学界有较好反响。

四 学科发展前景

有国家文化发展战略的推动，观察中华人民共和国文化史的研究态势，中华人民共和国文化史这门新兴学科正如旭日东升，蒸蒸日上。

（一）撰写一部中华人民共和国文化史的条件已经基本成熟

首先，中华人民共和国文化史是一门新学科，其研究对象、范围等问题已基本清晰，虽然重点、难点问题研究尚需深入，研究的理论与方法有待提升，但中共十七届六中全会决议、纪念毛泽东同志《在延安文艺座谈会上的讲话》发表70周年座谈会和十八大报告，站在新的时代高度，深刻总结新中国成立、改革开放以来尤其是近十年来中国文化建设实践的经验和教训，对研究者把握文化史发展的主线、主流、社会主义文化建设的主要内涵，认识文化建设中的问题，提出了重要的指导意见，实际已阐明中华人民共和国文化史就是一部中国特色社会主义文化发展道路酝酿、奠基、改革、发展的历史，这不仅使文化史研究有了依托和理论基础，而且帮助我们在纷繁复杂的文化史历程中，建立起评价各个阶段文化史发展状况的坐标，从而使研究站在一个新的起点上，加深了对社会主义文化发展历程认识的深度和广度。其次，十七届六中全会提出了坚持中国特色社会主义文化发展道路，建设社会主义文化强国的目标。现实是历史的延伸，文化发展是一个生生不息、薪火相传的延续过程，需要继承前人思想创造的成果，需要研究历史，系统研究新中国60多年文化发展历程，科学地总结中国特色社会主义文化建设的理论成果、实践成就，增强制度自信、理论自信、道路自信。同时，总结经验教训，正确地认识过去，可以深刻理解现实和更清醒地观察未来，所谓彰往而察来，因此，撰写一部综合性的中华人民共和国文化发展史的著作是应时之需。而且，文化史研究有了一支不大、但比较稳定的队伍，各专题史研究的相对成熟为中华人民共和国文化史研究奠定了基础，积累了研究资料，可以期待和预见有质量的中华人民共和国文化史的出现，因为诞生这个成果的时机已经基本成熟。

（二）围绕重大纪念活动的文化史研究仍将是热点

十七届六中全会提出中国特色社会主义文化发展道路的命题，这一命题是对新中国成立特别是改革开放以来我国文化建设实践探索的基本结论；习近平总书记2013年1月5日在新进中央委员会委员、候补委员学习贯彻党的十八大精神研讨班上的讲话中指出："我们党领导人民进行社会主义建设，有改革开放前和改革开放后两个历史时期，这是两个相互联系又有重大区别的时期，但本质上都是我们党领导人民进行社会主义建设的实践探索。"这个关于改革开放前后两个历史时期之间关系的正确论断，澄清了错误观点，正本清源，学术界必将据此在2013年毛泽东诞辰120周年、2014年邓小平诞辰110周年、新中国成立65周年时，追溯和重新认识毛泽东、邓小平领导文化建设的理论和实践的丰富内容，探究和审视新中国65年文化建设历程中的重大事件和文化变迁，加强和改进文化史研究，涌现一批反映时代品格的高质量成果。

（三）重视国情调研，关注文化改革发展的重大理论和现实问题

历史研究目的是资政育人。当前，中国内部处于经济和社会转型的关键时期，中国用30多年的时间，走完了西方上百年的经济发展路程，很多社会问题出现，社会心态较为浮躁、焦虑，人们急功近利，西方的理论解释不了中国改革发展的成功与失败，需要积极培育社会主义核心价值观、推进公民道德建设工程建设，建设中国风格的话语体系；对外，随着中国成为世界第二大经济体，崛起的中国对国际社会所作的贡献越来越大，却没有得到国际社会的应有的尊重，需要文化走出去，不断增强中华文化的国际影响力，提升国家文化软实力，维护国家文化安全，推动我国文化产品和文化服务进入境外主流社会和主流人群。这就需要研究者走出书斋，关注文化领域的新情况新问题，关注社会思潮动向，围绕重大文化理论和实践课题调查研究，钻研求索，积极作为，及时总结文化创新实践的新经验，增强研究的问题意识，重视文化建设与政治、政党、经济、社会建设等交叉学科领域的研究，协同攻关，提出建议对策，为党和政府科学决策贡献智慧和力量，为实现中国梦凝聚社会共识。引领风尚、教育人民、服务社会、推动社会发展是文化的功能，也是文化史研究者的责任。

目前的文化发展与繁荣在新中国历史上是空前的，在许多方面所取得的成就超过了过去几十年的总和，系统研究、科学地总结中国特色社会主义文化建设的理论成果、实践成就会引起研究者的兴趣。李文海先生曾在2010年的一个学术会议上指出："学术发展史告诉我们，任何一种学术，

任何一个学科，只有存在着巨大的社会需求，并且这种需求越来越深刻地为社会所认识和了解时，才可能得到迅猛的发展和进步。社会需求是推动学术发展和繁荣的最有力的杠杆。”① 随着社会主义文化强国建设实践的不断发展，我们有理由相信，中华人民共和国文化史研究的领域会更加宽广，研究队伍会更加扩大，将涌现一批反映时代品格的高质量成果，中华人民共和国文化史必将发展成为最有生机活力、最具影响力的一个分支学科。

（当代中国研究所　欧阳雪梅　刘仓　曹光章）

① 转引自户华为《“历史并不遥远”——追记著名历史学家李文海先生》，《光明日报》2013年6月13日。

中华人民共和国社会史学科前沿研究报告（2010—2012）

2010年以来，国史学界和中国社会史学界最突出的变化莫过于中华人民共和国社会史研究的异军突起。在过去的三年中，中华人民共和国社会史作为一个新兴的分支学科初露端倪、方兴未艾，研究成果大量涌现。本文仅就中华人民共和国社会史学科概况及学科前沿动态、学科建设状况和学科发展前景做一简要概述。

一　学科发展概况

以往的中国社会史研究大多集中于中国古代与近代，对于1949年中华人民共和国成立后的当代社会史只是在局部领域取得了一些成果。然而2010年以来，中华人民共和国社会史研究强势兴起，呈现出异军突起的局面，以致现任中国社会史学会会长常建华教授发出“三分天下有其一”的慨叹①。

中华人民共和国社会史的强势兴起既是学科发展的产物，更是时代发展、社会实践的产物。当代中国研究所前所长朱佳木研究员很早就提出，如果说中华人民共和国史与中共党史有所区别的话，中国当代社会史可能是极为重要的领域之一。他的这一观点很快就成为共识。《历史研究》原主编、当代所资深研究员田居俭先生是20世纪80年代中期复兴中国社会史研究的首倡者之一。中共十六届六中全会作出《中共中央关于构建社会主义和谐社会若干重大问题的决定》后，田先生随即在《当代中国史研

① 《中国社会科学报》2013年1月25日。

究》发文呼吁顺势而为，“把当代社会史提上研究日程”。在这些学界前辈的鼎力推动下，近年来中国当代社会史逐步受到学者的关注，学科建设开始稳步推进，学科理论研究有所深入，在社会史视角的考察下国史研究焕发了新的活力。与中共十六大以来贯彻落实科学发展观、大力开展民生建设、加强和创新社会管理的社会大局相适应，社会史的研究逐步从中国古代史、中国近代史向中国现当代史领域延伸，相关的研究成果也开始越来越多地见诸国史、党史方面的学术期刊并逐步与传统的政治史、经济史、文化史、外交史平分秋色。

2010 年，当代中国研究所成立了专事中华人民共和国社会史研究的机构——社会史研究室（第四研究室）。研究室自组建以来，在所领导的大力支持下，以学科建设为重点，一方面积极开展学科调研，撰写相关研究论文；另一方面加强学术交流与合作，为当代社会史研究搭建平台。2011 年 4 月，研究室与《当代中国史研究》杂志社、安徽师范大学联合举办了首次当代社会史专题研讨会，重点研讨当代社会史的学科建设问题。10 月，他们又与河北大学历史学院联合承办“新中国社会变迁与当代社会史研究”学术研讨会，意在推动当代社会史研究的学科建设和深入开展。可以说，这两次研讨会是中华人民共和国社会史研究正式拉开大幕的标志性事件。也就是在 2010 年，国家社科基金首次将中国当代社会史列为重大招标项目。2012 年 12 月，当代所社会史研究室还邀请天津、山西、上海、江苏、浙江、湖北等地的专家学者一起召开了“中华人民共和国社会史研究综述会第一次会议”。

近年来，当代所社会史研究室从基本理论入手，通过广泛的学科调研和学术交流，逐步形成了“国史中的社会史”的研究理念，在学术界独树一帜，并得到诸多同行学者的认可。在不到三年的时间里，该研究室先后获得中国社会科学院重点项目“中国当代社会史的研究现状和学科体系”、国家社科基金重点项目“中国当代社会史研究的理论和方法”，致力于学科建设和人才培养。目前正在进行中国社会科学院创新工程项目《中华人民共和国社会史》的研究写作工作。

二　学科前沿动态

过去三年里，起步阶段的中华人民共和国社会史研究相对集中在学科基本理论、新中国成立初期、区域和农村社会以及与现实相关的社会建设等领域，现概述如下：

（一）当代社会史学科理论的探讨

如同20世纪80年代中国社会史研究的复兴时期一样，在中华人民共和国社会史学科的起步期，学界关注的焦点首先就是这一学科的研究对象及其内涵和外延等基本理论问题。学者们从各自的研究领域和专长出发，各抒己见，形成了“百家争鸣”的局面。当代中国研究所以国史研究为主要任务，由此该所社会史研究室提出了构建“国史中的社会史”这一理念。李文研究员在《国史中的社会史：内容和框架结构》一文中提出当代社会史研究的中心任务是要构建一个比较成熟的中华人民共和国社会史学科体系①；姚力研究员探讨了当代社会史与国史研究的关系，认为中华人民共和国社会史的研究应该以国史重大问题为主线展开，同时要抓住普通民众的日常生活、生存状态和心理情绪三条线索，将“自上而下”与“自下而上”的研究视角相结合，从而达到总结当代历史、揭示当代社会发展原因与动力的目的。② 朱汉国教授认为，中华人民共和国社会史的研究重点是当代中国社会的基本构成、社会建设和社会生活变迁三大部分，以剖析社会结构为基础，以论述社会建设为核心，以揭示社会生活变迁及其规律为目标。③ 而在著名党史专家张静如教授看来，社会史即是所谓“大历史”，亦即“通史”。④ 在这一理念的指导下，他所主编的5卷本《中华人民共和国社会史》甚至包含了外交方面的论述。后来，张先生在反思他的“通史说”时，指出这一观点“并不那么完美，甚至也有说不通之处”。⑤ 史学界也有学者认为，社会史只是一种研究的方法和视角，不成其为独立的学科，当代社会史也不例外。

《河北学刊》2012年第2期以“中国当代社会史研究的拓展与深化”为专题，刊登了李文海、田居俭、李文、行龙、郑清波等几位学者的一组

① 李文：《国史中的社会史：内容和框架结构》，《中国地方志》2011年第1期。

② 姚力：《中华人民共和国社会史研究的基本问题》，《当代中国史研究》2010年第1期；姚力：《中华人民共和国社会史研究的学术视野与问题意识》，《中共党史研究》2011年第1期。

③ 朱汉国：《中华人民共和国社会史研究之我见》，《史学集刊》2012年第5期。

④ 张静如主编：《中华人民共和国社会史（1949—2008年）》（1—5卷），湖南人民出版社2012年版。

⑤ 张静如：《关于〈中华人民共和国社会史〉》，《党史研究与教学》2012年第4期。

笔谈，围绕中国当代社会史学科特征、学科建设和研究现状等重要问题提出了各自观点。随后，李金铮也撰文参与了讨论[①]。另外一些学者探讨了社会史研究的“碎片化”问题，并对社会史与相关专门史的关系做了深入的分析。

（二）新中国成立初期社会史研究

新中国成立初期社会史的研究是中国近代社会史研究的自然延伸，近三年来这方面的研究成果最为集中，突出的特点是地方和基层档案资料的大量使用。如一些学者对土改运动的研究、对农村基层治理的研究、对城市社会管理特别是城市社会改造的研究。此外，研究者还涉足城乡关系、城市社会转型、医疗卫生、社会救济、灾害应对以及危机处理等多个领域。

梁景和教授主编的《婚姻·家庭·性别研究》第1辑和第2辑相继出版，其中第2辑专注于区域女性史研究，就北京地区新中国成立初期的“女工问题”、“家务劳动话语”、“性伦文化”展开了讨论，阐发了新中国初期女性工作、女性生活以及女性社会特征的变迁，反映了这一时期的女性精神面貌。相关的研究还见之于李胜渝《建国初期西南地区婚姻家庭制度变革研究》[②]、美国学者白露（Barlow, Tani E.）的《中国女性主义思想史中的妇女问题》[③]等。此外，《首届中国近现代社会文化史国际学术研讨会论文集》和《中国现当代社会文化学论丛（第3辑）》中也有多篇论述新中国妇女问题的专题论文。

社会文化方面，《党的文献》在2012年第5期设置了“新中国成立初期中共中央关于扫除文盲工作文献选载”专栏，从中央档案馆保存的有关档案中，选发了1952年到1956年中共中央关于扫除文盲工作的部分指示和决定，共7件，并刊发了孙东升、曾珺关于那个时期扫盲工作的研究。[④]此外，也有学者考察了新中国成立初期的少数民族文化建设。

---

① 李金铮：《借鉴与发展：中国当代社会史研究的总体运思》，《河北学刊》2012年第4期。

② 李胜渝：《建国初期西南地区婚姻家庭制度变革研究》，中国政法大学出版社2011年版。

③ ［美］白露（Barlow, Tani E.）：《中国女性主义思想史中的妇女问题》，沈齐齐译，上海人民出版社2012年版。

④ 孙东升、曾珺：《20世纪50年代前期扫除文盲运动的方法和启示》，《党的文献》2012年第5期。

（三）区域和农村社会史研究

区域研究和农村研究是社会史研究的两个传统取向，近三年来经过学者的努力，华北农村社会史和上海城市社会史逐渐成为中国当代社会史中较为成熟的研究领域。

山西大学中国社会史研究中心依托其对山西地方档案的搜集，以山西农村“集体化”研究为抓手，逐步深化华北农村研究。南开大学中国社会史研究中心同样长期致力于华北农村研究和资料的搜集，代表作如张思《侯家营：一个华北村庄的现代历程》。王胜利用地方档案研究了20世纪六七十年代农村合作医疗制度背景下的河北省赤脚医生问题。[①] 2012年，她以其博士论文为基础获得了国家社科基金一般项目《医疗社会史视域下的国家与乡村社会研究（1949—1979）》。郑清坡2011年获得国家社科基金青年项目《20世纪农民日常生活视域中的制度变迁：以冀中为中心的调查研究》。李金铮从基层政权、阶级划分与阶级斗争、集体化经济、日常生活等方面，对学界关于集体化时代农村社会的研究做了综合性梳理[②]。

上海城市史研究有较好的学科基础。三年来，乘着中国当代社会史起步的东风，上海城市社会史研究进一步发展。金大陆出版了《非常与正常：上海“文革”时期的社会生活》，以丰富、准确的第一手资料，为读者提供了一幅“文化大革命”这一特定时期上海社会生活各个方面的全景画面。上海社会学界相关调研作品如李友梅主编的《上海调查2010：上海居民的经济与社会生活》等同样值得关注。此外，一些学者从社会文化、公私合营、游民改造以及私房改造等多个侧面深化了当代上海社会史的研究。2012年12月的“1949年以来的上海”国际学术研讨会，标志着“上海史研究进入第二波”和当代上海社会史研究的崛起。

（四）社会结构、社会建设和社会生活研究

社会结构、社会建设和社会生活，历来是社会史研究关注的重点，中国当代社会史研究也不例外。

---

① 王胜：《赤脚医生群体的社会认同及原因分析——以河北省深泽县为个案》，《中共党史研究》2011年第1期。

② 李金铮：《问题意识：集体化时代中国农村社会的历史解释》，《晋阳学刊》2011年第1期。

社会结构方面，涉及阶级阶层问题的研究较多，如李海金的《身份政治：国家整合中的身份建构——以土地改革以来鄂北洪县为分析对象》[①]、刘海军的《当代中国工人阶级结构变化及其现实影响》、[②] 杨继绳的《中国当代社会阶层分析》[③]、张健的《中国社会历史变迁中的乡村治理研究》[④]，以及贾滕、王爱云、冯军旗、王凤梅和郝锦花等人的学术论文。李成主编的《中国新兴中产阶级：经济转型之外》一书是2009年布鲁金斯学会关于中国中产阶级研讨会的论文集，汇集了美国、中国、韩国、澳大利亚和意大利等多国学者的论文，从不同的分析角度审视了中国中产阶级的现状和发展。[⑤] 倪晓锋考察了新中国成立以来，特别是改革开放以来乡村社区整合机制的变化轨迹。[⑥] 美国学者魏昂德和胡松华考察了新中国成立以来的政治精英及其社会地位的代际传承问题。[⑦] 日本神户大学教授佐佐木卫的《全球化中的社会变迁：日本社会学者看现代中国》一书，基于其近20年的实地调查资料对中国社会结构变动作了探讨。[⑧] 以人口为研究对象的作品有朱国宏的《渐进与巨变：近代以来长江三角洲农村的人口与社会变迁：以1931—1999年的峭岐为例》、谢伶俐的《上海人口60年》，以及柳飒、邵俊敏、孙照红等人的论文。

社会建设方面，陆学艺在《社会建设论》中梳理了新中国成立后社会建设的历史，探讨了新中国成立60多年来各个阶段中国社会阶级阶层演变的特点，提出了社会建设就是实现社会现代化的主张。[⑨] 日本社会学家园田茂人与教育史家新保敦子合著《教育不公平问题能克服吗?》一书，

① 李海金：《身份政治：国家整合中的身份建构——以土地改革以来鄂北洪县为分析对象》，中国社会科学出版社2011年版。

② 刘海军：《当代中国工人阶级结构变化及其现实影响》，大连海事大学出版社2012年版。

③ 杨继绳：《中国当代社会阶层分析》，江西高校出版社2011年版。

④ 张健：《中国社会历史变迁中的乡村治理研究》，中国农业出版社2012年版。

⑤ Cheng Li (ed.), *China's Emerging Middle Class: Beyond Economic Transformation*, Washington D. C.: The Brookings Institute Press, 2010.

⑥ 倪晓锋：《从精英主导型社区整合到半契约型社区整合：基于皖北F村的实地考察》，中山大学出版社2011年版。

⑦ 魏昂德、胡松华：《革命、改革和地位传承：1949—1996年的中国城市（上）》，《国外理论动态》2011年第7期；魏昂德、胡松华：《革命、改革和地位传承：1949—1996年的中国城市（下）》，《国外理论动态》2011年第8期。

⑧ ［日］佐佐木卫：《全球化中的社会变迁：日本社会学者看现代中国》，科学出版社2012年版。

⑨ 陆学艺：《社会建设论》，社会科学文献出版社2012年版。

通过长达100年的时间跨度探研中国的“教育不公平”、“学历社会化”等教育问题。[①] 2012年为迎接中共十八大的召开，各大媒体和学术期刊以“辉煌的十年”为主题，推出大量反映近10年社会建设发展成就的系列文章和通讯报道。此外，学者的研究还涉足环境史、灾害史、社会保障和社会福利、民族地区社会建设史等。关于慈善事业的研究推出不少成果，代表作当属郑功成的《当代中国慈善事业》。关于医疗卫生事业的研究，代表作有肖爱树的《农村医疗卫生事业的发展》等。

社会生活方面，朱汉国等撰写的《20世纪的中国：走向现代化的历程·社会生活卷（1949—2000)》在当代社会生活史方面做出了开创性的探索。如前所述，上海学界对城市社会生活的研究也卓有成就。萧楼的《夏村社会：中国“江南”农村的日常生活和社会结构（1976—2006)》一书，沿着费孝通“差序格局”的理论脉络，通过对江南“夏村”精致的民族志描写，提出了“差序场”的分析框架，为我们深刻认识当代中国东部沿海地区村庄社会的特质提供了不可多得的案例。中国社会科学院中国边疆史地研究中心推出了“民族地区典型百村调查”的部分研究成果，包括内蒙古卷、新疆卷、西藏卷、云南卷、广西卷、黑龙江卷，详尽反映了2000年之后边疆少数民族地区的社会生活现状。由当代北京编辑部编纂的“当代北京社会生活史话丛书”是反映当代北京社会生活的普及类读物。罗栋所著《中国城乡居民生活质量统计研究》（经济管理出版社2012年版），也是值得关注的作品。此外，有学者分别考察了农村的分家析户问题和农民的食品消费和生活状况。关于婚姻生活和家庭生活，代表作有林明鲜的《中国的婚姻与社会干预的变迁》、弓秀云的《社会变迁中的家庭劳动供给研究》以及唐灿的《转型社会中的家庭与性别研究：理论与经验》等。

三　学科建设状况

（一）队伍建设

由于相关研究还处于起步时期，目前专门从事当代社会史研究的机构

① ［日］園田茂人、新保敦子：『叢書中国的問題群8 教育は不平等を克服できるか』岩波书店2010年版。参见阿古智子《评〈中国问题丛书8 教育不公平问题能克服吗〉》，《日本当代中国研究》2001（http://www.china-waseda.jp/jscc2011/thesis/books/ako.html）。

十分少见，人员多分散于各高等院校的近现代史学科之中。在历史学界，近年来社会史研究的时段不断下移，一些社会史研究机构开始将关注点转向当代社会史，并形成了一些较为集中的选题，聚集了一批学者，从地域上看逐渐形成了北京、上海、天津、太原、南京等几个中心，其中以山西大学中国社会史研究中心和南开大学中国社会史研究中心这两家老牌社会史研究基地最为突出。前者秉持“走向田野与社会”的研究理念，专注于“集体化时代”农村基层社会的资料搜集、整理和研究，薪火相继，成果卓著，从而成为国内社会史研究的重镇之一。后者的成果多集中于古代、近代领域，实力雄厚，近年部分人员逐步将研究领域向当代社会史延伸。除了以上机构以外，北京师范大学历史学院、华东师范大学人文社会科学学院历史学系、苏州大学社会学院、南京大学历史学系、首都师范大学历史学院中国近现代社会文化史研究中心、上海交通大学历史系，以及中国社会科学院社会学研究所、社会发展研究院，复旦大学社会发展与公共政策学院、华中师范大学中国农村研究院等社会学类研究机构也有一定的相关研究力量。当代中国研究所社会史研究室则是唯一一家当代社会史专职研究机构。

（二）资料建设

当代社会史的史料搜集受到了前所未有的重视，并获得了国家社科基金的资助，如山西大学中国社会史研究中心、华东师范大学历史学系、复旦大学社会发展与公共政策学院等。山西大学中国社会史研究中心将整理出版多年收藏的数千万件“集体化时代”山西农村社会基层档案资料提上议事日程，并率先推出《阅档读史——北方农村的集体化时代》一书，精选该中心多年搜集的农村基层档案和相关文献，勾勒出了半个世纪“集体化时代”的北方农村发展史。华东师范大学中国当代史研究中心编辑“中国当代民间史料集刊”已出版九种 11 册。复旦大学以张乐天为首的团队则在搜集整理当代中国社会生活资料方面取得显著进展。除此之外，南开大学魏宏运教授、张思教授和日本一桥大学社会学部三谷孝教授主编的《二十世纪华北农村调查记录》，共 4 册，是了解 20 世纪中国农村社会变迁的重要史料。南开大学中国社会史研究中心、河北大学历史学院、上海交通大学历史系等都在指导学生进行乡村文献的考察与搜集工作。

田野调查和口述访谈是当代社会史研究的两种基本方法，也是搜集社会史资料的两个重要渠道。这两三年，除了上述田野调查活动以外，口述访谈方面也出版了不少重要成果，如王名的《中国 NGO 口述史》、九州出版社出版的台湾“中研院”口述史系列丛书，以及当代中国出版社出版的《俞敏洪口述：在痛苦的世界中尽力而为》等。

总体上看，社会史史料搜集和整理将是整个中华人民共和国社会史学界关注的重要问题之一，相关的数据库建设正在紧锣密鼓地展开，这项工作的进程将决定各研究机构未来的研究重点、路径和话语权。

（三）主要代表人物及代表作

1. 张静如，北京师范大学的张静如先生是社会史“大历史”观的代表，是党史学界的老前辈，也较早地提醒学界要注重从社会史的视角拓展党史研究的领域。张静如认为：“社会史是一门综合性学科，是历史学中层次最高的部分，是立于各类专史之上的学科。社会是由一定的经济基础和上层建筑构成的整体，是动态的具有复杂相互关系的人群结构。研究社会，必须考察社会的政治、经济、文化状况，考察社会组织、社会阶级和阶层、社会关系、社会意识形态、社会心理、社会生活方式、人们的思维方式，等等。总之，研究社会，就要研究物质的和精神的社会生活诸方面。所以研究社会史，也就是社会生活诸方面之史的演变和变革。”[①] 其“大历史”观践行于 2012 年出版的 5 卷本《中国当代社会史》之中。[②]

2. 行龙，山西大学的行龙教授是区域社会史和农村社会史的代表，在他的带领下，该校中国社会史研究中心提出了“走向田野与社会”的研究理念，专注于“集体化时代”农村基层社会资料的搜集、整理和研究，成果丰厚，相继出版了具有理论价值的《中国社会史研究的理论与方法》和具有史料价值的《阅档读史：北方农村的集体化时代》等著作。[③] 此外，行龙教授还申请到了 2012 年度国家社会科学基金（第三批）重大招标项目“当代中国农村基层档案资料搜集、整理与出版”。

3. 李文，当代中国研究所的李文研究员积极倡导研究“国史中的社会

---

① 张静如：《以社会史为基础深化党史研究》，《历史研究》1991 年第 1 期。

② 张静如主编：《中华人民共和国社会史（1949—2008 年）》（1—5 卷），湖南人民出版社 2012 年版。

③ 行龙主编 ：《中国社会史研究的理论与方法》，北京大学出版社 2011 年版；行龙等著：《阅档读史：北方农村的集体化时代》，北京大学出版社 2011 年版。

史”，致力于构建符合国史研究需要的中华人民共和国社会史学科体系。他是中国社会科学院创新工程项目“中华人民共和国社会史”的首席研究员，同时主持的项目还有中国社会科学院重点课题“中国当代社会史的研究现状和学科体系”、国家社科基金重点课题“中国当代社会史研究的理论和方法”。

4. 朱汉国，北京师范大学的朱汉国教授由近代社会史转向当代社会史研究，由他牵头撰写的《20世纪的中国：走向现代化的历程·社会生活卷（1949—2000）》在当代社会生活史研究方面做出了开创性的探索。2010年，由他率领的团队获得了国家社科基金重大项目“中国当代社会史研究”。2012年，他还出版了《当代中国社会思潮研究》。①

5. 怀默霆，哈佛大学社会系教授怀默霆（马丁·K. 怀特）长期致力于研究中国问题，2010年哈佛大学亚洲中心“哈佛当代中国系列”丛书出版了由他主编的《一个国家，两种社会：当代中国的城乡不平等》② 一书，收入15位相关专家的文章，分析了中国城乡二元社会的形成、城乡收入差距、城乡获取社会资源的差距、农民工问题以及解决农民工和城乡差距问题的政策建议等五个方面的内容。他在另一部著作《社会火山的迷思：当代中国的不平等感与分配不公》③ 一书中，对1978年以来形成的社会不平等的后果进行评估，提出了许多富有洞察力的学术见解。④

四　学科发展前景

中国当代社会史“小荷才露尖尖角”，队伍小，基础差，拓荒任务重，是一个亟待扶持但又充满希望的新兴学科。今后的发展重点应放在以下三方面：

---

① 朱汉国：《当代中国社会思潮研究》，北京师范大学出版社2012年版。

② Martin King Whyte ed, *One Country, Two Societies: Rural-Urban Inequality in Contemporary China*, Harvard Contemporary China Series, Harvard University Press (February 25, 2010).

③ Martin King Whyte, *Myth of the Social Volcano: Perceptions of Inequality and Distributive Injustice in Contemporary China*, Stanford University Press, February 24, 2010.

④ 参见王洛忠《中国经济转型的社会学解读——访哈佛大学社会学教授马丁·怀特》（2009年6月22日），引自 http://wenku.baidu.com/view/6ae77920af45b307e8719795.html.

（一）拓展史料搜集范围，建设当代社会史研究资料数据库

治史依托史料，史料的详略多寡直接影响史学工作者对史实的判断和对历史的书写。当代社会史的史料散落于各处，长期缺乏系统的整理和归类，因此，持续性的史料征集与整理、建立以各层级和各区域档案为基础的数据库，是我们开拓当代社会史研究的筑基性工作。当下的要务至少包括三项工作：第一，整理、汇编社会类的中央和政府文献，理清党和国家领导人的社会建设思想和社会发展理念，熟悉共和国60余年社会发展的阶段性特点。第二，“再现生活真实”、“返回历史现场”的诉求，决定了“迈向田野”是必然选择。这既是当代史研究的特质，也是社会史研究的重要属性。第三，以地方史志资料为核心，建立跨越区域社会的文献数据库目录索引；同时大力扶持社会史资料的整理和出版，推动资料共享。

（二）参与多学科讨论对话，为现实社会问题的解决提供历史依据

我们对过去的理解根植于与我们休戚相关的现在，这是史学和社会学者的普遍共识。社会文化的发展是有历史连续性的，我们也只有将当前的社会事件和社会问题放置在它们的历史脉络中，才能对事件本身或社会问题的走势做出正确的判断，从这个意义上说，理解过去又是了解现在的源头活水，当代社会史研究也就因此成为了社会学、政治学、经济学、管理学等多学科汇聚的一个基点。当代中国正在面对的社会问题，都可以在历史的源流中探寻其缘由和应对策略。此外，许多现实问题的研究也愈来愈重视历时性分析，运用翔实可靠的史料求得深入严谨的诠释，从而提升了对策性研究的水平。也就是说，在现实重大社会问题的研究中当代社会史可以体现独到的价值。

（三）把握社会变迁的脉动，着力提升国史研究和写作的品质

国史作为综合性的断代史，分领域、分时段的专题研究是其研究和写作的有效方式，同时作为一门独立学科，最终的整合、形成独特而完整的体系又是学科建设的必然诉求。目前深入的当代社会史专题研究的缺失，给国史著作中社会方面内容的呈现带来了相当多的困难。因此，以服务于国史写作为目标，全面开展60余年社会变迁的研究任务十分紧迫。在国史的大框架下，将纷繁的社会现象和庞杂的社会史内容加以概括和提炼，

从而揭示不同时期社会发展的本质特征和内在规律，是开启社会史研究的关键，也是最高指向。当然，其前提是尽快建立起符合国史研究需要的当代中国社会史学科体系。

当代中国社会的巨变令世界瞩目，当代中国研究已经成为吸引海内外学者、汇聚各学科力量的一门显学。党的十六大以来，发展社会事业、构建和谐社会被提升为中国特色社会主义事业的重要任务之一。近年来，加强和创新社会管理也日益成为党和政府的紧迫课题。此时开启当代中国社会史研究正逢其时，其对于学术的贡献和社会建设的意义也将随着研究的不断深入而不彰自显。

（当代中国研究所　李文　徐轶杰　姚力）

中华人民共和国外交史学科前沿研究报告（2010—2012）

中华人民共和国外交史是中华人民共和国史的分支学科，其研究对象是中华人民共和国成立以来外交领域里发生的变化情况，主要指中华人民共和国及其政府为维护国家的安全与利益，为推动世界的和平与发展，用和平方式处理和解决国际问题的历史过程，包括中国外交思想、外交战略、外交政策的形成与演变，具体研究领域涉及大国外交、多边外交、周边外交、民间外交等。2010—2012 年，中华人民共和国外交史学科及研究取得了很大进展。

一 学科发展概况

改革开放以来，中华人民共和国外交史研究迅速发展，呈现出全面、系统性特点，取得了引人注目的成绩：建立了相应研究机构和学术团体，形成了具有一定规模的研究队伍。中外学术交流日趋频繁，拓宽了研究领域，开阔了研究视野，编辑出版了大量档案文献和研究成果，推进了外交史学科各个领域的研究深入发展。

经过 30 多年的努力，中华人民共和国外交史学科在资料建设方面取得了显著的成就。一些领导人有关外交活动的文集、文稿[①]相继问世，为

① 主要有：《毛泽东外交文选》，中央文献出版社、世界知识出版社 1994 年版；《周恩来外交文选》，中央文献出版社 1990 年版；《周恩来外交活动大事记：1949—1975》，世界知识出版社 1993 年版；《伟人的足迹——邓小平外交活动大事记》，世界知识出版社 1998 年版，等等。

外交史研究提供了基本史料。外交档案资料陆续解密与公开出版[①]，推动外交史研究的蓬勃发展。一些著名外交官回忆录和著作的出版也为研究中国外交史提供了重要证据。[②] 此外，大量专业工具书的陆续出版，也为外交史研究提供了极大便利。[③]

中华人民共和国外交史在通史研究、专题史研究、双边关系史研究方面都取得了不俗的成绩。尤其是2000年后，通史著作大量涌现，或以内容全面、体例完整见长；或以主线突出、史实详尽取胜；或以多学科的研究方法和跨学科的理论视角引人入胜；或以实证研究扎实，理论阐释精辟而备受青睐，中华人民共和国外交史研究可谓色彩纷呈。[④] 此外，一些国外外交档案文献以及外国学者的外交史著作也被翻译出版。[⑤]

这一时期，中华人民共和国外交史研究中的不足之处主要在于：不同领域的研究力量分布还不均衡；偏重于对新中国成立初期外交史的研究；在双边关系史研究方面，对中美、中苏、中日关系史的研究力量相对较

① 《中华人民共和国对外关系文件集》（十集），世界知识出版社1957—1965年版；《中华人民共和国条约集》，世界知识出版社1957—2009年版；《中华人民共和国边界事务条约集》以及《领土边界事务国际条约和法律汇编》，世界知识出版社2004—2006年陆续出版。等等。

② 伍修权：《在外交部八年的经历（1950.1—1958.10）》，世界知识出版社1983年版；王炳南：《中美会谈九年回顾》，中共党史出版社1998年版；宦乡：《纵横世界》，世界知识出版社1985年版；刘晓：《出使苏联八年：1955—1962》，中共党史出版社1988年版；孙平化：《中日友好随想录》，辽宁出版社2009年版；钱其琛：《外交十记》，世界知识出版社2004年版；等等。

③ 唐家璇主编：《中国外交大辞典》，世界知识出版社2007年版；钱其琛主编：《世界外交大辞典》，世界知识出版社2005年版；外交部编：《中国外交概览》（后更名为中国外交）自1987年后每年出一本，世界知识出版社出版；夏林根主编：《中日关系辞典》，大连出版社1991年版；夏林根主编：《中美关系辞典》，大连出版社1992年版；马振岗主编：《国际形势和中国外交蓝皮书》，当代世界出版社2006—2010年版；等等。此外《人民日报》、《新华日报》、《参考消息》及《参考资料》等报刊所收录的第一手外交资料也成为学者们研究中华人民共和国外交史的重要参考资料。

④ 代表性著作：曲星：《中国外交五十年》，江苏人民出版社2000年版；李峰：《当代中国对外关系概论：1949—1999》，中国社会科学出版社2004年版；郑启荣主编：《改革开放以来的中国外交（1978—2008）》，世界知识出版社2008年版；张历历：《当代中国外交简史》，上海人民出版社2009年版；杨公素等：《当代中国外交理论与实践》，北京大学出版社2009年版；谢益显主编：《中国当代外交史（1949—2009）》，中国青年出版社2009年版；王逸舟主编：《中国外交六十年（1949—2009）》，中国社会科学出版社2009年版；等等。

⑤ 如：沈志华等编：《苏联历史档案资料选编》，社会科学文献出版社2000年版；陶文钊主编：《美国对华政策1949—1972》，世界知识出版社2003年版；沈志华、杨奎松主编：《美国对华情报解密档案：1948—1976》，东方出版中心2009年版；费德林：《我所接触的中苏领导人》，新华出版社1995年版；特罗扬诺夫斯基：《跨越时空：苏联驻华大使回忆录》，新华出版社1999年版；列多夫斯基：《斯大林与中国》，新华出版社2001年版；等等。

强，研究成果也最多，而对中国与其他国家双边关系史的研究相对较少，等等。

二　学科前沿动态

三年来，中华人民共和国外交史研究出现了两个主要趋势：一是注重个案研究，对一些重大事件进行更准确、更细致的探讨；二是加强综合分析，力图把握中外关系史中的复杂互动。此外，各相关领域的纪念活动对外交史研究起到了促进作用。自2011年下半年起，学界围绕中美“上海公报”发表40周年、中日邦交正常化40周年、中俄建立全面战略协作伙伴关系等重大事件，以召开各种学术研讨会、座谈会的形式，推动相关研究进一步升温。

(一) 外交思想与外交战略史研究

在研究内容上，以对中国各阶段外交战略利弊及其转变的分析居多，学者侧重对历史细节和深层次原因展开探究，学术性越来越强。牛军在《重建“中间地带”——中国亚洲政策的缘起(1949—1955年)》一文中，将中国亚洲政策的研究置于“中间地带”概念下，探讨导致中国亚洲政策的缘起和在50年代中期亚洲政策出现飞跃性发展的主要内容、动力和过程，着重探讨中国对外关系发展的内在逻辑。[①] 目前学界对中国亚洲政策史尚缺乏深入探讨，这项研究具有一定的开拓性。有关改革开放前后的外交史评价，学者提出了不同的观点。齐鹏飞从中国共产党执政能力、规律和经验的特定视角介入，将新中国60年外交事业最显著的特征概括为“和平外交”。杨奎松探讨了阶级斗争及统战经验对新中国外交政策制定的影响，加强了对毛泽东时代外交革命、激进色彩的解读。[②] 何方撰文对新中国成立初期外交上两条路线的内涵、起源与异同进行了高度概括。[③]

在运用新的研究视角与方法推动外交思想研究方面，以下几项成果

① 牛军：《重建“中间地带”——中国亚洲政策的缘起(1949—1955年)》，《国际政治研究》2012年第2期。

② 杨奎松：《新中国的革命外交思想与实践》，《史学月刊》2010年第2期。

③ 何方：《建国初期外交上的两条路线》，《炎黄春秋》2012年第5期。

最具代表性。《中外关系鉴览1950—2005——中国与大国关系定量衡量》一书，对1950—2005年间中国与美国、日本、俄罗斯（苏联）、英国、法国、德国（西德）、印度七个国家双边关系中的重要事件，进行定量分析衡量，利用双边关系图形与数据说明中国与大国关系的变化特征、程度及趋势。①《新中国的舆论与外交互动：从缺席到介入》一文着重探讨舆论在不同时期对外交的推动或干扰作用。②《从党代会暨中央全会报告看新中国外交战略的演变及特点》一文，以中央全会报告为切入点，对新中国外交战略的四次调整演变脉络及特点进行考察。③《中国外交周期与外交转型》一文运用历史比较和统计学方法，考察1919年以来中国90年的外交历程，提出中国外交周期变化规律，以及与内政外交的联动关系。④另有学者基于经济发展方式转变的视角，分析国内经济发展方式与外交的互动关系，通过对国内经济调整与发展目标对外交的作用力，进一步思考外交调整的方向、目标等具体内容。⑤《毛泽东外交战略的国内根源——官僚政治与群众路线的两难选择》一文，以官僚政治与群众运动的两难选择为前提，分析各个时期两者对毛泽东外交战略影响。⑥此外，综述性文章逐渐增多，尤以介绍国外研究情况的综述文章更具新意。⑦

---

① 阎学通等：《中外关系鉴览1950—2005——中国与大国关系定量衡量》，高等教育出版社2010年版。

② 赵瑞琦、刘慧瑾：《新中国的舆论与外交互动：从缺席到介入》，《南京邮电大学学报》（社会科学版）2012年9月。

③ 陈少铭：《从党代会暨中央全会报告看新中国外交战略的演变及特点》，《中共党史研究》2011年第7期。

④ 刘胜湘：《中国外交周期与外交转型》，《现代国际关系》2010年第1期。

⑤ 王存刚：《论中国外交调整——基于经济发展方式转变的视角》，《世界经济与政治》2012年11月。

⑥ 华翔、张杰：《毛泽东外交战略的国内根源——官僚政治与群众路线的两难选择》，《国际展望》2010年第1期。

⑦ 陶季邑：《美国学术界关于冷战后中国全面参与国际组织战略的研究述评》，《国际论坛》2010年11月；《美国关于中国20世纪60年代“两条线”外交战略研究述评》，《武汉科技大学学报》2011年6月；《美国学术界关于二十世纪九十年代中国伙伴外交战略研究述评》，《中共党史研究》2012年2月；钟龙彪：《冷战后的中国外交变迁：西方学术界的研究》，《天津行政学院学报》2012年9月；周文华：《海外邓小平外交思想述论》，《湖南科技学院学报》2010年6月。

（二）大国关系史研究

中美、中苏、中日关系史研究依旧是大国关系史研究的重点。学者借助经济学、政治学等研究方法探讨大国关系史，在利用多国档案文献的基础上，对基本史实进行回顾与推敲。

在中美关系史研究方面，正常化进程是研究的一个重点。[①]除双边政治关系外，学者利用美国解密档案，对中美两国对资产要求问题的谈判细节和影响因素，对美国对外关系委员会60年代开展“中国研究项目”的起源、运作过程等问题进行了详细考察。[②]也有境外学者还系统研究了1945年以来中美关系，分析中美双边关系的合作范式对彼此的影响。[③]

在中苏关系史研究中，加强了对历史事件的深层原因探讨。沈志华通过对中苏建立同盟的逻辑关系和谈判过程的研究，认为中苏都是从各自战略利益出发而不是基于意识形态考虑结盟的。[④] 肖瑜深入分析了苏联在两次中苏谈判中对旅大地区态度的转变，认为斯大林放弃大连和旅顺是为了追求加强与中共同盟和合作的更大战略目标。[⑤] 还有学者就中共对东欧五国的方针进行了研究。[⑥] 此外，围绕中国联合国代表权、苏联对华援助方面的研究继续深入。[⑦]

中日两国关系正常化再度成为研究焦点。一方面，借助近年中日公开

---

① 栗广：《论中美关系正常化进程中的纽约渠道——以新近披露的尼克松总统安全档案为依据》，《党史研究与教学》2012年第4期；钟龙彪：《中美首次高级会晤中的交流与交锋——来自中国、美国外交档案的研究》，《当代中国史研究》2010年9月；马超：《中美关系解冻过程中的一份鲜为人知的建议书》，《党史博采》2012年6月；赵明昊：《中美关系缓和背景下的彭明敏事件》，《美国研究》2011年第1期。

② 毛瑞鹏：《关系正常化前夕的中美资产要求问题谈判》，美国研究2012年第1期；陈广猛：《对外关系委员会的“中国研究项目”和中美关系的转变（1962— 1968）》，《历史教学问题》2012年第4期；王栋：《一九六二年台海危机与中美关系》，《中共党史研究》2010年第7期。

③ Rosemary Foot and Andrew Walter, *China*, *the United States*, *and Global Oder*, Cambridge University Press, 2011.

④ 沈志华：《中苏同盟条约后期谈判的情况及结果》，《俄罗斯研究》2010年第1期；沈志华：《无奈的选择：中苏同盟建立的曲折历程（1944—1950）》，《近代史研究》2010年6月。

⑤ 肖瑜：《试论中苏关系中的旅大问题（1945—1955）》，《中共党史研究》2012年第10期。

⑥ 李丹慧：《关于1960年代中国与东欧五国关系的若干问题来自中国档案文献的新证据》，《俄罗斯研究》2011年第4期。

⑦ 李华：《1949—1950年苏联对恢复中国在联合国合法席位的贡献——来自中俄双方的档案文献》，《嘉兴学院学报》2012年1月；张翼鹏：《1954年苏联对华援助15项工业企业项目之缘起问题的再探讨》，《党史研究与教学》2012年第6期。

的一批解密文件和当事人的回忆录，对中日邦交正常化的主要问题做进一步的说明、解读和反思。① 另一方面，一些学者以日本众议院议员田川诚一、自民党国会议员古井喜实、自民党政治家松村谦三集团为个案进行了考察。② 此外，《周恩来与中日关系的历史性转折》一书较为全面和系统地介绍了周恩来对中日关系历史性转折的特殊贡献。③《战后中日关系："不正常"历史的过程与结构》一文对中日关系发展中的失误与教训进行了反思。④也有境外学者利用民意调查等方式，详细分析了1980—2010年的中日关系。⑤

中欧关系史方面的研究有所深入。其中，中英、中法、中意关系是研究的重点，学者侧重于对基本史实进行细致考察。⑥ 有学者以历次领导人会谈时涉及中国的记录为依据，较全面地探讨了1952—1972英日对华策略变化的过程和原因。⑦ 另有学者从英国内阁决策、对美国的游说活动、利益集团与公众舆论影响等角度，论述了英国对于新中国重返联合国的相关问题。⑧

---

① 林晓光：《中日邦交正常化过程中的日本公明党和"竹入笔记"》，《当代中国史研究》2012年9月；史桂芳：《从日本外务省解密档案看中日关系发展中的"求同存异"》，《当代中国史研究》2011年11月；孙立祥：《中日复交前日本政府"两个中国"政策的历史考察》，《世界历史》2011年第1期；刘宏：《中日建交再研究——以日本田中政权对华建交决策为中心》，复旦大学出版社2011年版。

② 翟新：《战后日本保守政治家和中日关系正常化——以日本众议院议员田川诚一为例》，《华南农业大学学报》2010年第1期；翟新：《日本政治家古井喜实对华友好观及其活动》，《郑州大学学报》2010年第1期；翟新：《战后日本"亲华"保守政治家的对华政策观——以自民党顾问松村谦三众议员为例》，《淮阴师范学院学报》2010年第1期；服部隆二：《中日邦交正常化：田中角荣、大平正芳、官僚们的挑战》，中公新书2011年版。

③ 徐行：《周恩来与中日关系的历史性转折》，天津社会科学院出版社2010年版。

④ 刘建平：《战后中日关系："不正常"历史的过程与结构》，社会科学文献出版社2010年版。

⑤ Reilly James and Strong Society, *Smart State*: *The Rise of Public Opinion in China's Japan Policy*, Columbia University Press, 2011.

⑥ 姚百慧：《中法建交谈判中关于台湾问题的"三项默契"——〈周恩来总理谈话要点〉形成考释》，《当代中国史研究》2012年3月；翟强：《从隔阂到建交　一九四九年至一九六四年的中法关系》，《中共党史研究》2012年第8期；王若茜：《中国外交在"第二中间地带"的成功实践——对1964年中意互设商务代表处的历史考察》，《党的文献》2012年第5期；邵曼：《外交部解密档案中的1964中德伯尔尼会谈》，《兰台世界》2012年6月。

⑦ 陈巍：《1952—1972年间日英两国对华策略探析》，《大连大学学报》2011年8月。

⑧ 邓丽兰：《论英国在新中国联合国席位问题上的政策（1949—1951）》，《当代中国史研究》2012年1月。

(三) 周边关系史研究

首先，研究范围有所扩大。《中国与中亚国家合作析论》一书全方位地介绍了中国与中亚各国20年来友好关系的发展历程。[①] 也有学者继续加强对中国与东南亚各国历史关系梳理与分析。[②] 其中，《侨务与外交：对中国侨务政策的思考——以中印（尼）关系为例》一文对侨务与外交关系进行了探讨。[③]《第二次印巴战争中中国对巴基斯坦的支援》一文利用解密档案分析了中国在第二次印巴战争期间对巴基斯坦的支援及其作用。[④]

其次，研究深度有所加强。学者在梳理基本史实的基础上，侧重探讨分析政策、事件产生与发展的历史原因。其中，牛军在《中国援越抗法政策再探讨》一文中，叙述"援越抗法"的起因、根本原则、主要动力及其对中国的印支政策和中越关系的复杂影响，完整呈现"援越抗法"的丰富内涵，论证了支援东亚地区革命运动和推广中国革命经验等因素在"援越抗法"中所起的重要作用。[⑤] 沈志华在《朝鲜战争期间的中朝同盟》一文中，分析了朝鲜战争期间，中朝在战略决策和重大利益问题上的严重分歧。[⑥]日本学者 Akio Takahara 从日本的角度分析了中国周边外交的作用与影响。[⑦] 美国学者 Nicholas Khoo 对中苏越三国关系进行了全面、深入的分析。[⑧]

此外，学者对中国陆地边界划定和勘定史的研究热情高涨，成果大量涌现。《鼎定国疆：新中国成立60年中国边界问题研究》一书对新中国成立至今陆地领土争端进行了综合研究，分析了邻国所奉行的对外政策对中

① 赵常庆：《中国与中亚国家合作析论》，社会科学文献出版社2012年版。

② 秦艳峰、喻常森：《20世纪70年代中马建交的背景与意义》，《东南亚研究》2011年第4期；王阳林：《试论20世纪50年代中期中泰关系中西双版纳傣族自治区问题的缘起》，《东南亚研究》2011年第5期。

③ 代帆：《侨务与外交：对中国侨务政策的思考——以中印（尼）关系为例》，《东南亚研究》2012年第1期。

④ 成晓河：《第二次印巴战争中中国对巴基斯坦的支援》，《外交评论》2012年第3期。

⑤ 牛军：《中国援越抗法政策再探讨》，《外交评论》2012年第3期。

⑥ 沈志华：《朝鲜战争期间的中朝同盟》，《炎黄春秋》2012年第3期。

⑦ Akio Takahara, " The Rise of China and Its Neighborhood Diplomacy: Implications for Japanese Foreign Policy", *The Journal of Contemporary China Studies*, July, 2012.

⑧ Nicholas Khoo, *Collateral Damage: Sino-Soviet Rivalry and the Termination of the Sino-Vietnamese Alliance* , New York: Columbia University Press, 2011.

国处理领土争端的影响。[①] 也有学者通过查阅中国外交部解密档案，对中阿边界谈判问题进行再研究。[②] 此外，学者也对边界问题产生一些争鸣，如关于中缅边界问题，有学者针对中缅边界解决的作用与历史意义提出了不同看法。[③]

（四）其他相关专题史研究

除上述研究外，其他专题研究也有所突破。学界较系统地梳理了中国对外援助史，积极开展中国同中东、非洲等国关系史的研究。在对非援助方面，学者提出，中国致力于与非洲构筑新型的、不同于新老殖民主义的国家间关系是中国对非援助取得成功的重要原因。中国传统文化对中国援非实践具有文化基础作用，是中国特色国际援助理论的文化根源。[④]《中苏援助与朝鲜战后经济重建》、《1958—1965 年中国对印尼的援助》两篇文章对中国援朝、援助印尼的历史过程进行了详细阐述。[⑤] 境外对中国对非援助的研究也较为重视，着力分析中国对非资源外交的历史进程。[⑥] 廖兰心、刘靖撰文对国外学者和研究机构对中国对外援助研究情况进行了系统的梳理和回顾。此外，也有学者在对外多边援助、人道主义援助研究方面进行了实证研究。[⑦]

另外，学界对中国同中东、非洲等国关系史、多边外交史的研究也取得一定进展，着眼点大多集中在对双边关系、多边外交历程的梳理，以及

---

① 聂宏毅：《鼎定国疆：新中国成立 60 年中国边界问题研究》，法律出版社 2011 年版。

② 张安：《1960 年中阿边界谈判搁浅之谜探析》，《党史研究与教学》2012 年第 5 期。

③ 范宏伟：《中缅边界问题的解决：过程与影响》，《南洋问题研究》2010 年第 3 期；齐鹏飞、张明霞：《中缅边界谈判的历程及其基本经验》，《中共党史研究》2012 年第 1 期。

④ 张浚：《不附加条件的援助：中国对非援助政策的形成》，《外交评论》2010 年第 5 期；胡美：《中国援非五十年与国际援助理论创新》，《社会主义研究》2011 年第 1 期。

⑤ 沈志华、董洁：《中苏援助与朝鲜战后经济重建》，《炎黄春秋》2011 年第 6 期；李一平，曾雨棱：《1958—1965 年中国对印尼的援助》，《南洋问题研究》2012 年第 3 期；姜璐：《中国对越援助的战略考虑与策略选择（1950—1978）》，《福建论坛》2011 年第 2 期。

⑥ Marcus Power, "Giles Mohan and May Tan-Mulling, China's Resource Diplomacy in Africa: Powering Development?", First published 2012 by ALGRAVE MACMILLAN; David H. Shinn and Joshua Eisenman, *China and Africa: A Century of Engagement*, University of Pennsylvania Press, 2012.

⑦ 熊厚：《中国对外多边援助的理念与实践》，《外交评论》2010 年第 5 期；李小瑞：《中国对外人道主义援助的特点和问题》，《现代国际关系》2012 年第 2 期。

对热点问题的追踪。①

三 学科建设状况

(一) 三年里学科主要代表人物及代表作

2010—2012 年，中华人民共和国外交史研究代表人物及代表作如下。

1. 牛军，北京大学国际关系学院教授，主要从事中国外交决策、中华人民共和国对外关系研究。2010—2012 年代表作有：《中华人民共和国对外关系史概述（1949—2000)》（专著）。② 该书首次提出关于台湾地区对外关系演变的研究命题，还对中华人民共和国外交史的分期问题进行专门探讨，并以中国对外政策调整为依据，对外交史进行阶段划分。此外，该书运用了一些新的外交文件和资料。学术论文则有：《重建“中间地带”——中国亚洲政策的缘起（1949—1955 年)》、《“回归亚洲”——中苏关系正常化与中国印度支那政策的演变（1979—1989)》、《中国援越抗法政策再探讨》。三篇论文通过实证研究深入探讨中国对外关系发展的内在逻辑。③

2. 宫力，中央党校国际战略研究所教授，主要从事中美关系、中国外交、国际战略研究。2010—2012 年代表作有：《如何与美国共处：冷战后中国的对美方针与中美关系》（专著）。该书以冷战结束以来中国对美外交战略和中美关系为主线，深入探讨中华人民共和国的对美战略方针和政策、策略变化的轨迹以及促动因素，集中论述了冷战后中国国际地位、国际角色和外交作为。④ 学术论文则有：《时代主题与中国国际战略转型》、《毛泽东的国际战略视野与新中国大国地位的确立》、《中美关系 30 年的演

---

① 如：刘中民：《中国的中东热点外交：历史、理念、经验与影响》，《阿拉伯世界研究》2011 年 1 月；冯继承：《中国对联合国维和行动的认同演变：话语实践的视角》，《国际论坛》2012 年 5 月；等等。

② 牛军：《中华人民共和国对外关系史概述》，北京大学出版社 2010 年版。

③ 牛军：《重建“中间地带”——中国亚洲政策的缘起（1949—1955 年)》，《国际政治研究》2012 年第 2 期；《“回归亚洲”——中苏关系正常化与中国印度支那政策的演变（1979—1989)》，《国际政治研究》2011 年第 2 期；《中国援越抗法政策再探讨》，《外交评论》2012 年第 3 期。

④ 宫力：《如何与美国共处：冷战后中国的对美方针与中美关系》，九州出版社 2010 年版。

进与思考》等。①

3. 齐鹏飞，中国人民大学马克思主义学院教授，主要从事当代中国睦邻外交（重点是陆地边界问题）、当代中国国家统一问题等方向的研究。2010—2012 年代表作有：《中国共产党与当代中国外交 1949—2009》（专著）。该书从中国共产党的执政史、执政规律和执政经验的特定视角介入，有效地将党史与国史研究相结合。该书最有创意的观点是，作者把新中国 60 年外交事业最显著的特征概括为“和平外交”，即前 30 年中国实行“和平共处”外交，后 30 年实行“和平发展”外交。② 学术论文则有：《中不边界问题述论》、《关于 1963 年中阿边界条约谈判进程中的“冷”与“热”现象之探析——以中国外交部新近解密档案为主》、《20 世纪 60 年代初期巴基斯坦积极推动中巴边界谈判之动因分析》等③。

4. 陶季邑，暨南大学社会科学部教授，主要从事当代中国外交理论研究。学术论文：《美国学术界关于冷战后中国全面参与国际组织战略的研究述评》；《美国关于中国 20 世纪 60 年代“两条线”外交战略研究述评》；《美国学术界关于二十世纪九十年代中国伙伴外交战略研究述评》等。④ 作者对美国学界有关中国外交战略、政策相关方面的研究情况进行了系统的梳理和回顾。

5. 亨利·基辛格（Henry Kissinger），美国著名外交家、国际问题专家。2010—2012 年代表作品有：《论中国》。该书令人瞩目的地方在于，作者回顾了中国历史的模式，分析了中国文化与中国对外行为的关联，提出中美共同演进的战略设计。作者认为，深刻的文化差异可能使中美陷入

① 宫力：《时代主题与中国国际战略转型》，《国际关系学院学报》2010 年第 3 期；《毛泽东的国际战略视野与新中国大国地位的确立》，《当代世界与社会主义》2010 年第 3 期；《中美关系 30 年的演进与思考》，《当代世界》2010 年第 2 期；等等。

② 齐鹏飞主编：《中国共产党与当代中国外交（1949—2009）》，中共党史出版社 2010 年版。

③ 齐鹏飞：《中不边界问题述论》，《南亚研究》2011 年 3 月；周守高、齐鹏飞：《1963 年中阿边界条约谈判进程中的“冷”与“热”现象之探析——以中国外交部新近解密档案为主》，《南亚研究》2011 年 12 月；韩晓青、齐鹏飞：《20 世纪 60 年代初期巴基斯坦积极推动中巴边界谈判之动因分析》，《南亚研究》2010 年 12 月；齐鹏飞：《“不打无准备之仗”——周恩来在中缅边界谈判正式开始前之“调查研究”工作》，《中华魂》2012 年 9 月；《中尼边界谈判的历史进程和基本经验》，《当代中国史研究》2011 年 3 月；等等。

④ 陶季邑：《美国学术界关于冷战后中国全面参与国际组织战略的研究述评》，《国际论坛》2010 年 11 月；《美国关于中国 20 世纪 60 年代“两条线”外交战略研究述评》，《武汉科技大学学报》2011 年 6 月；《美国学术界关于二十世纪九十年代中国伙伴外交战略研究述评》，《中共党史研究》2012 年 2 月。等等。

冲突，美国应坚持实用政治原则，与中国合作，建设新的太平洋共同体。[①]

6. 天儿慧（天児慧），日本早稻田大学现代中国研究所所长、亚洲太平洋研究院教授，主要研究方向为中国当代史、亚洲现代史。代表论文《中国的“东亚共同体”构想与国际秩序观》[②]。作者认为，自中共16大以来，中国国家战略与外交政策发生重大变化，一方面，中国对多极化开始持有疑虑，另一方面，在感到来自美国威胁日益增强的同时，坚持采取对美协调政策。在这种矛盾中，中国的决策者们力图将东亚地区构建成为一个能够反映自身意志与权益的利益共同体，逐渐形成自己的“东亚共同体”构想。此外，对崛起的中国如何才能被周边各国乃至国际社会所接受提出了看法。

7. 益尾知佐子（益尾知佐子），日本九州大学比较社会文化研究院副教授，主要研究领域是中国的对外政策。其专著《中国政治外交的转折点——改革开放和〈独立自主的对外政策〉》[③] 通过对1978至1982年期间中国国内动向的分析，提出了中国在“1979年到1980年春逐步放弃了国际共产主义运动，1980年秋到1981年春转换了以往的‘一条线’战略”的观点。

（二）当代中国研究所外交史学科建设情况

1. 学科基本情况

当代中国研究所从2001年起设立外交史研究室，承担中华人民共和国史中有关国家外交事务的编研任务。经过多年努力，外交史研究室初步形成了一支以高级研究人员为骨干的多语种人才队伍。目前拥有研究员3人，副研究员2人，助理研究员3人，有英、日、俄三个外语语种，研究人员专业背景涉及史学、国际关系、国际政治学等领域，基本满足了外交史学科重点领域研究工作的要求，老中青年龄构成比较合理，是一支具有发展潜力的研究队伍。目前，外交史研究室在外交战略、大国外交、周边外交、多边外交、民间外交等领域有了一定积累，在国内主流媒体和学术

---

① ［美］Henry Kissinger, *China*, Penguin Press HC, 2011.

② 天児慧：『中国の「東アジア共同体」と国際秩序観』，原文刊载于［日］天児慧『アジア連合への道』，筑摩书房2010年6月，第135—167页。

③ 益尾知佐子：『中国政治外交の転換点——改革開放と「独立自主の対外政策」』，东京大学出版会2010年版。

界发表了部分科研成果，并在中国社会科学院研究生院系统讲授中华人民共和国外交史课程。

2. 主要学术成果

三年来，外交史研究室工作重点主要集中在外交思想史、大国关系史、对外援助史方面，注重对国内外解密档案的搜集、整理和利用，出版了相关著作，发表学术文章30余篇。① 其中，罗燕明研究员在《新中国外交史在国史研究中的定位》一文中，就新中国外交史的内涵与外延进行明确界定与分析，推动了学科建设。②在中美关系研究上，王巧荣所著《APEC与中美关系》一书，以马克思主义理论为指导，综合运用国际关系学、国际政治学及国际合作的基本理论，通过史论结合的方法对APEC与中美关系的互动历史进行了较为系统的探索。③ 丁明主持的所重点课题《改革开放以来的中苏中俄关系述论》也于2012年结项。由全室同志共同参与撰写的《国家智慧——新中国外交风云档案》一书也已经出版。孙翠萍同志撰写的《1970年代中日领土主权与海洋权益争端问题研究》一书，以20世纪70年代中日在钓鱼岛和东海划界问题为切入点，研究了领土主权和海洋权益争端问题，通过对历史背景、发展脉络和基本特征的梳理和阐释，为当前和未来解决中日领土主权和海洋权益争端提供了建设性的思考。④ 此外，我们也在关注国外对中国问题的研究情况。⑤ 目前，我室正在

---

① 王巧荣：《APEC与中美关系》，河南人民出版社2010年版；王巧荣：《中美关系中的防扩散问题》，《中共党史研究》2011年第2期；张勉励：《中国对越南经济技术援助的历史起步》，《外交评论》2010年第5期；石善涛：《1954年中英运输机事件的历史考察》，《中共党史研究》2010年第5期；石善涛：《中苏同盟与新中国成立初期的对日政策》，《当代中国史研究》2012年第6期；任晶晶：《新世纪以来中国推动国际关系民主化的理论与实践》，《当代中国史研究》2011年第6期；孙翠萍：《1956年陈云代理总理期间处理外交事务的实践与经验》，《当代中国史研究》2011年第5期；周红：《中俄战略协作伙伴关系研究述评》，《当代中国史研究》2012年第5期；等等。

② 罗燕明：《新中国外交史在国史研究中的定位》，《当代中国史研究》2010年第1期。

③ 王巧荣：《APEC与中美关系》，河南人民出版社2010年版。

④ 孙翠萍：《1970年代中日领土主权与海洋权益争端问题研究》，中国书籍出版社2012年版。

⑤ 王巧荣：《二十一世纪的中国：世纪初美国学者看中国》，湘潭大学出版社2011年版；［印］莫汉蒂：《印度与中国：相互竞争的霸权国还是民主化力量?》，张勉励译，《当代中国与它的发展道路——第二届当代中国史国际高级论坛论文集》（2010年版）；［俄］玛玛耶娃：《中华人民共和国：党政建设改革的阶段和方向——中国共产党和苏联共产党的若干比较分析》，周红译，《当代中国与它的发展道路——第二届当代中国史国际高级论坛论文集》（2010年版）；等等。

进行创新工程项目《中华人民共和国外交史》的写作工作。此部外交史专著将在已有研究成果的基础上，运用当代所的资源与优势，通过对新中国成立以来外交领域重大事件和重大专题的挖掘，深入阐述中华人民共和国六十三年外交发展历程。

在学术交流方面，当代中国研究所已与俄罗斯科学院远东研究所签订学术交流与合作协议，建立学术交流与科研资料交换的固定渠道。当前，当代中国研究所外交史学科的基础性研究工作稳步展开，还需要不断加强学术交流，扩大在外交史研究领域的影响。

四　学科发展前景

（一）发展方向

中华人民共和国外交史是中华人民共和国史的有机组成部分，作为国史研究中的新兴学科，中华人民共和国外交史的研究对象、研究范畴、研究重点还需要进一步明确。加强对外交史理论与方法的研究，形成以马克思主义唯物史观为指导的中华人民共和国外交史学科创新体系仍然任重道远。此外，外交资料的整理和运用任务依然艰巨，需要收集、掌握和提炼更多第一手资料，通过对不同时期外交思想、外交战略、外交政策演变的分析，从总体上把握中国外交发展进程的连续性。

（二）发展规划

根据中华人民共和国外交史的研究现状与发展规律，本学科应遵循以下规划向前发展：

一是以创新工程为重点，努力实现“三步走”战略。创新工程和“三步走”战略为当代中国研究所外交史研究和学科发展提供了广阔的空间。按照当代中国研究所“三步走”战略，在2013—2014年度将完成一部《中华人民共和国外交史》专著，这也将为当代中国研究所外交史学科建设打下坚实基础。期间，我们将加强资料的挖掘、整理与利用，为第三步走做好思想、理论和资料等方面的准备。然后，将研究重点转入改革开放以来新时期的外交史研究之中。

二是拓宽外交史的研究范围。鉴于外交战略、对外关系具有长期性、连续性的特点，因此要对外交史进行系统性、综合性研究，这既有利于从宏观上把握当代中国外交的完整历程，也利于从微观上认识不同阶段中国外交政策的调整变化。从现有的研究成果及其使用的资料来看，当代中国外交史尚有很大的研究空间，拓宽外交史的研究领域将是今后一个时期我们工作的努力方向。

三是加强国内外学术交流。境外学者在研究中普遍重视历史档案、社会调查、访谈当事人、定量研究，持论有据。严谨的治学态度、科学的研究方法，值得我们学习、借鉴。加大中外学界的沟通，有助于打开研究当代中国外交史的新局面。近年来，国内学者对境外中国外交史专题研究的综述、述评类研究已取得一定进展。[①] 不过，中国外交史研究的国际影响力还很有限，无论是扩大学术影响，还是加强对外宣传，外交史研究还应不断“走出去”。与此同时，针对外交史研究现状，我们将进一步加强调研和总结，在完成学科研究综述的基础上，加强学科前沿分析，为进一步开展专题研究奠定坚实的基础。

四是加强人才队伍建设。当代中国研究所外交史研究室在人才队伍建设方面还需要加强，研究能力和研究水平也有待提高。今后，应以创新工程项目为抓手，大力提高科研能力和科研水平，提高论文写作质量，努力培养一支以青年英才为骨干、覆盖外交史主要领域、能够熟练掌握外语的人才队伍，同时，把发挥个人专长与集体合作相结合，从整体上推动本学科的良性发展。

（当代中国研究所　黄庆　周红）

① 如，陶季邑：《美国关于中国20世纪60年代“两条线”外交战略研究述评》，《武汉科技大学学报》（社会科学版）2011年6月；钟龙彪：《冷战后的中国外交变迁：西方学术界的研究》，《天津行政学院学报》2012年9月；等等。

中华人民共和国“一国两制”史学科前沿研究报告（2010—2012）

中华人民共和国“一国两制”史是中华人民共和国关于祖国和平统一和港澳台区域发展和建设的历史，是中华人民共和国史研究中的一个新兴学科，它与中华人民共和国政治史、经济史、文化史、社会史和外交史等专门史有着密切的联系。当前，学术界关于“一国两制”史尚无一致的定义。我们认为，“一国两制”史的内涵应为“一国两制”理论与实践的历史，其外延则涉及“和平统一、一国两制”的基本国策。“和平统一、一国两制”是建设有中国特色的社会主义理论和实践的重要组成部分，应是“一国两制”史研究的核心内容。

一　学科发展概况

从新中国成立起，大陆与香港、澳门、台湾地区就开始了两种社会制度并存的历史。但是“一国两制”的正式提出，却是在80年代香港回归祖国之后。在此后的30年里，香港、澳门陆续回归祖国，大陆与台湾的关系也在“和平统一、一国两制”的历史发展趋势下，日益密切，因此，无论是理论还是实践，都为国史研究提供了需求并开辟了研究空间，“一国两制”史研究遂成为中国当代史的重要内容和新兴的分支学科。

从“一国两制”史研究的历史沿革来看，该学科总体研究比较薄弱，主要经历了两个重要的发展阶段。

一是20世纪80年代前期开始到90年代后期“九七”香港回归、“九九”澳门回归前的研究高潮。这一时期的代表性研究成果有：《香港问题始末》,[①]《香港概论》,[②]《日出日落——香港问题一百五十六年(1841—1997)》,[③]《香港政治体制研究》,[④]《香港的政府与政治》,[⑤]《香港的终结:英国撤退的秘密谈判》,[⑥]《澳门史纲要》,[⑦]《澳门政治发展史》,[⑧]《澳门的失落与回归》,[⑨]《国民党在台湾(1945—1988)》,[⑩]《台湾历史纲要》,[⑪]《美国对华政策与台湾问题》,[⑫]《香港与一国两制》,[⑬]《一国两制与香港基本法律制度》、《一国两制与澳门特别行政区基本法》,[⑭]《邓小平"一国两制"理论研究》,[⑮]《"一国两制"的理论与实践》,[⑯]《"一国两制"与海峡两岸关系》[⑰]等。

二是进入21世纪以来的研究高潮。这次研究高潮的出现和中央政府政策调整以及台湾问题出现的新情况密切相关。代表性研究成果为:《港英政府政治制度论(1841—1985)》,[⑱]《邓小平与香港回归》、《统一与整合——新时期解决港澳台问题的理论与实践》[⑲],《中央与特别行政区关

---

① 姜秉正:《香港问题始末》,陕西人民出版社1987年版。

② 杨奇主编:《香港概论》,中国社会科学出版社1992年版。

③ 齐鹏飞:《日出日落——香港问题一百五十六年(1841—1997)》,新华出版社1997年版。

④ 李昌道:《香港政治体制研究》,上海人民出版社1999年版。

⑤ [英]诺曼·J. 迈因纳斯:《香港的政府与政治》,伍秀珊、罗绍熙等译,上海翻译出版公司1986年版。

⑥ [英]Cottrell, Robert:《香港的终结:英国撤退的秘密谈判》,香港明报出版社1993年版。

⑦ 黄鸿钊:《澳门史纲要》,福建人民出版社1991年版。

⑧ 吴志良:《澳门政治发展史》,上海社会科学院出版社1999年版。

⑨ 齐鹏飞、张晓京:《澳门的失落与回归》,新华出版社1999年版。

⑩ 黄嘉树:《国民党在台湾(1945—1988)》,南海出版公司1991年版。

⑪ 陈孔立主编:《台湾历史纲要》,九州图书出版社1996年版。

⑫ 苏格:《美国对华政策与台湾问题》,世界知识出版社1998年版。

⑬ 周毅之、施汉荣:《香港与一国两制》,中国社会科学出版社1988年版。

⑭ 肖蔚云主编:《一国两制与香港基本法律制度》,北京大学出版社1990年版。肖蔚云主编:《一国两制与澳门特别行政区基本法》,北京大学出版社1993年版。

⑮ 王立胜、张心立、李安增:《邓小平"一国两制"理论研究》,陕西人民出版社1999年版。

⑯ 王凤超主编:《"一国两制"的理论与实践》,经济科学出版社1998年版。

⑰ 张同新、何仲山主编:《"一国两制"与海峡两岸关系》,中国人民大学出版社1998年版。

⑱ 刘曼容:《港英政府政治制度论(1841—1985)》,社会科学文献出版社2001年版。

⑲ 齐鹏飞:《邓小平与香港回归》,华夏出版社2004年版;齐鹏飞:《统一与整合——新时期解决港澳台问题的理论与实践》,中国传媒大学出版社2008年版。

系》①，《澳门特别行政区基本法导论》，②《透析台湾民进党》，③《“一国两制”与台湾问题》④ 等。

专门研究“一国两制”史的机构并不多。2009 年底，中国社会科学院当代中国研究所在全国率先成立“一国两制”史研究中心。其他已有的研究机构更多侧重于“一国两制”对策研究，主要集中在北京、上海、厦门、广州、香港的一些研究机构，彼此之间联系不多。这些研究机构大多依托高校，有的或为研究所内成立的研究中心，如：中国社会科学院台湾史研究中心、北京大学港澳研究中心、中国人民大学台港澳研究中心、对外经贸大学台港澳经济研究中心、北京联合大学台湾研究院、中山大学港澳珠江三角洲研究中心、上海社会科学院港澳研究中心、厦门大学台湾研究中心、浦东台湾经济研究中心、香港浸会大学当代中国研究所、澳门大学一国两制研究中心（编辑出版理论刊物《一国两制研究》（季刊））等，呈现出研究对象分散性强、研究内容侧重经济现象、系统性研究较少的特点。另外，国务院相关部门的专门研究所（中心）承担的课题、调研工作多为配合国家制定相关政策、方针，除一些公开出版的刊物外，基本属于对内。国务院下属的专门机构如国务院港澳事务办公室港澳研究所、国务院发展研究中心港澳研究所、国务院台湾事务办公室海峡两岸关系研究中心等机构主要是根据相关法律法规承担相关课题研究、调研活动，为党和国家制定相关政策提供智力支持。国务院港澳办港澳研究所出版《港澳经济年鉴》，内部刊物为《港澳专题调研》；国务院发展研究中心刊物为《港澳研究》；国务院台办直属事业单位包括《两岸关系》杂志社。

二　学科前沿动态

（一）前沿动态与研究热点

政党问题以及区际关系研究是“一国两制”史研究热点和前沿问题。关于政党问题，学者围绕香港政党问题讨论的比较多。朱世海著《香港政

---

① 王振民：《中央与特别行政区关系》，清华大学出版社 2002 年版。

② 王叔文：《澳门特别行政区基本法导论》，中共中央党校出版社 2001 年版。

③ 徐博东：《透析台湾民进党》，台海出版社 2003 年版。

④ 潘叔明：《“一国两制”与台湾问题》，人民出版社 2003 年版。

党研究》。[①] 他提出：为保证香港政党政治向良性方向发展，并促进特别行政区政府的有效管治，香港需要组建“联合政府”以扩大政府构成的民意基础。[②] 朱松岭撰文指出，“进一步发挥澳门在两岸关系和平发展时期的作用尤为重要，有非比寻常的价值”。[③] 朱显龙指出：澳台关系因为澳门被殖民统治、台湾被日本殖民统治、中国内战及主体资格的改变、澳门主权回归中国而分为多个阶段。澳门回归后的澳台关系，既属于一个国家内的“两区”关系，但又因治权自立而呈“两境（治权境界）关系”。[④]

从分散研究走向综合研究是“一国两制”史研究的内在需要。当前“一国两制”史研究对象具有现实性强、操作性强、对理论要求高的特点，研究成果呈现出多元化、分散性的特点。而历史学研究本身具有的时段性、积累性特点，因此，坚持运用马克思辩证唯物主义和历史唯物主义的立场和方法，深入调查研究、注重“对焦”，汲取多学科的营养，进行“一国两制”史的综合研究，就成为今后研究应当努力的方向。如：李晓惠著《困局与突破——香港难点问题专题研究》一书全面探讨解读当今香港所面对的政治、经济、社会民生和香港与内地及港台关系等各方面热点，是“一国两制”史研究从分散走向综合的有益探索。[⑤] ALVIN Y. SO 的文章《危机转换视角下的“一国两制”下的香港与大陆的融合》也提出：以往的研究单纯集中在香港和大陆在政治和经济方面的整合，这种整合需要综合法律、政治、经济以及社会文化等因素来推动。[⑥]

（二）最新理论观点与方法

第一，“一国两制”史理论研究层面。

高校和科研单位的学者尝试性从制度创新、全球化等不同角度对“一国两制”进行理论分析。黄易宇指出，中国实行改革开放政策、迅速融入

---

① 朱世海：《香港政党研究》，时事出版社 2011 年版。

② 朱世海：《比较视野下的香港政党政治》，《中共浙江省委党校学报》2011 年第 5 期。

③ 朱松岭：《澳门与台湾关系在两岸关系中的战略地位》，《观察与思考》2010 年第 2 期。

④ 朱显龙：《两制与两岸架构下的澳台区际关系》，《台湾研究集刊》2011 年第 4 期。

⑤ 李晓惠：《困局与突破——香港难点问题专题研究》，（香港）天地图书有限公司 2011 年版。

⑥ ALVIN Y. SO, “One Country, Two Systems” and Hong Kong-China National Integration : A Crisis-Transformation Perspective, *Journal of Contemporary Asia*, Vol. 41, No. 1, February 2011, pp. 99 - 116.

世界经济轨道的过程是与提出并实现“一国两制”方针同步完成的。改革开放和“一国两制”是中国实现全球化进程中作出的两个重要决策。① 杨华洋撰文提出：“一国两制”是我党本着实事求是的基本路线，制定的实现祖国统一的基本方针，它具有四个基本内涵。② 仇小敏指出，邓小平“一国两制”构想具有丰富而深刻的政治文明思想。③ 尤俊意认为：我国现行的特别行政区制度是国家的一项基本政治制度。④ 李鹏提出“一国两制”迄今为止依然是解决台湾问题的最佳模式。⑤ 中共中央台湾工作办公室主任王毅撰文为“一国两制”理论提供了来自实践层面的思考。⑥

第二，“一国两制”史的政治、法律研究层面。

关于台湾政治，朱云汉等著《台湾民主转型的经验与启示》。⑦ 王为著《台湾地区政治研究》。⑧ 林小芳著《当代台湾女性参政研究》。⑨ 沈惠平指出，目前台湾地区审议式民主的实践有助于公民提升了解复杂的政策议题的兴趣与能力，有助于消解台湾地区的社会分裂、族群对立等。⑩ 林冈指出：2009 年台湾的县市长选举、2010 年初的两次“立委”补选以及年底的“五都”选举表明，民进党的政治实力已经从 2008 年的低谷回升。⑪ 此外，陈孔立著《走近两岸》一书，以回忆录形式记录了一位资深台湾研究专家曾经走过的对台交流、交往的道路。⑫ 关于香港政治，刘兆佳著《回归十五年以来香港特区管治及新政权建设》一书，由于作者曾经是特区政府的一分子，因此在书中聚焦特区新政权的建设。⑬ 陈佐洱著《我亲历的香港回归谈判》以回忆录形式记录了作者出任中央联合联络小组中方

---

① 黄易宇：《全球化与中国的“一国两制”》，《中央社会主义学院学报》2011 年第 4 期。

② 杨华洋：《“一国两制”的内涵及其发展》，《贵州社会主义学院学报》2012 年第 1 期。

③ 仇小敏：《邓小平“一国两制”构想与政治文明》，《学术论坛》2011 年第 10 期。

④ 尤俊意：《特别行政区制度应确认为一项基本政治制度》，《政治与法律》2011 年第 5 期。

⑤ 李鹏：《“一国两制”的“台湾模式”思考》，《统一论坛》2012 年第 6 期。

⑥ 王毅：《十年来对台工作的实践成就和理论创新》，《求是》2012 年第 20 期。

⑦ 朱云汉等：《台湾民主转型的经验与启示》，社会科学文献出版社 2011 年版。

⑧ 王为：《台湾地区政治研究》，世界知识出版社 2011 年版。

⑨ 林小芳：《当代台湾女性参政研究》，九州出版社 2011 年版。

⑩ 沈惠平：《台湾地区审议式民主的实践分析》，《厦门大学学报》（哲学社会科学版）2011 年第 5 期。

⑪ 林冈：《台湾政党体系发展趋势探析》，《江苏行政学院学报》2011 年第 5 期。

⑫ 陈孔立：《走近两岸》，厦门大学出版社 2011 年版。

⑬ 刘兆佳：《回归十五年以来香港特区管治及新政权建设》，商务印书馆（香港）有限公司 2013 年版。

代表，参与香港回归过渡期谈判的点滴历程。[①] 何亮亮著《零容忍——香港廉政公署40年肃贪记录》。[②]

关于法律研究，白晟著《香港基本法解释问题研究：以法理学为视角》。[③] 尤韶华著《香港司法体制沿革》。[④] 骆伟建著《澳门特别行政区基本法新论》。[⑤] 朱力宇撰文指出：由于实行“一国两制”，在“两岸三地”，即中国大陆、香港、澳门和台湾存在着多种法律体系与法系，这是“中国特色”的体现。[⑥] 此外，还有刘高龙、赵国强主编的《澳门法律新论》[⑦]、陈志峰编《澳门非高等教育范畴常用法律法规汇编》、[⑧] 史彤彪、胡蓉的《一国两制下内地与澳门法律文化的融合》[⑨] 等。唐国才撰文辩证反思有关问题，特别是通过分析刚果（金）案释法这一最新案例的影响及启示，加深对基本法解释领域形势发展的认识，并就进一步完善释法工作提出一些思考与建议。[⑩]

第三，“一国两制”史的经济、社会研究层面。

关于CEPA，有一系列的研究成果。国务院研究室课题组对粤港澳更紧密合作进行了系列研究，自2010年10月起至2012年2月在《珠海市行政学院学报》上共刊发8篇学术报告。[⑪] 该系列报告从方方面面对该问题进行了深度研究，并提出相应的对策建议。

关于港澳经济与社会，陈秀珍著《香港与内地经济一体化研究》。[⑫] 刘祖云主编《弱势群体的社会支持：香港模式及其对内地的启示》。[⑬] 庄芮指出：香港应该是中国FTA战略的“动态试验区”，未来中国FTA战略应在

---

① 陈佐洱：《我亲历的香港回归谈判》，香港凤凰书品文化出版有限公司2012年版。

② 马岳编：《香港80年代民主运动口述历史》，香港城市大学出版社2012年版。

③ 白晟：《香港基本法解释问题研究 以法理学为视角》，中国政法大学出版社2012年版。

④ 尤韶华：《香港司法体制沿革》，知识产权出版社2012年版。

⑤ 骆伟建：《澳门特别行政区基本法新论》，社会科学文献出版社2012年版。

⑥ 朱力宇：《“一国两制”视野下法律文化的同一性与多样性及其在中国的体现——写在中国特色社会主义法律体系形成之后》，《法学杂志》2012年第4期。

⑦ 刘高龙、赵国强主编：《澳门法律新论》（上、下），社会科学文献出版社2011年版。

⑧ 陈志峰编：《澳门非高等教育范畴常用法律法规汇编》，中国社会科学出版社2012年版。

⑨ 史彤彪、胡蓉：《一国两制下内地与澳门法律文化的融合》，《贵州大学学报》2010年第1期。

⑩ 唐国才：《刚果（金）案对完善〈香港基本法〉解释机制的启示》，《战略决策研究》2012年第2期。

⑪ 分别载《珠海市行政学院学报》2011年第4期—2012年第1期。

⑫ 陈秀珍：《香港与内地经济一体化研究》，中国经济出版社2011年版。

⑬ 刘祖云主编：《弱势群体的社会支持 香港模式及其对内地的启示》，社会科学文献出版社2011年版。

放眼全球的同时，进一步整合港澳台，实现“大中华自由贸易区”。[①] 李德、黄颖提出：特区政府积极构建与社会服务机构之间的伙伴关系，对当前处于社会转型、结构深化的中国内地进行公共服务改革具有一定的借鉴作用。[②] 袁持平等著《澳门产业结构适度多元化研究》。[③] 郭永中指出，“澳门应充分利用开发横琴的契机，把促进经济社会协调发展的这步棋走好，创出一条具有澳门特色的多元化发展之路”。[④] 赵宇红指出：香港作为“一国两制”下的特区不光有降低碳排量的义务，还应当充分利用自身优势领导向低碳社会的转变，香港需要在政治上做出正确的事。[⑤]

关于两岸经贸关系，丁振辉提出：整体而言，中国大陆和台湾服务贸易门类发展很不充分，高端服务业发展滞后，但台湾服务贸易竞争力强于大陆。[⑥] 彭莉提出：基于海峡两岸目前的现状，歧视性规范的消解将是一个渐进的过程，这或许是“两岸特色”在“陆资入台”问题上的一种体现。[⑦] 此外，《中国油气田开发志》总编纂委员会编的《中国油气田开发志 卷31 台湾油气区卷》,[⑧] 戴天元等著的《台湾海峡及邻近海域渔业资源养护与管理》[⑨] 以及杜继东著的《美国对台湾地区援助研究》（1950—1965）[⑩] 为深入研究台湾经济提供了有益的积累。

第四，“一国两制”史的文化、教育研究层面。

关于“一国两制”下的港澳文化方面，马汇莹著《一国两制下的大众

---

① 庄芮：《香港在中国自由贸易区战略中的地位和作用》，《国际经济合作》2011 年第 12 期，第 16—20 页。

② 李德、黄颖：《香港政府公共服务改革对我国内地的启示》，《探索》2011 年第 4 期，第 152—156 页。

③ 袁持平等：《澳门产业结构适度多元化研究》，中国社会科学出版社 2011 年版。

④ 郭永中：《澳门经济发展应转变增长模式实现适度多元》，《山东社会科学》2012 年第 11 期，第 150—154 页。

⑤ Zhao Yuhong, Responding to the Global Challenge of Climate Change-Hong Kong and “One Country Two Systems”, *CCLR* (*Carbon and Climate Law Review*) 1, 2011.

⑥ 丁振辉：《海峡两岸服务贸易竞争力比较研究》，《亚太经济》2012 年第 2 期。

⑦ 彭莉：《台湾地区“陆资入台”法律制度评析》，《厦门大学学报》（哲学社会科学版）2012 年第 1 期。

⑧ 《中国油气田开发志》总编纂委员会编：《中国油气田开发志 卷 31 台湾油气区卷》，石油工业出版社 2011 年版。

⑨ 戴天元等：《台湾海峡及邻近海域渔业资源养护与管理》，厦门大学出版社 2011 年版。

⑩ 杜继东：《美国对台湾地区援助研究（1950—1965）》，凤凰出版社 2011 年版。

传媒、互动、边界与开放——回归十年香港与内地的新闻文化交流》。[①] 冯雪松提出，未来的中国新闻学中，将以我们的新闻实践而添加一个新的科目："一国两制"报道与实践。[②] 阎立峰指出："一国两制"下的新闻理论与实践研究，要厘清、归纳出"一国两制"条件下信息跨地区采集传播活动所适用的一般原则和规范。[③] 关于台湾文化与宗教，林秀琴指出：20 世纪 80 年代以来我国台湾地区文化政策的演变呈现出清晰的脉络走向，通过"社区总体营造"政策理念的架构，逐步将"在地"文化的"产业化"合法化和使之成文化建设的主轴，并直接影响和推动了新世纪以来台湾文化创意产业的发起和发展。[④] 王仲、张东保著《台湾文化与社会思潮》。[⑤] 黄妙婉著《卫理公会与台湾社会变迁 1953—2008》。[⑥] 关于教育方面，方骏、熊贤君主编《香港教育史》。[⑦] 潘慧斌编著《台湾地区教育体系与大学概览》。[⑧]

（三）"一国两制"史研究的最新史料基础

近年来，国内外档案文献的公布与出版为"一国两制"史的研究提供了基础。国外主要是英、美解密档案。英国的解密档案包括：亚当·马修公司出版的数据库：《英国外交部关于中国的文件（1949—1980）》（Foreign Office Files China，1949—1980）、该公司的缩微品《亚洲经济史》（Asian Economic History）、撒切尔夫人基金会[⑨]公布的相关档案资料[⑩]等。美国的解密档案包括：《美国对外关系文件集》（FRUS）相关卷册等[⑪]。

---

① 马汇莹：《一国两制下的大众传媒、互动、边界与开放——回归十年香港与内地的新闻文化交流》，上海交通大学出版社 2011 年版。

② 冯雪松：《港澳新闻报道的创新思考》，《现代传播》2011 年第 7 期。

③ 阎立峰：《"一国两制"下的新闻理论与实践研究：基础、内容与方法》，《现代传播》2012 年第 5 期（总第 190 期）。

④ 林秀琴：《1980 年代以来台湾文化政策的演变》，《福建论坛》（人文社会科学版）2011 年第 8 期。

⑤ 王仲、张东保：《台湾文化与社会思潮》，九州出版社 2012 年版。

⑥ 黄妙婉：《卫理公会与台湾社会变迁 1953—2008》，合肥工业大学出版社 2011 年版。

⑦ 方骏、熊贤君主编：《香港教育史》，湖南人民出版社 2010 年版。

⑧ 潘慧斌编著：《台湾地区教育体系与大学概览》，九州出版社 2011 年版。

⑨ 官方网站 http：//www. margaretthatcher. org/。

⑩ 其中不乏重要内容，如 1982 年 9 月 24 日撒切尔与邓小平在人民大会堂会谈记录（THCR 1/10/39—2 f52）、1982 年 9 月 23 日撒切尔与赵紫阳总理在人民大会堂会谈记录（THCR 1/10/39—2 f65）、1986 年 9 月 20 日杰克访问中国的报告（PREM19/507 f233）等。

⑪ 最新一卷为今年 4 月 23 日刚刚出版的 1977—1980 第 13 卷"中国卷"。

国内文献资料方面，主要有：《中英关于香港问题的联合声明、中葡关于澳门问题的联合声明》、[①]《台湾事务法律文件选编》、[②]《香港基本法起草过程概览（上、中、下)》。[③] 此外，《胡锦涛在庆祝香港回归祖国15周年大会讲话》,[④]《求是》杂志发表的一系列关于香港的文章[⑤]等都是研究“一国两制”史的宝贵资料。

综合三年来“一国两制”史研究状况，可以看出其研究的主要特色为：第一，浓厚的纪念史学特色。如2012年是香港回归十五周年，在这“逢五逢十”的大年份，学界涌现出大量的研究力作；2012年又是台湾地区领导人的选举年，学界对此也有一定的反应。第二，具有敏锐的现实性。“一国两制”史研究的对象包括两岸四地的关系和中美台湾问题、中英香港问题以及中葡澳门问题等。它虽然不同于现实问题的对策研究，但是研究对象与现实问题密切相关。一方面，具体研究对象受现实问题的影响，另一方面，研究成果对现实问题具有导向作用，会对现实问题的发展产生一定影响，这就决定了“一国两制”史研究涉及面广、影响深远。第三，研究成果体现出多学科、多领域交汇的特点。由于研究对象涉及政治学、法学、经济学等方面的专业知识，这就要求“一国两制”史的研究既遵循一般史学研究的高度严谨，又要汲取多学科的研究方法和优秀成果。

三　学科建设状况

(一) 近三年来学科前沿的主要代表人物及代表作

1. 饶戈平及其代表作。饶戈平现为北京大学国际法研究所所长、北京

① 全国人大常委会港澳基本法委员会办公室编：《中英关于香港问题的联合声明、中葡关于澳门问题的联合声明》，中国民主法制出版社2011年版。

② 国务院台湾事务办公室编：《台湾事务法律文件选编》，九州出版社2011年版。

③ 李浩然主编：《香港基本法起草过程概览（上、中、下)》，香港三联书店有限公司2012年版。

④ 《胡锦涛在庆祝香港回归祖国15周年大会讲话》，中华人民共和国中央人民政府网站：http://www.gov.cn/ldhd/2012—07/01/content_ 2174732.htm。

⑤ 石平：《从香港繁荣稳定看“一国两制”理论的强大生命力》，《求是》2012年第13期。彭清华：《对“重大课题”的深刻回答—— 学习胡锦涛同志出席香港回归15周年庆典活动重要讲话的体会》，《求是》2012年第14期。张仕波、王增钵：《紧贴“一国两制”条件下驻军治军实际坚持用先进军事文化培育塑造驻港精神》，《求是》杂志2012年第12期。

大学港澳研究中心主任，主要研究国际法、国际组织法、港澳基本法、涉台法律。著有《国际法》、《国际组织法》、《全球化进程中的国际组织》、《国际组织通览》等。近三年来，饶戈平著有《国际条约在香港的适用问题研究》、《国际条约在澳门的适用问题研究》,① 主编《香港基本法澳门基本法论丛（第一辑)》。

2. 杨允中及其代表作。杨允中为澳门理工大学一国两制研究中心教授级研究员，《“一国两制”研究》主编，前全国人大常委会澳门基本法委员会委员，长期跟进“一国两制”与基本法研究，著有《“一国两制”与现代宪法学》、《澳门与澳门基本法》、《论“一国两制”澳门实践模式》等。三年来，杨允中主编了《中华人民共和国澳门特别行政区宪政法律文献汇编》,② 并著有《我的“一国两制”观》③。

3. 黄嘉树及其代表作。黄嘉树现为中国人民大学国际关系学院教授、当代中国政治研究所所长，兼任中国国际战略研究基金会特邀研究员，国务院台办“海峡两岸关系研究中心”特约研究员。主要研究方向为台湾问题、两岸关系、当代中国政治。主要著作有：《国民党在台湾（1945—1988)》、《第三只眼看台湾（1945—1988)》、《两岸风云冷眼观》、《台湾政治与选举文化》等。

（二）当代中国研究所港澳台和“一国两制史”学科建设情况

1. 学科基本情况

21 世纪前后，中国学术界提出了国史是否应包括港澳台史的问题。2001 年当代中国研究所将相关材料汇编成一期《国史研究情况反映》，报至中央有关部门，有关领导作了批示。随后，召开了一次小范围的内部讨论会，共同研究这个问题。同年 9 月 26 日，国台办又召集有关单位开会进行了研究。为了解决会议提出的问题，当代中国研究所成立了课题组专门研究“国史应如何反映 1949 年后港澳台的历史”。课题主持人是丁明。

---

① 饶戈平:《国际条约在澳门的适用问题研究》，澳门理工学院一国两制研究中心 2011 年版。

② 杨允中主编:《中华人民共和国澳门特别行政区宪政法律文献汇编》，澳门理工学院一国两制研究中心 2010 年版。

③ 杨允中:《我的“一国两制”观》，澳门理工学院一国两制研究中心 2011 年版。

2004 年课题组如期完成课题。最终成果由一个总报告和两个分报告构成。随后，当代中国研究所赋予外交史研究室一项新的工作任务：开展港澳台史的研究，原有外交史的任务不变。

2009 年 12 月，当代所正式成立“一国两制”史研究中心。张星星副所长为中心主任，中心副主任丁明、罗燕明研究员，罗兼中心秘书长。中心工作具体由外交史与港澳台史研究室承担，该室全体人员为中心的兼职研究人员。其中，罗燕明研究员与孙翠萍助理研究员承担“一国两制”史研究的主要工作。该中心是国内首家以“一国两制”史命名的研究中心，对推动“一国两制”史学科发展有率先垂范的作用。

“一国两制”史研究中心自成立以来，组织多次活动。2009 年 12 月 20 日，丁明、罗燕明参加中国广播电台华夏之声栏目庆祝澳门回归十周年直播节目。2011 年 10 月 20—24 日，罗燕明带队赴厦门调研。2012 年 3 月 26—31 日，罗燕明带队赴深圳调研。2012 年 10 月，罗燕明到香港浸会大学做访问学者，并作了题为《中华人民共和国对香港特区的管理》讲座，反应很好。

2. 主要研究成果

罗燕明研究员主持了当代所重点课题《香港一国两制十年史（1997—2007)》；发表多篇相关文章，如：《一国两制在港澳的成功实践》①、《国史编撰中的港澳台问题》、《国史研究的开创性尝试》②、《“一国两制”是中国共产党对民族复兴的重大贡献》③、《香港回归前的外交斗争》、《澳门回归——中葡关于澳门回归问题的外交博弈》④、《香港回归前的历史记忆》⑤ 等。孙翠萍助理研究员发表《人大第二次释法与香港政改问题的发展》⑥、《“一国两制”下澳门特区的政治发展（1999—2009)》⑦ 等文章（均被《人大复印资料台港澳研究》全文转载）。

① 《中华人民共和国史长编》，天津人民出版社 2010 年版，第六卷。

② 《教学与研究》2010 年第 5 期。

③ 《当代中国史研究》2011 年第 4 期。

④ 《党史文汇》2010 年第 11 期。

⑤ 《中华魂》，2012 年 7 月下半月。

⑥ 《党史研究与教学》2011 年第 6 期。

⑦ 《广州社会主义学院学报》2012 年第 4 期。

四　学科发展前景

（一）发展方向

“一国两制”史学科是当代中国史研究的重要组成部分。该学科自身所具备史学特质与现实性指向，使其必将成为当代中国研究所智库建设的亮点。党的十八大就“丰富‘一国两制’实践和推进祖国统一”提出“全面准确贯彻‘一国两制’、‘港人治港’、‘澳人治澳’、高度自治的方针”，要求“把坚持一国原则和尊重两制差异、维护中央权力和保障特别行政区高度自治权、发挥祖国内地坚强后盾作用和提高港澳自身竞争力有机结合起来，任何时候都不能偏废”。这些重要思想为推进“一国两制”史研究提供了方向。“一国两制”史作为中华人民共和国史范畴内的一个新兴学科，涉及国史中的内政、外交、政治、经济、文化、社会各个领域，具有明显的跨学科、跨专业的特点。“一国两制”史研究将把现有对港澳研究和台湾研究整合起来，使之成为国史研究的一个重要组成部分。“一国两制”史学科研究改变了“一国一制”的传统国史观，应体现国史理论与方法的创新。

（二）发展规划

一是加强人才队伍建设。当代所一向高度重视“一国两制”史学科的发展。为实现当代所“三步走”发展战略，“一国两制”史学科的人才队伍的建设一直是所、室工作的重要内容。目前，外交史与港澳台史研究室编制 10 人，在职人员 8 人，有 2 人专门从事“一国两制”史的研究工作。为了本学科的发展，进一步搞好“一国两制”史的研究工作，还需要培养年轻同志。

二是重视档案资料收集。当代所各门学科都注重史料的收集，“一国两制”史研究也不例外。“一国两制”史学科档案资料收集工作是我所档案资料建设工程的重要组成部分，这对于“一国两制”史学科发展具有决定性的意义。

三是积极发挥智库作用。“一国两制”史学科自身具有历史学的特点，同时又具备与国家统一大业、与国家战略发展融为一体的特质。因此，“一国两制”史学科的发展既要有历史学的视野和广度，又要具有鲜明的现实责任意识。要发挥本学科所具备的优势，经世致用，起到为中央和国家在涉港澳台问题上建言献策的作用。

四是完成所重点课题的研究工作。在国史范围内研究“一国两制”史是当代所的重点工作之一。2013 年度，《中华人民共和国“一国两制”史》作为当代所的重点课题已经正式启动。按照我所的工作规划，2013—2014 年度，我们将完成《中华人民共和国“一国两制”史》的撰写工作。

（当代中国研究所　黄庆　孙翠萍）

中华人民共和国史理论与方法学科前沿研究报告（2010—2012）

中华人民共和国史研究的理论与方法研究，以中华人民共和国通史性研究为基础，并与中华人民共和国政治史、经济史、文化史、社会史和外交史等专门史研究相联系，是中华人民共和国史研究中关于国史理论与学科建设和发展的研究领域。三年来，中华人民共和国史研究的理论与方法研究，在学术理论界纪念中华人民共和国成立60周年和中国共产党成立90周年研究成果的基础上，并在马克思主义理论学科建设与理论研究工作和中华人民共和国史学科创新工作的推动下，取得积极进展。但总体而言，中华人民共和国史研究的理论与方法研究，仍然相对滞后于国史研究的实践，与国史学科建设的实际需要也不甚适应，亟待在已有研究基础上进一步加强和创新研究。

一　学科发展概况

改革开放以来，中华人民共和国史研究正式兴起，学科建设不断推进，理论与方法研究逐步形成和发展。历史地看，中华人民共和国史研究的理论与方法在国史研究中的学术地位，至20世纪末尚不突出，21世纪以来则日渐凸显，研究成果由少到多，学科建设由弱到强。

党的十一届六中全会通过的《关于建国以来党的若干历史问题的决议》，以及党和国家主要领导人关于中华人民共和国史的论述，为中华人民共和国史研究奠定重要指导思想，指明正确的政治方向和学术理论导向。学术理论界围绕什么是中华人民共和国史，怎样认识、研究和编纂中华人民共和国史等问题，初步回答了中华人民共和国史的研究对象、定义与分期，主题与主线，主流与本质，探讨了中华人民共和国史与中国现代史、中共党史的关系，以及中华人民共和国史研究的社会功能等基本问题；比较深入地推进了关于中华人民共和国史中若干重大理论问题的研究，如中华人民共和国由新民主主义向社会主义社会提前过渡的问题、改革开放前后两个历史时期的关系问题、中共十一届三中全会伟大历史转折和改革开放的必然性问题、计划经济的历史地位和作用问题等。

改革开放以来，从事中华人民共和国史研究理论与方法的研究队伍逐渐形成，既有集中在当代中国研究所和高等院校的专门机构及人才，又有分布在中华人民共和国史专门史研究领域和相关学科的理论研究工作者。2010 年 7 月，当代中国研究所成立了理论研究室，中华人民共和国史研究的理论与方法研究从此有了专门机构和专业团队。然而，就目前而言，这支队伍的规模还比较小，研究力量也比较薄弱，与中华人民共和国史研究的理论与方法在国史研究中学科地位很不相称，也与国史研究的实际需要很不相适应。

从整体上看，中华人民共和国史研究的理论与方法研究相对滞后于中华人民共和国史研究的整体发展和学科建设的实际需要。其主要表现是：1. 中华人民共和国史研究的理论与方法研究目前仍处于起步阶段，缺乏系统性、完整性和创新性，研究的广度、深度、程度和力度都有待加强；2. 学科特点不甚显著；3. 应对唯心史观的干扰和回应国史问题上错误言论的能力还相当薄弱。繁荣发展国史研究，迫切需要在总结国史研究已有成果的基础上，按照学科建设的一般规律和国史学科理论研究的特殊性，进一步规范学科理论与方法，并使之系统化和不断创新，以尽快地建立起比较成熟的国史学科理论与方法论体系，逐步提高国史研究的规范化、系统化和科学化水平。

二　学科前沿动态

2010 年，中共党史研究作为中华人民共和国史研究的姊妹学科，迎来全国党史工作会议的召开和《关于加强和改进新形势下党史工作的意见》的颁布。《意见》对党的历史的定义和性质、党史研究的重要地位和作用、党史研究的理论方向和任务等重要问题，做出了深刻阐述和明确规定，对中华人民共和国史研究具有重要的理论指导意义。2011 年是中国共产党成立 90 周年，胡锦涛同志在纪念大会上发表重要讲话，提出了“三件大事论”，即 90 年来，中国共产党团结带领人民完成和推进了三件大事：一是完成新民主主义革命，实现了民族独立、人民解放；二是完成社会主义革命，确立了社会主义基本制度；三是进行改革开放新的伟大革命，开创、坚持、发展了中国特色社会主义。这三件大事，从根本上改变了中国人民和中华民族的前途命运，不可逆转地开启了中华民族不断发展壮大、走向伟大复兴的历史进程。2012 年 11 月，中国共产党第十八次全国代表大会召开。十八大报告回顾和总结十七大以来的五年和十六大以来的十年，把科学发展观确立为党必须长期坚持的指导思想，并对中国特色社会主义道路、理论体系、制度和实践，以及改革开放前后两个历史时期的关系等重大问题，作了深刻论述。

三年来，学术理论界在中华人民共和国史研究的理论与方法方面取得积极进展。

1. 关于中华人民共和国史研究的指导思想。近年来，历史虚无主义思潮常常打着马克思主义的旗号，在一系列重大历史问题上散布各种似是而非的奇谈怪论。对此，有学者详细梳理了历史虚无主义的主要内容：（1）“告别革命”与“只要改良”，认为中国近代从辛亥革命开始，就不应该采取革命的方式进行。（2）主张利用现代化史观重写历史，用现代化史观代替革命史观。（3）泛化人性论史观，认为历史唯物主义的历史叙述方式不够客观，不是价值中立。（4）把历史研究建立在假设的基础上，实际上是要否定革命成果社会主义。①针对历史虚无主义思潮的泛起，有学者呼吁划清马克思主义唯物史观与历史虚无主义之间的界限，旗帜鲜明地反对历史虚无主义思潮。② 有学者集中批判了中华人民共和国史研究中所存在的否定新中国所取得的巨大历史成就的虚无主义思潮，指出改革开放前 30 年的历史功绩不容被抹杀。③ 还有学者专门批驳了历史虚无主义否定革命及其重大意义的言论，指出其实质就是要抽掉中国走社会主义道路的历史依据，使中国走西方的资本主义道路。若任其弥漫，必将严重消解社会主

① 陆月娟：《在〈中国近现代史纲要〉教学中坚持唯物史观、批判历史虚无主义》，《学理论》2011 年第 27 期。

② 梁柱：《谈谈划清两种历史观的问题》，《思想理论教育导刊》2010 年第 8 期。

③ 穆艳杰：《当代历史虚无主义批判》，《政治学研究》2011 年第 5 期。

义核心价值体系，导致整个社会的思想混乱和价值失序。为此，必须加快推进社会主义核心价值体系的大众化，增强广大人民群众对历史虚无主义的免疫能力和对中国特色社会主义道路的信念信心，有效抵制历史虚无主义的严重危害。①

2. 关于中华人民共和国史的主流与本质。自改革开放以来，以学术面貌歪曲、否定中华人民共和国史，从而诋毁党的领导地位的言论就不曾停止过，也对社会造成了一定的思想混乱、误导等严重影响。同时，坚持以唯物史观为指导，实事求是地研究中华人民共和国历史的科学研究，一直是我国马克思主义史学的优良传统和学科优势，并在2011年纪念中国共产党成立90周年中得到进一步发扬。其中代表性的观点有：（1）沙健孙从中国共产党通史的角度认为，中国共产党的历史，是党领导全国各族人民进行新民主主义革命、社会主义改造、社会主义建设与改革，经过不懈奋斗取得伟大胜利的历史；是党把马克思主义与中国实际逐步结合起来，马克思主义中国化的理论成果即毛泽东思想和中国特色社会主义理论体系形成、发展的历史；是党推进和加强自身建设，保持和发展党的先进性，经受住各种风险和挑战的考验、不断发展壮大的历史。这是党的历史的主流和本质。为争取民族独立、人民解放和实现国家富强、人民幸福这两项根本性的历史任务而奋斗，这是贯穿整个中国共产党历史的主题和主线。②（2）张启华结合《中国共产党历史（1949—1978)》第二卷上册的编纂和出版，就如何把握1949年新中国成立到1978年党的十一届三中全会召开这段历史，认为探索是这段历史的主题和主线；探索中取得的巨大历史成就是这段历史的主流和本质；这段历史为以后的社会主义建设打下了制度的和物质的基础，提供了许多正反两方面经验。③

如何评价中华人民共和国的历史，一个重要方面或焦点问题在于如何认识党史和国史上的曲折与错误。沙健孙就这一问题认为：第一，认清在党的历史上，错误和挫折只是局部的、暂时的现象，并不是它的本质和主流、主题和主线。即使对犯严重错误的时期，也要进行具体分析，不能简

① 周玉：《社会主义道路：中国近现代革命的必然逻辑——对历史虚无主义几个观点的回应》，《西南民族大学学报》（人文社会科学版）2011年第8期。

② 沙健孙：《切实把握中国共产党历史的主题和主线、主流和本质》，《思想理论教育导刊》2011年第6期。

③ 张启华：《在探索中前进的中国共产党》，《红旗文稿》2011年第12期。

单地否定一切。第二，要用历史的观点、实践的观点看待党的历史上曾经出现过的错误和曲折，着重于分析当时的环境，当时错误的内容，当时错误的社会根源、历史根源和思想根源，研究防止此类错误重犯的办法，而不应单纯地着眼于个人的功过。第三，要反映党依靠广大党员、干部和人民群众发现错误、制止错误、纠正错误的历史过程，帮助人们认识：中国共产党作为一个不谋私利、全心全意为人民服务的工人阶级政党，不但善于从成功的经验中学习，而且善于从自己的错误中学习，具有很强的自我净化和自我发展的能力。① 张启华也就如何看待党在 1949—1978 年间发生的错误进行了深入分析，认为 29 年间，党在工作上、指导思想上出现了一些错误，主要是经济建设急于求成，所有制结构急于求纯，阶级斗争扩大化。这些错误带来的损失巨大，但都是在探索中发生的。同一时期毛泽东的失误，也是探索中的失误，因为毛泽东的局限很多是历史的局限，对此要有公正的态度。中国共产党历来在探索中前进，在纠正失误中前进，是党的重要执政能力之一。党是一个伟大、光荣、正确的党，不是说永远不犯错误，而是说犯了错误能自己检讨、自己纠正。党就是在纠正失误、总结经验教训中发展壮大的，也是在这个过程中不断深化对社会主义革命和建设规律的认识，不断深化对马克思主义精神实质的理解，从而在马克思主义中国化的道路上实现了一次又一次的飞跃。②

这些对中国共产党的历史和中华人民共和国的历史一分为二的辩证分析和论述，对于准确认识中国共产党 90 年来的历程和中华人民共和国的历史，正确评价中国共产党的历史贡献和地位，把握中国共产党的历史方位、性质、宗旨与历史使命，起到了正本清源、去伪存真、资政育人的作用。

3. 关于“新民主主义社会理论”问题。自于光远在 20 世纪 80 年代末提出新民主主义理论包括“革命论”和“社会论”起，“新民主主义社会理论”问题就引起学术界的广泛关注，争论的焦点在于“新民主主义社会理论”是否存在、“新民主主义社会”的性质、新中国成立后是否存在“新民主主义社会”，以及过渡时期总路线与“新民主主义社会理论”的

---

① 沙健孙：《切实把握中国共产党历史的主题和主线、主流和本质》，《思想理论教育导刊》2011 年第 6 期。

② 张启华：《在探索中前进的中国共产党》，《红旗文稿》2011 年第 12 期。

关系、过渡时期总路线的提出是否标志着中国共产党放弃“新民主主义社会理论”、“新民主主义社会”与社会主义初级阶段的关系等。“新民主主义社会理论”问题研究在2010—2012年间继续活跃并有所深化。

关于“新民主主义社会理论”是否存在的问题，近些年来争论不止。李捷在《中国共产党与两大历史任务》一文中指出，在中国革命时期，中国共产党把民族独立、人民解放与国家繁荣富强、人民共同富裕这两大历史任务在新民主主义和社会主义的结合点上有机地统一起来。真正从理论上和实践上保证了上述构想实现的，正是新民主主义革命和新民主主义社会理论。①

关于“新民主主义社会理论”的内涵，柳建辉梳理了“新民主主义社会理论”的发展进程，阐述了新民主主义经济纲领、政治纲领和文化纲领的发展变化，新民主主义社会的过渡性质。② 陈雪薇概括了“新民主主义社会理论”的主要内容，包括基本国情、主要矛盾、党的工作重点和主要任务、新民主主义经济结构、政权性质，认为这些基本思想预示了我国实现转变的过程，既是革命性质的转变过程，又是社会性质的转变过程。同时，这种转变又是同我国推进由农业国向工业国的转变目标紧密相联的。发展生产是转变过程中的中心环节。③ 陈述把“新民主主义社会理论”概括为：新民主主义社会在中国历史发展过程中的定位，建立新民主主义社会是中国民主革命的目标，关于新民主主义社会的性质、经济基础、主要矛盾和任务、“过渡性质”，新民主主义社会中的社会主义因素，新民主主义社会的发展前途不是资本主义，而是社会主义和共产主义。④

就新民主主义社会理论是基于统一战线的策略思想，还是准备实施的战略思想，陈述指出，中国共产党是把新民主主义社会理论作为战略思想来提出和阐述的，在具体实践的过程中，又根据实际情况进行调整和改变的，实际结果是它成为一种策略思想。⑤ 刘晶芳认为，从把握社会发展规律上说，新民主主义社会具有战略意义。即使在统一战线方面，也具有战略意义。不能因为毛泽东“放弃”新民主主义社会理论，就意味着它是不

① 李捷：《中国共产党与两大历史任务》，《中共党史研究》2011年第7期。

② 柳建辉：《新民主主义社会理论的几个问题》，《党史研究与教学》2011年第2期。

③ 陈雪薇：《新民主主义社会理论的基本内容》，《党史研究与教学》2011年第2期。

④ 陈述：《对“新民主主义社会”的几点认识》，《党史研究与教学》2011年第2期。

⑤ 同上。

准备实施的统战策略。①

关于新中国头三年的社会性质问题，以及“新民主主义社会”是一个完整的社会形态还是过渡性质的社会，这是研究“新民主主义社会理论”问题的重要内容和历史依据。对此，学术界存有不同看法。罗平汉认为，中国共产党贯彻和实施了革命时期对新民主主义社会的构想，主要体现在：(1)《共同纲领》对国体和政权的性质的规定。(2) 中央人民政府的组成人员结构，主席、副主席共7人，其中3人为非中共人士；中央政府委员56人，其中27人为非中共人士；政务院总理、副总理共4人，其中2人为非中共人士；政府各部、委、署主官中，非中共人士超过1/3。此外，最高人民法院院长也由非中共人士担任。中央人民政府的这种格局，一直维持到1954年一届全国人大的召开。(3)《共同纲领》对经济结构的规定。新中国成立的头三年，新民主主义社会的性质是明显的，兑现了建立新民主主义共和国的承诺。② 刘晶芳认为，毛泽东主张在民主革命胜利后建立新民主主义制度。新民主主义社会并不是一个短暂的过渡时期，而是一个长期的、稳定的、基本的社会形态或社会制度。③

关于向社会主义过渡的时间，过渡时期总路线的学习和宣传提纲提出：从中华人民共和国的成立到社会主义改造基本完成，这是一个过渡时期。一些学者认为，过渡的时间开始于1952年9月毛泽东提出向社会主义过渡的问题；前三年是完成民主革命遗留的任务，并且实行的是新民主主义社会。④

4. 关于改革开放前后两个历史时期的关系。2010年，朱佳木发表了《正确认识新中国两个30年的关系》一文，指出新中国改革开放前后的历史是一个光辉的整体。改革开放前的革命和建设为后30年的改革开放提供了根本的政治前提、基本的物质技术基础、一定的思想保证、正反两方面的经验和必要的国际环境。改革开放后在党的指导思想、政治体制、经济体制、意识形态工作、国际战略等方面实现对改革开放前的超越。这些使两个时期出现了明显区别，但这种区别并不是社会基本制度的区别、国

① 刘晶芳：《毛泽东放弃新民主主义社会论的理论原因》，《科学社会主义》2011年第3期。

② 罗平汉：《正确评价社会主义革命和建设历史》，《红旗文稿》2011年第14期。

③ 刘晶芳：《毛泽东放弃新民主主义社会论的理论原因》，《科学社会主义》2011年第3期。

④ 鲁振祥、杨茂荣、王朝祥：《关于过渡时期总路线的提出问题文献发表情况简述》，《党的文献》2003年第4期。

家领导力量的区别、意识形态指导思想的区别，更不是执政党的宗旨和远大奋斗目标的区别。中国在改革开放前后都坚持四项基本原则、坚持社会主义的基本经济制度和政治制度、坚持对外方针总政策，执政党的宗旨和远大目标也都是为人民服务和共产主义。这说明，改革开放后并没有离开社会主义的轨道，而是社会主义的自我完善和发展。这一观点在学术界引起了很大共鸣。2011 年，张浒发表《从〈论十大关系〉和“科学发展观”的比较中看新中国两个三十年》一文，指出毛泽东的《论十大关系》和科学发展观之间既保持了前后接续、高度统一，又体现了后者对前者的创新发展和深化丰富，二者既一脉相承，又与时俱进。这也正是新中国前后两个三十年关系的缩影和写照。前三十年为后三十年奠定了根本政治前提和制度基础，提供了直接理论来源和历史经验的借鉴；后三十年是对前三十年的继承、丰富和发展。两个三十年的探索和努力，为我们提供了弥足珍贵的经验。梅宏在 2012 年第 4 期《中国井冈山干部学院学报》发表《如何正确评价改革开放前后的两个 30 年》，认为新中国的两个 30 年都是中国特色社会主义的一部分，各自呈现不同的特点，它们之间是探索、铺垫与继承、发展的关系。

5. 关于中国道路、中国模式等话语。从“北京共识”到“中国模式”，再到“中国道路”，中国特色社会主义道路研究不断深入，代表性研究成果主要有中共中央文献研究室的《中国道路十章》①，冷溶的《深刻理解“中国道路”的本质和内涵》②，李慎明等的《“中国道路”的六个内涵》③，周天勇的《中国梦与中国道路》④，以及《人民日报》评论员文章《在深化改革开放中走好“中国道路”》⑤ 等。关于“中国道路”的内涵、性质、特征，有一种观点需要注意，即甘阳认为，中国文明是与西方文明整体性不同的道路问题，是儒家社会主义。⑥ 与之截然不同的是，李慎明等则认为，“中国道路”包含中国特色社会主义经济发展道路、政治发展道路、文化发展道路、改革创新之路、参与全球化的开放之路、建设和谐

① 《党的文献》2011 年第 1—5 期。

② 《党的文献》2011 年第 6 期。

③ 《科学咨询（科技·管理）》2011 年第 2 期。

④ 周天勇：《中国梦与中国道路》，社会科学文献出版社 2011 年版。

⑤ 《人民日报》2011 年 7 月 8 日。

⑥ 甘阳：《中国道路还是中国模式》，《文化纵横》2011 年第 5 期。

世界之路等六个方面的主要内容。[①] 中共中央文献研究室在有关文章中认为，中国道路的实质，就是中国革命、建设、改革、发展之路，是中华民族走向伟大复兴之路，是马克思主义中国化之路，是中国特色社会主义之路。[②] 韩毓海认为，中国道路发展超越了中国传统文明，发展了马克思主义，超越西方发展道路。[③] 关于“中国道路”形成与发展的历史基础，存有不同认识。一说特指改革开放以来的中国社会主义建设历程，一说指新中国成立以来的革命和建设，一说指 90 多年来中国共产党领导中国革命、建设和改革的历史，一说追溯到鸦片战争以后中国为实现国家独立和解放、人民自由和富裕的道路，一说是指中华民族五千年文明发展的历程。

自“中国模式”讨论伊始，国内外一些学者试图运用西方经济理论解释中国发展模式。有些西方学者把“中国道路”成功的原因归结为“国家资本主义”、“国家干预经济的能力”。有学者认为，不是社会主义拯救了中国，恰恰是资本主义市场经济拯救了中国。美国霍普金斯大学的 J. 安德斯（Joel Andreas）说，中国并没有开创一个非资本主义市场体系的发展道路，作为推行改革的结果，20 世纪 80 年代存在的非资本主义市场经济已经转变成资本主义经济。[④] 然而，主流观点则认为，运用西方话语体系不能全面准确地研究“中国模式”，应该运用马克思主义的立场、观点和方法，构建中国自己的话语体系。[⑤] 如薛俊强提出，研究“中国道路”，应该基于马克思、恩格斯对未来社会思考的理论精神实质和价值立场，与对中国特色社会主义理论体系的构建和确立统一起来；与中国当前社会主义现代化发展的实际和世界各国社会发展道路的成败得失经验紧密结合起来，走出一条中国特色的社会主义发展道路。[⑥] 高惠珠、王岩认为，“中国道路”开始时就包含对资本主义的批判和对共产主义社会的构想，坚持社会

---

① 李慎明、何成、宋维强：《“中国道路”的六个内涵》，《科学咨询（科技·管理）》2011 年第 2 期。

② 中央文献研究室《中国道路》课题组：《中国道路十章——马克思主义中国化经典文献回眸（一、二）》，《党的文献》2011 年第 1 期。

③ 韩毓海：《百年中国道路与中国共产党——写在中国共产党成立九十周年之际》，《国外理论动态》2011 年第 7 期。

④ 上海市哲学社会科学规划办公室、上海社会科学院信息研究所编《国外社会科学前沿》（第 14 辑），上海人民出版社 2011 年版，第 588 页。

⑤ 肖贵清：《论中国模式研究的马克思主义话语体系》，《南京大学学报》2011 年第 1 期。

⑥ 薛俊强：《社会主义、市场和“中国道路”——基于马克思恩格斯关于“社会主义”与“市场”关系问题的相关论述》，《武汉大学学报》2012 年第 1 期。

主义是中国与其他“现代性”后发国家最为不同之处。[①] 杨煌认为，“中国模式”必须坚持社会主义的原则、方向和价值观。[②] 程恩富指出，“中国模式”的经济、政治、文化和社会的体制内涵指的是社会主义本质在当代中国的实现形式，研究“中国模式”必须与中国特色社会主义道路紧密地结合。[③] 陈家兴认为，中国道路凝聚中国成功的“中国制度”和“中国价值”。杨明、张伟认为，社会主义核心价值体系体现了中国道路的本质要求，是中国道路沿着正确方向发展的保证。[④] 因此，研究“中国道路”，应改变用西方的话语体系，而用中国话语体系，形成具有中国作风、中国风格、中国气派的解释框架，为“中国道路”提供理论支持。

关于“中国道路”的时代价值和世界意义，多数学者认为，“中国道路”开辟了一条不同于苏联模式，不同于欧美模式、瑞典模式等西方模式，丰富了多样化的世界文明发展路径。姜晶花认为，“中国道路”没有以西方现代性为标杆，没有盲目追求与西方的同质化，证实了现代化模式多元共存的客观性与合理性。[⑤] 张胜军认为，“中国道路”突破了“华盛顿共识”和新自由主义模式，打破了西方模式的普适性，丰富了世界发展的多元化道路。[⑥] 赵凌云、赵红星认为，“中国模式热”突破了“西方中心论”，彰显了复线历史模式，具有丰富的人类思想史的意义。[⑦] 辛鸣则指出，“中国道路”不仅属于中国也属于世界，它丰富了世界发展模式，促进了经济全球化时代人类文明的多样性发展。[⑧] 伍杰认为，“中国道路”的发展，使世界潮流正在发生决定性逆转，表明以西方为主体和中心的世界观和价值观并不普世。[⑨] 学术界普遍认为，既然西方模式不是唯一的选择，那么，中国道路对于其他国家来说，具有借鉴意义；中国革命、建设和改

---

① 高惠珠、王岩：《马克思的现代性思想和“中国道路”的创新性》，《江西社会科学》2011 年第 7 期。

② 杨煌：《中国模式与社会主义》，《红旗文稿》2011 年第 18 期。

③ 程恩富等：《关于中国模式研究的若干难点问题探析》，《河北经贸大学学报》2011 年第 1 期。

④ 杨明、张伟：《中国道路与社会主义核心价值体系》，《道德与文明》2011 年第 3 期。

⑤ 姜晶花：《中国道路与现代化的多元性选择》，《江苏社会科学》2012 年第 1 期。

⑥ 张胜军：《国际视野下的“中国道路”》，《人民论坛·学术前沿》2011 年 1 月中。

⑦ 赵凌云、赵红星：《论“中国模式”的人类思想史意义》，《湖北社会科学》2011 年第 5 期。

⑧ 辛鸣：《道理：中国道路中国说》，中共中央党校出版社 2011 年版。

⑨ 伍杰：《中国共产党与中国道路》，《红旗文稿》2011 年第 18 期。

革都是独特的，不能用可否复制这样的尺度来检验。郭定平认为，中国现代化道路对全球多元现代性发展的新贡献，主要有实事求是的基本理念、渐进积累的改革路径、博采众长的开放机制、协调平衡的发展战略、和谐社会的发展目标等。冷溶指出，“中国道路”是一条可以为世界上那些探索现代化之路的国家提供有益经验和启示的独特道路。①②“中国道路”的成功为世界文明发展进步做出了历史贡献。

三　学科建设状况

（一）学科的主要代表人物及代表作

经过多年的发展，中华人民共和国史研究的理论与方法学科涌现了很多优秀的研究著作和突出的代表人物，主要如下：

1. 陈奎元及其代表作。陈奎元长期担任中国社会科学院院长、中华人民共和国国史学会会长。在中华人民共和国国史研究中，他提出要全面了解和认识中华人民共和国的开国史、建国史、改革开放史。（1）研究当代中国历史，要追溯鸦片战争以来中国沦为半殖民地半封建社会的历史；（2）研究世界资本主义进入帝国主义阶段，俄国发生十月社会主义革命以后世界形势的变化；（3）研究中国百年来学习、效法西方资本主义一再失败、始终不得成功的国内外原因；（4）研究中国共产党选择新民主主义理论和路线，领导中国革命取得成功的历史必然性；（5）研究新中国成立、确立人民当家作主、实行人民民主专政的国家政权的历史根据；（6）研究中国选择社会主义制度的必然性；（7）研究实行改革开放、建设中国特色社会主义的伟大历史进程。其代表作有：《加强国史研究，推进民族复兴》（《求是》2010 年第 22 期）、《信仰马克思主义，做坚定的马克思主义者》（2011 年第 4 期）、《繁荣发展哲学社会科学》（《人民日报》2011 年 11 月 1 日）等。

2. 朱佳木及其代表作。朱佳木长期从事国史、党史研究，担任中国社会科学院史学理论研究中心理事长、马克思主义史学理论论坛主席。他在国史理论和国史研究的理论与方法领域，就国史的主题与主线、主流与本

① 冷溶：《深刻理解“中国道路”的本质和内涵》，《党的文献》2011 年第 6 期。

② 郭定平：《多元现代性视野下的中国现代化道路分析》，《学习与实践》2011 年第 6 期。

质，国史的分期，国史研究对象、指导思想，国史研究与中共党史研究的关系等问题，发表了一系列研究成果。他提出了关于中华人民共和国历史经验研究的四个方法的内涵与特点，即研究中华人民共和国史经验，既要研究新中国不同时期的经验，又要把各个历史时期的经验联系起来研究；既要研究新中国各个领域的历史经验，又要从宏观层面对历史经验作综合的研究；既要研究新中国历史中的成功经验，又要注意对失误和挫折的经验进行研究；既要用今天的眼光研究新中国历史的经验，又要把经验放到特定的历史条件下研究。① 代表作主要有：《关于中国当代史的概念问题》(《团结报》2010 年 1 月 7 日)、《对中国当代史定义、分期、主线问题的再思考》(《当代中国史研究》2010 年第 1 期)、《谈谈国史学科与党史学科的关系》(《中共党史研究》2010 年第 7 期)、《正确认识新中国两个 30 年的关系》(《前线》2010 年第 3 期)、《研究中华人民共和国史经验应当注意的几个方法问题》(《中国社会科学》2011 年第 3 期）等。

3. 李捷及其代表作。李捷长期从事国史、党史和毛泽东生平与思想研究，是中央马克思主义理论研究和建设工程重点教材《中国近现代史纲要》主编之一和《马克思恩格斯列宁历史理论经典著作导读》首席专家之一。他对中国特色社会主义理论体系中的史学思想做了概括，主要是：(1）坚持判断社会历史是非得失、兴衰成败的客观标准，把握人类社会历史发展的客观规律；(2）坚持“以人为本”理念，充分体现和尊重人民群众在创造人类历史、推动文明进步中的主体地位；(3）以马克思主义为指导，以两个历史决议为依据，科学总结历史经验，正确对待历史和历史人物；(4）科学阐明中国近现代历史发展的基本线索、基本历程，深刻总结中国近代以来历史发展的基本经验、基本规律，提高对“三个选择”必然性的认识；(5）全面认识祖国传统历史文化，取其精华，去其糟粕，弘扬中华优秀文化，增强中华文化国际影响力。其代表作有：《国史静思录》(中国社科出版社 2010 年版)、《中国特色社会主义理论体系与当代中国史学理论的新发展》(《贵州师范大学学报》(社会科学版）2011 年第 6 期）等。

① 朱佳木：《研究中华人民共和国史经验应当注意的几个方法问题》，《中国社会科学》2011 年第 4 期。

（二）当代中国研究所理论与方法学科建设情况

当代中国研究所专事研究、编纂中华人民共和国史，对国史研究的理论与方法研究高度重视，并从学科体系、组织机构、人才队伍和课题研究等方面予以大力推进。2010 年 7 月，专门从事国史理论和国史研究的理论与方法研究的理论研究室成立。目前，该室作为中国社会科学院马克思主义史学理论类别研究室，自 2010 年以来积极参加马克思主义理论学科建设与理论研究工作，承办院马克思主义史学理论类别研究室建设年会，编辑出版《当代中国史研究》论丛（目前已编辑出版 2011、2012 年卷）；作为秘书处，负责中国社会科学院马克思主义史学理论论坛工作，编辑出版论坛会议论文集等。

该室学科带头人宋月红近年来在国史研究的理论与方法方面取得一定研究成果，主要有：《马克思主义唯物史观在中国的传播与国史研究的初兴》（原载《毛泽东思想研究》2011 年第 4 期，入选王伟光等主编的《中国社会科学院马克思主义研究文集》第 2 辑 · 2011，中国社会科学出版社 2012 年版）、《邓小平谈学习中国历史和中共党史》（《百年潮》2010 年第 1 期）、《两个〈历史决议〉的认识论基础》（《当代中国史研究》2011 年第 4 期）、《中共党史学科理论的建设和研究》（《北京党史》2012 年第 1 期）等。该室其他研究人员关于国史研究的理论与方法的研究成果，主要有：《心理史学方法在中国当代史研究中的应用》（王爱云，《党史研究与教学》2012 年第 6 期）、《20 年来国外学术界关于邓小平“南方谈话”的研究》（王爱云，《当代中国史研究》2012 年第 3 期）、《唯物史观与新中国马克思主义史学的理论发展》（曹守亮，《史学理论研究》2010 年第 1 期）等。此外，该室承担的中国社科院重点课题“中国当代史料整理与研究”（宋月红主持）自 2012 年批准立项以来取得了一系列阶段性研究成果。

理论研究室通过承办学术会议，就有关国史理论和国史研究的理论与方法问题，与学术理论界进行了交流与合作，扩大了学术影响。2012 年 5 月，该室承办的马克思主义史学理论类别研究室建设第一届年会召开，主题为“马克思主义史学理论研究和建设：述评与前瞻”。会议就马克思主义史学理论研究述评和前沿问题、学科建设和研究室建设经验等进行了研讨和交流。8 月，该室与《当代中国史研究》杂志社、中共内蒙古自治区委党史研究室、内蒙古师范大学历史文化学院联合主办了主题为“新中国成立以来民族自治地方建设和发展的历史经验”学术研讨会。会议回顾和总结新中国成立以来民族自治地方建设和发展的历史进程与经验，深入探讨在新的历史条件下坚持和完善民族区域自治制度、加快少数民族和民族地区经济社会发展等理论与实践问题，推动并拓展了新中国历史经验研究。年底，该室承办中华人民共和国国史学会学习党的十八大精神理论座谈会，与会专家学者指出，深入发展国史研究，就要把研究重点放到深化对中国特色社会主义道路、理论体系和制度的发生发展历史的研究上。

四　学科发展前景

中华人民共和国史学科理论研究，包括国史理论研究和国史研究的理论与方法研究。国史理论研究，首先是加强对中国特色社会主义理论体系的研究。党的十八大报告中用很大篇幅回顾中国特色社会主义由奠基到开创到发展的历史过程，以此说明中国特色社会主义的道路、理论体系和制度是党和人民通过90年奋斗取得的三个最重要的成就。共和国历史的本质，是中国特色社会主义道路由探索到开创的历史，是中国特色社会主义理论体系由开源到形成的历史，是中国特色社会主义制度由奠基到完善的历史；共和国历史不同时期的关系，是继承与被继承的关系，是发展与被发展的关系。我们不仅要用这些精神指导国史研究，而且要用国史研究阐述和宣传这些精神。

加强国史研究的理论与方法研究，需要注重国史通史性研究。国史通史性研究是国史研究的理论与方法研究的重要基础与来源。在一定意义上说，国史研究的理论与方法研究，就是在唯物史观指导下，把国史通史性研究与国史史学理论研究相结合的一项历史研究工作。① 同时，中华人民共和国史研究的理论与方法研究，与政治史、经济史、文化史、社会史和外交史等专门史研究相联系，又在研究范围、角度和方法上有所区别，是国史研究中相对独立的学科分支领域。

加强国史研究的理论与方法研究，还需要有针对性回应国史问题上的学术思潮。改革开放特别是最近这些年来，随着思想文化和价值观的多元

① 宋月红：《中共党史学科理论的建设和研究》，《北京党史》2012 年第1期。

化，用唯心史观的观点和历史虚无主义的态度叙述、解释和评价国史，在学术界和网络媒体上非常活跃，全盘否定中国共产党领导中国人民所进行的社会主义革命和建设的言论也时有所闻。例如，把新民主主义和社会主义革命的历史描绘为“血腥的历史”，把社会主义建设的历史写成一连串错误的集合，说什么新中国成立以来的历史是“血雨腥风”的历史，土改是“红色恐怖”，“反民主、反法治、反人道、反科学，是新中国历史倒退的第一步”，“抗美援朝不合法”，“镇压反革命运动错杀了成千上万的人，弄得全国从此鸦雀无声”，“‘肃反’和‘三反五反’制造了一大批冤假错案”，“三大改造是照搬苏联模式，破坏了生产力”，“统购统销是按照计划经济的原则实行的，对社会生活的影响超过了‘文化大革命’”，“计划经济造成了普遍贫穷”，“反右斗争是预谋，完全没有必要性”，“搞战备是错误估计形势，三线建设多此一举”，“发动‘文化大革命’是毛泽东出于个人恩怨”，等等。这些错误言论在一定程度上的存在乃至泛滥，严重干扰着人们对中华人民共和国史的正确认知，也影响到国史研究的健康发展。这不仅需要深入推进国史研究，而且需要加强国史研究的理论与方法的建设和研究。

2013—2014 年，当代中国研究所理论研究室将以创新项目“中华人民共和国史研究的理论与方法”为研究工作重心，以辩证唯物主义和历史唯物主义为理论基础，以党的基本理论为指导，继承和发扬中国史学特别是中国马克思主义史学的优良传统，积极借鉴有关学科的理论与方法，如中共党史研究、政治学、经济学、社会学、民族学和法律学等的理论和方法，有批判地吸收国外史学尤其是西方新史学的理论与方法，努力推进中华人民共和国史研究的理论与方法的学科建设和创新性发展。

（当代中国研究所　宋月红　王爱云　曹守亮）

国外社会科学情报与研究
（2010—2012）

“国外社会科学情报与研究”2009年被列入我院重点学科建设工程，为期五年。从2010—2012年的实施过程来看，总体上贯彻了这样的思路，即以跨学科研究、国际比较研究为进路，以论题领域为构成单位，以多种语言文本为文献资料来源，以国际性、信息性、前沿性、文献性为着眼点，多层面、多视角、多形式、多手段地跟踪和反映国外人文社会科学最新动态、学术思潮和前沿问题。尤其注重学科建设与情报工作的结合，强调具体情报产品的产出和科研过程中情报意识的强化。

“国外社会科学情报与研究”作为重点学科，其主要任务既包含理论探索和学科构建，更重要的是情报工作的实践，也就是说学科建设的重心应落实到具体的论题和情报点上。做好情报工作的必要条件一是树立正确的情报观，二是具备出色的情报搜集能力。树立正确的情报观首先要在概念上明确情报工作与情报学的区分，要强调问题意识和实践观点，同时辅以情报学的理论与方法的运用与探索。对国外社会科学学术动态的研究，我们特别关注了一些跨学科、跨领域的问题，着力提供有价值的学术情报，努力做到学术情报工作有内容、有立场、有视角、有分析、有判断。

在学科建设过程中，我们强调具备出色的情报搜集、译介、分析、编报等基本能力的培养。所谓基本能力主要强调人文社会科学的学科基础知识和外语能力。简单地说，就是打好一两门学科理论基础，了解一些主义、流派或理论，掌握若干概念和术语；外语能力则着重于阅读理解能力和译介能力。

本项目2010—2012年的进展情况总体来说是好的。主要表现为领导重视，全体成员积极配合，人员配置和年龄结构合理，研究切入点的选择妥当，编辑出版与研究相结合，团队研究与个人研究相结合，点与面相结合，以《国外社会科学》、《第欧根尼》等刊物为平台，以专著、文集、论文、综述、译文、编译及文摘等为形式对不同论题领域进行及时的跟踪与介绍，已经完成并刊发了一系列研究成果。4 年来，围绕学科建设，完成重点课题 5 项，出版专著 3 部 127 万字，论文 53 篇 60. 1 万字，研究报告 9 篇 11. 9 万字，译著 4 部 103. 8 万字，译文 64 篇 68. 1 万字。

进入 21 世纪以来，国外人文社会科学领域发生了较大变化。从联合国教科文组织的《2010 年世界社会科学报告——知识鸿沟》来看，社会科学一方面有了很大的增长，另一方面也遭遇到严重的承认危机。具体地讲，在 21 世纪的第一个 10 年，政策制定者、媒体以及公众对于社会科学专门知识一直保持着高需求。社会科学工作者具备了对社会结构和变化以及未来变化的起因进行鉴别、分析和解释所需要的知识和技能。当试图解决诸如贫困、气候变化以及食品危机这样的挑战时，社会科学知识便被寄予了很大的期望。

伴随社会科学的成功和增长而来的是批评。一些社会科学家被指责过于专门化，只开发理论模型和探讨学术话语。另一些社会科学家被指责过于关注当地问题，不够理论化，因而与全球脱节。最耐人寻味的例子是美国国会的一些议员自 2009 年以来一直抨击以“民主”为重要研究内容的政治学界，企图取消联邦政府对政治学研究的资助。这些紧张关系在社会科学家中间引发了多年的讨论，但是随着社会科学整个背景的近期变化却越发尖锐化。

同时，社会科学生产环境也发生了三个变化。首先是全球化，它导致某些公众关注和社会科学研究本身的平行国际化；第二是社会科学体制组织和社会组织的变化，如美国；第三是新信息技术在社会科学生产和传播中的作用的增强。

随着对社会科学重要性的认识的不断深化，社会科学面临着前所未有的巨大挑战，这就是知识鸿沟。知识鸿沟可划分为 8 个方面，即地域鸿沟、研究能力鸿沟、知识生产国际化的不均衡程度、学科之间的鸿沟、主流研究与另类进路之间的鸿沟、新的管理实践产生的竞争、学术界与社会之间、学术界与政策制定者之间有时是紧张的关系。这些鸿沟归结起来是研究能力的持久差别和知识碎化。它们在不同程度上削弱了社会科学应对全球挑战和分析影响人类社会的趋向的能力，因而也是社会科学界未来亟待解决的问题。

根据世界社会科学的这些变化，我们近两三年来重点关注以下若干领域，即国外马克思主义与世界社会主义动态研究、国际政治中的民主与民主化问题、对于国外智库的研究与跟踪、跨学科研究、人文科学的发展现状与未来趋向、文化研究、知识鸿沟问题、哲学战略，以及国际区域和俄罗斯问题研究，取得了一些研究成果，扩大了学术影响力。

一 国外马克思主义研究与社会主义研究

2008 年以来，国际金融危机引发了国内外学术界对马克思主义、资本主义的本质与前途、新兴国家的发展、左翼组织与社会主义运动等问题的广泛关注和讨论。虽然马克思主义——无论是新马克思主义、后马克思主义还是传统马克思主义——在西方世界从未成为主流话语，但是其影响力和渗透力是毋庸置疑的，尤其是金融危机以来，一些西方国家出现了《资本论》脱销的情况。马克思主义作为一种实践理论，直接影响到不同学科及不同领域的发展与研究，如关于国家、不公正、劳动过程、金融、货币、生态、民主、全球政治经济文化等方面的研究，其中关于奈格里的研究、阿格尔生态马克思主义研究、马克思主义希腊化研究等值得关注。不难看出，以马克思主义理论为基础进行理论创新和建构已经成为西方学界的一个明显趋势。

2012 年，我们以《国外社会科学》杂志为主办单位，以“资本主义危机与社会主义未来”为主题，举办了一次学术研讨会，并组织了一组专稿。其中，李慎明副院长在接受访谈中对当今世界格局及发展趋势进行了深度剖析，做出了“资本主义冬季之后是社会主义的春天”的乐观展望。姜辉、张树华、辛向阳等专家学者分别以“剧烈变动时代的社会主义”、“资本的贪婪与民主的虚伪”、“当代资本主义政治制度的危机分析”为题，从各自的研究领域对资本主义的制度弊病做了分析批判，指出了中国道路的优越性。特别是清理了传统理解中的一些误区，从概念上梳理了有关资本主义和社会主义认识中的一些基本问题，对资本主义的现状和社会主义的未来做了客观和审慎的评价。这组论文刊发后反响很好，有的资深老专家给予了相当高的评价。

2012 年上半年，面对境内外关于国企作用与私有化的争论，张树华研究员以俄罗斯经济私有化的教训为案例，深入具体地分析了俄罗斯经济私有化带来的恶果和值得引以为戒的教训，以铁的事实论证了中国特色社会主义道路的正确性。他指出，俄罗斯私有化更多地出自政治上动因的判断，俄罗斯私有化法律准备严重不足，大规模、突击式、闪电式地推进私有化等弊端造成了种种恶果。这些论述，给知识界和有关部门提供了有价值的参考，其研究成果以论文、综述等多种形式分别发表在期刊、报纸上，很受关注，有的被转载，有的得到中央领导的批示。

二　民主与民主化问题

民主与民主化问题始终是一个热点问题，总是有新的理论发现和建树，如东亚政治民主化挫折的经验分析、墨菲的竞争民主思想研究、斯拉文新社会主义思想研究等。当前值得关注的是非西方国家如伊斯兰国家、拉美国家、东亚国家、东欧国家对于其本国民主失败经验的反思和总结，对于被普遍化和神圣化的西方民主模式的质疑和批判，对于西方在民主话语上的垄断的反抗和颠覆，更为值得关注的是非西方国家开始从本土文化中去探寻民主的源流。

冷战期间，民主作为一种意识形态，更是成为西方阵营的重要政治工具。凭借对“民主概念”的垄断，西方国家占据了国际政治制高点。“民主”被西方政治理论家提炼成西方政治制度的唯一真谛，演变成一种政治宗教，变成西方对外政治输出的“政治圣经和基本软件”。在西方的理论霸权下，西式民主往往在国际政治中成了绝对的、唯一的标准或准则。

张树华研究员设计并主持的所重点课题《冷战后国际学术界关于民主与民主化理论与实践的最新论述》主要摘编了西方冷战后一些研究民主化问题的学者主要论著的相关论述，分类编辑，试图厘清他们关于民主化研究的主要观点与思路。

这一领域的重大研究成果是张树华主持撰写的专著《民主迷思与发展悖论——冷战后民主化的经验与教训》（40 万字）。该书已经完成初稿，目前正在修改。全书根据主题分为八篇，包括导论在内共计十四章。该书围绕冷战后国际上一些国家的政治成败和民主化的得失，以国际比较为框架，较全面系统地描述和分析了围绕民主问题的理论迷思以及由此而来的政治发展悖论，并总结归纳了冷战后国际上民主的认识误区，以及由此造成的政治乱象，首次梳理了近些年西方政治学界在民主与民主化研究中的10大思潮倾向。

就其主旨而言，该书在思想上厘清了西方民主理论输出与扩展的历史脉络和内在逻辑，剖析了民主理论输出与民主外交背后的地缘战略考量与西方中心主义流毒，从实证与逻辑的角度描述了美国与欧盟的对外输出民主理论与战略，分析比较了其中的异同之处。尤其是通过分析冷战后拉美国家政治中的民主悖论和中东地区“异质民主”，以冷战后第三世界国家政治进程中的成败得失为案例，揭示了民主化的风险与民主异化现象，揭露了在“民主和平论”、“民主同盟”、“自由之弧”、“价值观外交”等口号下的西方大国的“唯我独尊”、“分裂世界”等新殖民主义本质。

总体来讲，该书坚持政治性与科学性的统一，面对国内外在民主问题上的迷思和争论，提出了要树立正确的民主观，即民主是成长的、多样的、具体的、现实的、历史的。同时，针对民主万能论、民主速成论、民主不战论、民主和平论、民主同盟、自由之弧、民主至上论、民主救世说、西方民主普世说等说教以国际案例做了回应，批驳了民主拜物教、民主“原教旨主义”等种种表现，强调要正确认识民主，提出要勇于“超越西式民主”，善于“驾驭民主化”。

三　对于境外智库的研究与跟踪

智库从其本意而言，是“为开展深入研究和优先解决技术、社会、政治战略和军事方面的问题而组建的机构或团体”。具体地讲，智库将各学科的专家学者聚集起来，运用他们的智慧和才能，为社会、政治、经济等领域的发展提供满意方案或优化方案。我们关注西方的智库，目的就是要吸取经验教训，在未来的智库建设中以资借鉴。西方的智库这些年来在社会生活中、公共政策中起了很大作用，它主要发挥了以下几个作用。第一，西方的智库往往是思想的发源地，是思想的提出者，新的理念、新的思想、新的战略往往产生于这些西方的智库；第二，西方的智库往往是连接知识精英、广大社会成员和政府决策者的一个重要平台；第三，西方的智库往往是影响舆论的意见提出者。智库提出的意见往往能够为舆论“定调子”；第四，西方的智库往往是公共外交的重要推手和直接参与者，这就是我们说的“二轨外交”。西方的智库在影响和推动政府外交和直接参与公共外交方面起了很大的作用。

现代智库源自美国，第二次世界大战后已颇具规模，在组织结构、研究方法与成果推广诸方面越发成熟，涌现出诸如布鲁金斯学会、兰德公司、传统基金会等著名智库。不仅英、法、德等欧洲国家，包括日本、韩国、印度、新加坡、澳大利亚等亚太地区国家，也纷纷仿效美国，将许多学术机构和官方咨询机构转型为美国式智库，使它们在这些国家内部发挥着提供新思想、参与重大政治决策讨论、引导舆论、教育公众、为政府储存和输送人才、开展民间外交等功能。

智库日益成为重要的决策信息来源，国内各大研究机构甚至很多大学都将目光瞄准了国外知名智库的出版成果，介绍分析国外智库运作机制的书籍、论文层出不穷。对情报工作者而言，这样一种趋势绝不能忽视。智库出版物主要包括政策简报、工作论文、项目报告以及书籍、期刊、学者博文和其他各类文章，这些信息资源应该受到重视，我们应形成一套完善的收集、整理和翻译机制，迅速而准确地介绍这类信息，以便最终很好地利用这部分信息。

2011 年以来，我们对以下问题为重点进行了情报搜集和跟踪：“中国成为美国 2012 年防御重点”、“炮舰外交重返亚太海域”、“新兴市场或将导致世界创新格局重组”、“经济增长将带来政治变革”、“亚洲网络民兵的崛起”、“自由民主抑或全球治理”，以及“发展中国家人口统计学启示录”。通过对美国、欧洲和亚太地区智库的跟踪观察，我们发现几乎所有智库都开展多领域、跨学科研究，特别是其中有关中国问题以及与中国相关的国际关系和国际战略的研究，也都涉及政治、经济、军事、外交、人口等学科和领域，其中一些研究成果都是可以通过翻译和编辑加工，提供给国内学界或政府部门研究参考的。

我们也感到，首先，处于社会转型期的中国面对着如此之多的新情况、新问题和新挑战，以至于近年来对智库的建设格外重视。但是不管是新成立的研究机构，还是以大学研究所为基础进行改造，都应该建设多学科和跨学科的研究团体，以便形成多学科整合的研究成果，提出照顾到多个方面的政策建议，满足社会治理和改革进程的全面需求，而不是各学科专家各说各话，头疼医头脚疼医脚，加大治理成本。其次，鼓励民间智库的发展，使智库类研究机构筹资方式多样化，减少对其限制和束缚，以期获得更为广泛和独立的见解、建议。再次，研究所或高校内智库应重视培养大学生和研究生的跨学科研究意识，为未来社会治理培养全才。最后，我们的情报工作，特别是《思想与战略文摘》需要更多地挖掘境外智库以及国内智库的研究产品，既为政府部门和学界提供多角度、全方位的信息产品，也不断提升中国智库的影响力，使这些智库（包括中国社会科学院）不仅在政策阐释方面，更多地在建言献策方面发挥作用。

四　跨学科研究

西方学术界对“跨学科研究”（interdisciplinary studies）的关注和推动，在20世纪20年代就已十分显著，从这个意义上说，整个20世纪并不仅仅是学科制度与学科知识持续积累、强化的时期，同时也是跨学科研究的成长与发展期。经过近一个世纪的积累，跨学科研究在西方学术界不仅取得了丰硕的成果，同时磨合出一套完整的机制，并嵌入到教育、科研、评估、出版等知识生产的各个环节中。虽然这一知识生产链条依旧构筑在学科体系之上，并且有关跨学科研究的争议始终存在，评估跨学科研究的手段尚不够成熟，但跨学科研究还是不断地在教育和学术界确立自己的地位，并在当代知识社会不断显示出其独特的价值。不同领域的学者越来越认可跨学科性，寻求在多个学科和多个论题领域中获得启示和见识。

20世纪以来，特别是近几十年来，科学技术知识的激增，人类面临问题的日益复杂化和严峻，需要不同领域不同学科的研究者以及工程技术人员集聚起来，共同进行研究和给予应对。迄今，这些跨学科的探索和研究既形成了一些新的热门话题和新兴领域，也遇到了一些障碍。刘霓研究员的论文从组织、制度的结构障碍、知识专科化所造成的隔阂、语言障碍、认识论和方法论障碍、参与跨学科活动可能面对的心理障碍、资源以及评估所造成的外部压力等方面进行了对策研究分析。研究成果发表后，受到相关领域学者的关注和转载。

刘霓研究员主持撰写的《国外跨学科研究的理论与实践》一书已完稿并获得出版资助，预计2014年出版。跨学科课题组基于院重点课题的经费资助，以文献研究为主要方法，重点根据国外研究跨学科活动的原著、论文以及各类网上资料和信息，就以下几个方面进行了研究：首先，力求对跨学科研究的历史发展进行描述，梳理有关跨学科的概念、定义和相关的理论阐述，对不同的观点和看法进行综述，包括涉及这些观点的争论和分歧，评析其中重大的理论发展；其次，对大型国际组织和机构，各国重要的学术机构和科研管理部门的网上信息进行搜集和分析，揭示其有关跨学科研究的要旨，掌握其具体的措施和政策，对跨学科活动的资助方式以及跨学科课题的管理和评估方法等进行具体的介绍和分析，力求对推进我国学术界创新发展提供有价值的参考；最后，典型的跨学科研究领域和重要的跨学科研究机构也是本书关注的一个方面，这些领域和机构代表了新的知识形成的路径和组织方式，是值得认真给予研究的。

课题成书共分 4 章，各章题目和执笔人分别是：第一章，跨学科研究：起源、概念与进路（撰稿：唐磊）；第二章，跨学科研究：组织、管理与评估（撰稿：刘霓）；第三章，跨学科研究：政策、实践与建议（撰稿：刘霓、祝伟伟、贺慧玲）；第四章，跨学科研究：课题与领域（撰稿：陈源、高媛）。

尽管尚存不足，但希望以此作为国内现有研究的一个补充，并对推动我国学术界和教育界跨学科活动的发展有所助益。

五　人文科学的发展现状与未来趋向

无论是国际还是国内，人文科学的现状普遍令人担忧，人文科学陷入危机似乎已是不争的事实。从表面现象来看，所谓危机无非表现为研究经费不足，学生就业前景堪忧，人文学者收入偏低，以及对人文科学的普遍误解乃至轻视。实际上，应该从人文科学本身寻找更深层的原因。为此，我们一方面挑选了一些国际著名学者的相关论文，进行了翻译，刊登在不同的刊物上；另一方面，我们以“人文科学与社会发展”为主题举办了一次中韩学者研讨会，会上两国学者就人文学科即哲学、史学、文学在社会发展过程中的作用，在社会发展中的价值、发展现状和未来趋势问题展开了富有成效的讨论。

总的来看，各国学者对人文科学的价值是充分肯定的，普遍认为人文学科是人的精神世界的核心存在方式，其内在价值在于维系着文明的绵延与发展。人文科学的力量在于通过批判思维和伟大的艺术作品给我们的生活带来意义。人文科学的道德、审美以及精神发现揭示了人类经验所共有的东西，为成功而完美实现的人生提供了基础。

从人文科学总的发展趋势来看，20 世纪 50 年代到 21 世纪初可以说是西方的“理论”占据统治地位的时期，如今这个“理论”的时代已经开始接近尾声，再去一味地为人文科学寻找理论上的出路已经变得毫无意义。在当今复杂多变的社会环境下，人文科学不应仅仅停留在学科领域，也不应仅仅是对人类的存在、生活的意义进行反思和探求，还应积极培养具备人文素养和意识、具有综合思考能力的人，让他们走向世界，进而在克服环境污染、能源枯竭、战争威胁等世界所面临的危机方面起到积极作用。

大体而言，人文科学要寻求发展要从以下几个层面入手。

第一，人文科学的首要任务应该是关注人，要关注人的生命存在、人的生活质量、如何做人、如何培养人等与人有关的重大问题。人文科学如果脱离了这个根本，它本身也就没有了生命。从各国学者的论文来看，虽然采取的表达方式和叙事方式不同，但无疑在人的问题上取得了基本的共识。

第二，人文科学要与社会实践和社会需要紧密地结合起来。人文科学要想寻求发展，不能躲在隔绝于现实的“象牙之塔”或“空中阁楼”中闭门造车，而应该在决策、管理、经营、文化、教育、创意等应用领域发挥自己的作用，让人文科学的成果转化为人们看得见、摸得着的实实在在的好处。这就要求人文科学要走向公众，要让他们以喜闻乐见的形式得到人文经典的熏陶提高各方面的素质。具体地讲，无论是古代还是当今产生了许多文史哲，这些经典首先是要让人们能够从中享受阅读的乐趣。当然，不乏一些深奥难懂的作品，而人文科学工作者的使命之一就是要从事一些普及工作，不仅让广大民众读懂这些书，更要让他们认识到这些人类精神财富的价值，从中汲取源源不断的养分和食粮。近来在一些国家兴起的公共学术虽然还有欠成熟和规模，但很值得我们借鉴。纯学术研究固然重要，而普及工作可以让人文科学发挥更大的效用。

第三，人文科学从阅读和理解转向表达与沟通。如果说古典人文科学的核心在于“阅读经典”，那么它依赖的是言语语言，注重的是理解。数字时代的到来使得多种非言语语言成为我们生存的必需，同时注重的是表达与沟通。从某种意义上讲，人文科学与社会发展的关联之所以没有像自然科学和社会科学那样直接和紧密，其中一个主要原因是人文科学至今仍然在很大程度上将活动局限于言语语言的范围。我们要认识到，当今的知识世界是知识和语言多样化的世界，人文学者在这个世界的生活是重要而丰富的，应采用多种非言语语言与其他人群交往沟通，向民众讲述做学问的乐趣和人文科学的实践价值。人文科学从根本上讲关涉的是如何表达观念，情感及文化。研究最有力的和最富想象力的表达形式，显然应该成为人文科学新的关注点。

第四，人文科学要走出学科，突破体制化的局限性，融入现实。高校目前所教授的人文科学与文化现实越来越脱节已是公认的事实。其中一个重要原因在于目前的学科体制使得人文研究越发专门化和碎化，学术研究在一定程度上已成为某个圈子用某种专业话语从事的一项枯燥的行当，而学科更是成为行使某种垄断权的封闭领地。与此同时，一些跨学科研究实体如文化研究、女性研究、媒体研究、传播研究等，根据文化现实的需要已经茁壮地成长起来。以文化研究为例，它是文学批评与西方马克思主义结合的产物，也就是说，它在创立之初不具有学科那种体制化地位，但它在文学研究这门传统人文学科的基础上融入了其他元素，将关注点落于大众文化，从而使学术研究摆脱了学科的藩篱，与文化现实和文化实践紧密地结合起来。如此，它不仅获得了长足的发展，取得了体制化地位，而且对人文科学及其他学科的发展做出了贡献。在某种意义上，这些跨学科研究实体既可以说是人文科学对其他领域的延伸，也可以说是新形式的人文科学。无论如何，它们对人文科学如何适应社会发展提供了启示。

第五，人文科学必须加强与自然科学和社会科学的交流和互补，同时要走出自己的传统领地，进入原本不属于它们的领地，特别是当今的许多重大问题、人口过剩问题等，并且都需要人文学者的积极参与。人文学者在这些问题上绝不只是旁听者，它们要主动担当，越来越多的案例告诉我们，一项决策，一个方案，一个项目或一个工程，无论是设计还是实施，如果缺乏人文思考，肯定是不完美的，甚至是要出问题的。一方面，人文科学要走入自然科学和社会科学领域去贡献自己的理解和见识，另一方面，也要从这些领域获取资源来弥补自己的不足。这种跨学科的互补势必会成为今后一大趋势。

在此基础上，朴光海博士策划和主编了一部论文集，题目为《人文科学与社会发展》(20 万字)，目前已出校样。

六 境外文化哲学研究

这一论题领域主要从理论和应用两个层面展开研究和译介。

就理论方面而言，肖俊明研究员以基础研究资助计划为依托，从三个方面对西方文化观进行更深层次的理论探索和批判。一是西方形而上学对文化理论的影响与桎梏。二是西方文化人类学批判。三是西方当代文化理论批判。国内有关这方面的研究尚未充分展开，可资借鉴的成果实在不多。肖俊明研究员的论文“文化的误读——泰勒文化概念和文化科学的重新解读”着重对爱德华·泰勒的文化观展开批判。泰勒关于文化的定义在西方学界一直被视为第一个具有现代意义和权威性的文化定义，在我国学者当中对泰勒文化定义的接受和引用带有相当程度的盲目性，但是这个定义是不无问题的，对其进行理论清算无疑具有很大的现实意义。肖俊明研究员在对西文文献进行了广泛深入研读的基础上，对泰勒文化定义中的“单数的”、“大写的”文化和“复合整体”提出了若干质疑，指出了其问题所在，进而对其文化科学的两大原则和有关文明的论说进行了批判性和颠覆性的解读，其中有些见解颇有独到之处。论文发表后被人大书报社转载，受到同行的关注和好评。

肖俊明研究员的论文“文化选择论与摹媒论”对文化选择论和摹媒论展开了批判研究。简明地讲，文化选择论就像达尔文的自然选择论说明生物进化那样来说明作为选择过程之结果的文化变迁，也就是说，文化选择论无非是将通过自然选择的进化机制应用于文化领域，按照生物进化理论的模式来研究文化变迁。达尔文的思想在西方特别是在英美人类学、社会学、社会心理学领域始终产生着不可否认的影响，尤其是近几十年来，随着现代遗传学、分子生物学等学科取得的一系列高科技成果，对于达尔文思想的认识和理解又有所深化，文化选择论也出现了若干新的版本，其中搞得沸沸扬扬的莫过于摹媒论。所谓摹媒论（memetics 或 meme theory 或译模因论），其实就是以摹媒（meme）概念为基础而形成的一种研究文化进化的新达尔文主义进路。不过，摹媒带来的是纠缠不清的争论，研究的目的主要是对由摹媒引起的争论做一番梳理和澄清，其中以道金斯与布莱克摩尔的摹媒理论为着重点，从以下三个方面展开探讨。1. 摹媒的由来及语义溯源；2. 摹媒的理论基础与生存条件；3. 布莱克摩尔的模仿理论及相关文化基因理论。摹媒论在国外虽然走红一时，但终因自身的理论缺陷而渐渐衰落，其他一些与之相关的文化基因理论也同样因为自身的原因而陷入困境。

李红霞博士从历史角度对德国文化哲学概念的提出及文化哲学在德国的系统化发展做了梳理，对当前德国文化哲学研究的状况做了综述，并对其主要研究领域进行了分析。通过以上三个方面的论述，展示了德国文化哲学研究的历史脉络及其在20世纪90年代的复兴和当前迅速发展的新动向。其论文以德国文化哲学研究为范例，将文化哲学定位为一种哲学方向，澄清了当下流行的一些将文化哲学等同于一个论题领域的误解。

以上研究成果发表后，受到相关领域学者的关注和好评。

从应用层面讲，关注点主要落于欧洲文化政策研究、美国化问题、城市文化景观以及文化软实力与国家形象问题。其中有关欧洲文化政策研究的译文介绍了欧洲文化政策从以国家为中心到以城市为中心、从文化产业到创意产业的四个发展阶段；有关城市文化景观的译文从美学、场景理论等视角探索了城市设计与建设问题。

这一领域已经完成即将出版的成果是肖俊明研究员主编的论文集《现代社会生活方式的文化根源》（20万字，汉英对照）。

2010年中国社会科学院推出了中国社会科学论坛，计划举办18场国际学术研讨会，“现代社会生活方式的文化根源”研讨会是其中之一。研讨会邀请10位中外知名学者就现代社会生活方式与文化根源的有关问题做主题发言，论文集汇集了学者们向大会提交的论文，作为中国社会科学论坛文集系列丛书之一出版。

生活方式这一概念虽然是现代社会的产物，但它与文化传统、宗教信仰及民族认同有着不可分割的关联。选择“生活方式”和“文化”作为本次论坛的主题主要是基于对文化的理解。首先，文化不应是一个抽象的普遍概念，而应该是活生生的生活经验。这些生活经验的意义和价值总是通过特定的生活方式体现出来。后者作为文化的表现方式，既可以使我们看到不同文化元素在现代化进程中的整合与进化，又可以使我们切身感受到民族认同和文化认同的形成。只有在这样生动和具体的文化中，我们才可能触摸到文化传统的源流与脉络，才可能在现代中找到传统，在传统中审视现代。其次，具体的和特殊的文化也是多样的。强调文化多样性的意义在于促进不同文化之间的相互理解、相互对话、相互尊重。不同民族、不同宗教、不同文化之间虽然存在着差异，但并不存在必然的或与生俱来的隔阂与冲突。从这个意义上讲，不同文化乃至不同领域之间的相互了解和相互交流正是消除屏障避免冲突的最好途径。再有，强调文化的特殊性和多样性也是拒绝文化上的普遍主义。换句话说，拒绝文化上的普遍主义或普遍价值也正是为了尊重差异包容多样。从理论根源上讲，所谓普遍主义或普遍价值是一种形而上学的绝对化，是本质主义的登峰造极，这是我们所不能认同的。当然，我们也不会因此而走向另一个极端，过于强调每个文化的个性而否认文化融合的可能性。尊重差异包容多样并不是以一种文化相对主义来对抗文化普遍主义，而是要倡导和谐，寻求共识。特别是在我国当前要建设文化强国的大好形势下，对这一论题展开跨学科和跨文化的讨论无疑具有相当的理论意义和现实意义。

七 国际区域和俄罗斯问题研究

国际区域问题研究是我们重点跟踪的领域，但我们的关注点并非只局限于国际关系方面，比如俄罗斯问题研究是从政治、经济、社会、历史、文化、哲学等多维视角对其展开的跟踪介绍，其中俄罗斯著名学者 A. A. 侯赛因诺夫和 V. A. 列克托尔斯基关于俄罗斯哲学的综述、国内学者关于俄罗斯政治与外交、转型期的社会政策、私有化与社会道德价值观变化的研究很受关注。

张树华研究员主持了“苏联解体二十年：回忆与反思”课题，并出版译著《亲历苏联解体：二十年后的回忆与反思》。该书收集了近几年俄罗斯出现的最新资料，力图还原历史真相，展示相关历史细节。所选文章中，有的是对戈尔巴乔夫、利加乔夫、卢基扬诺夫、克拉夫丘克、谢瓦尔德纳泽等重要历史参与者的专访，有的是历史学家最新研究文献，还有的是来自美、英等国的外媒报道，各种立场与观点参差多态，有助于读者“立体式”地了解、观察和思考苏东剧变，为深入研究苏联解体的原因与教训等提供了素材或佐证。

张树华研究员的“普京道路与俄罗斯政治的未来”一文以自己多年从事俄罗斯研究的积累为基础，从多维视角对普京执政以来的功过做了分析和评判，澄清了该领域的某些争议较大和比较模糊的问题，并根据俄罗斯的历史和现状对其未来的发展和走向做了颇有见地的预测和展望。

朴光海博士以“朝鲜半岛：问题、形势、战略及对策研究”为主题对朝鲜半岛“脱北者”问题、韩国传教士在中朝边境的传教活动、朝鲜和美国达成的《闰月协议》等进行了跟踪研究和对策分析，并撰写了三篇专供信息，均被采用。

景向辉助理研究员对美国时局进行了跟踪研究和对策分析，他的“从文献对比查证美国中情局的《十条诫令》”、“从‘占领华尔街’运动看美国内深刻矛盾”等文及时提供了有价值的信息，并得到领导批示。

目前已完成的主要阶段性成果如下：

专著：

1. 《中外功勋荣誉制度》，张树华主编，700 千字，中国社会科学出版社 2011 年版。

2. 《步入 21 世纪的国外社会科学》，何培忠主编，400 千字，中国社会科学出版社 2010 年版。

3. 《民主迷思与发展悖论——冷战后民主化的经验与教训》，张树华主编，400 千字，已完稿待出版。

4. 《国外跨学科研究的理论与实践》，刘霓主编，300 千字，已完稿待出版。

5. 《俄罗斯私有化》（系列丛书之一），张树华、单超，56 千字，社会科学文献出版社 2013 年版。

论文集：

1. 《现代社会生活方式的文化根源》，肖俊明主编，200 千字，社会科学文献出版社，年内出版。

2. 《人文科学与社会发展》，朴光海主编，200 千字，社会科学文献出版社，年内出版。

译著：

1. 《亲历苏联解体：二十年后的回忆与反思》，张树华等译，338 千字，社会科学文献出版社 2012 年版。

2. 《后现代资本主义——社会学批判纲要》，贺慧玲译，200 千字，社会科学文献出版社 2012 年版。

论文：

1. 《中国道路的政治优势与思想价值》，张树华，12 千字，《红旗文稿》2011 年第 1 期。

2. 《国际视域下中国政治发展的理论价值与现实意义》，张树华，10 千字，《中共杭州市委党校学报》2011 年第 1 期。

3. 《冷战后西方民主与民主化研究：理论困境与现实悖论》，张树华，10 千字，《红旗文稿》2011 年第 11 期。

4. 《民主的国际化：理论迷思与现实悖论》，张树华，14 千字，《国外社会科学》2011 年第 4 期。

5. 《从文献对比查证美国中情局的〈十条诫令〉》，景向辉，7.8 千字，《世界社会主义动态》第 41 期（总第 919 期）

6. 《苏联政治改革与民主化的教训——苏共败亡 20 年祭》，张树华，10 千字，《政治学研究》2011 年第 5 期

7. 《俄罗斯经济私有化教训与启示》，张树华，6 千字，《人民论坛》2012 年 5 月下。

8. 《资本的贪婪与民主虚伪》，张树华，8 千字，《国外社会科学》2012 年第 5 期。

9. 《普京道路与俄罗斯政治的未来》，张树华，23 千字，《俄罗斯研究》2012 年第 6 期。

10. 《澳大利亚的研究质量管理与评估》，刘霓，10 千字，《国外社会科学》2010 年第 2 期。

11. 《评估跨学科研究：经验与创新》，刘霓，10 千字，《社会科学管理与评论》2011 年第 1 期。

12. 《理解跨学科：从概念到进路》，唐磊，10 千字，《国外社会科学》2011 年第 3 期。

13. 《“知识社会学”视角下的同行评议》，唐磊，8 千字，《国外社会科学》2011 年第 6 期。

14. 《跨学科研究面临的主要障碍与对策》，刘霓，15 千字，《社会科学管理与评论》2011 年第 4 期。

15. 《摹媒与模仿：布莱克摩尔的摹媒理论述评》，肖俊明，10 千字，《国外社会科学》2010 年第 2 期。

16.《韩流的文化启示——兼论韩流对现代社会生活方式的影响及其文化根源》，朴光海，9 千字，《国外社会科学》2011 年第 4 期。

17.《文化的误读——泰勒文化概念和文化科学的重新解读》，肖俊明，22 千字，《国外社会科学》2012 年第 3 期。

18.《德国文化哲学研究的新动向》，李红霞，13 千字，《国外社会科学》2012 年第 3 期。

19.《文化选择论与摹媒论》，肖俊明，30 千字，《社会—文化遗传基因学说》，漓江出版社 2012 年版，第 289—319 页。

（学科负责人　张树华，执笔　肖俊明）

当代国外中国学学科前沿研究报告（2010—2012）

一 学科发展概况

国外中国学研究是创建于20世纪70年代中期的学科，该学科的创建在很大程度上是因为海外学界高度重视中国文化研究，并作出了很多优异成绩，从而引起了国内学术界的重视。为了回应这些研究成果提出的挑战，同时也为了将海外各国有关中国的研究介绍到国内，中国社会科学院的学者开创了这一学科的研究，并得中国学界的广泛响应和认同，学科建设与研究发展迅速，成了“三十年来我国人文科学的学术观念的最重要的转变与最重大的提升的标志之一”。[①]

国外中国学研究的近期快速发展，与中国的快速崛起有密切的关系。2005年底，中国的GDP超过意大利，成为世界第六大经济体；2006年，中国的经济规模超过英国，成为次于美国、日本和德国的世界第四大经济体；2007年，中国的GDP超过德国成为全球第三大经济体。进入21世纪后，中国经济依然保持高速发展，GDP超过日本，成为全球第二大经济体。国外一些研究机构甚至预测，中国经济赶上或超过美国也指日可待。

这一情形的出现，使国外中国学研究学科的发展有了强大的动力，学

① 严绍璗：北京大学20世纪国际中国学（汉学）研究文库“前言”，见http://forum.china.com.cn/thread-653-1-1.html。

科地位在明显提升。这里所说的学科地位的变化，不仅指在学术领域里中国学地位的提升，还指中国学在各国政府决策中地位的提升和各国政府对中国学重视程度的提升。即蓬勃发展的中国学已成为各国政府重视的对象，有了为政府的决策提供直接服务的更多机会，受到了各国政府和社会广泛尊重的地位。如美国、日本等海外发达国家，几乎所有的大学都设置了中国研究的机构，各类智库都在进行有关中国的研究；日本政府斥资数亿日元的科研经费，于2012年开展的由八大研究机构共同进行的“当代中国的跨学科研究——如何把握新的大国”；澳大利亚制定的“中国研究国家战略”等，都证明了这一点。

从国外有关中国出版物的数量上也能看出近年海外的“中国研究热”：如日本国立国会图书馆收藏的有关“中国”的图书，2010年是10153部，2011年是9699部，2012年是8618部。有关中国研究的论文数量更是巨大，保守估计也会在数万条。过去，国外研究中国的机构主要集中在个别大学，而现在，世界各地的大学都有了涉及中国的课程，研究人员也遍布大学、政府机构和民间各个领域。可以说，世界各国各界人士的眼睛都在关注着中国。这个“热”，促成了中国学成为显学，影响着国际舆情的变化和政府部门的对华政策。

国外中国学的发展展示了中国文化与中国社会发展的世界性意义。在中外文化的交往中，中国研究早已超越了中国的疆土，成了各国学者给予关注、具有世界性意义的学术领域。尤其是进入21世纪之后，中国的一言一行，一举一动都能触动世界的神经，引发种种议论，是中国文化世界性意义的佐证。

我国学者的国外中国学研究大体在三个方面展开。一为探讨中华文明的域外延伸；[①] 二为从国外学者的成果中了解、学习新的研究方法和理论，从“第三只眼”的角度，了解我们的情况与不足，并加以改进和借鉴；三为与国外学者就中国各领域的发展和各类问题磋商和交流。这三个方面，近年都有新的进展，尤其是“交流说”，更是显示了明显加强的趋势，成了中国学研究领域中受人关注的动向。

---

① 《接受与传播：中国文化经典的世界形象》，中国社会科学在线，http：//www. csstoday. net/xueshuzixun/jishizixun/84075. html.

二　学科前沿动态

1. 话语权意识的提高与新领域的开拓

进入21世纪后，随着中国经济的快速发展和综合国力的提升，国外中国学研究越来越深入，学者们对话语权问题有了很高的热情。深受各国学者关注的世界中国学论坛的历届主题也反映了这一点。

世界中国学论坛创办于2004年，截止到2013年共举办了五届。首届论坛由上海市人民政府主办，上海社会科学院承办，在“多元视野下的中国”标题下，论坛不仅设立了“全球化与中国复兴”等与中国发展有关的课题，还设立了“上海经验与城市进步”分课题，这表明该论坛最初还有借大型国际会议的东风，提高人们关注地方经济发展的意图，此后，有关上海的课题退出大会议程，中国学研究成了论坛持久的话题。

世界中国学论坛前四届的主题很有深意，分别以“和而不同”、“和谐和平”、“和衷共济”、“合和共生”为题，广泛邀集各国学者，共同解析中国文化的传统精神与现代经济发展的关联，20多个国家和地区的千余名学者参与学术讨论，成为国内外学者交流中国研究体会的重要平台。

从前四届论坛的主题上看，组织者力图以中国传统文化中“和”的观念，同世界各国学者展开交流。而在第四届论坛上，部分与会的中国学者发出了在中国研究中要提高“本土”声音的呼声，2013年3月23日至24日举行的第五届世界中国学论坛，组织者没再沿用前四届特意强调的“和”的主题，而是以“中国现代化：道路与前景”为大会主题，论坛聚焦的问题有：中国崛起对世界政治经济可能产生的影响；中国和新兴经济体共同崛起的前景；中国国内市场对世界经济复苏前景的作用；中国未来改革走向和中国特色民主政治的发展；中国文化和价值观在世界范围内的传播；中国应如何构建与周边国家的利益共同体等。会议邀请中外专家学者和意见领袖，不仅共论国际化大背景下中国的发展及与世界的互动相处之道，还力求增进国际社会对我国基本国情、价值观念、发展道路、内外政策的认识和理解，从而显示出了论坛的微妙变化。

简言之，第五届世界中国学论坛，是从国际关系、国内结构转型与历史文化的角度探讨未来十年中国的发展道路及其世界意义，是以“中国道路”为主线，分别从经济、政治、社会、历史文化、生态、外交、传播、中国学等角度，总结改革开放三十年来中国在各领域取得的进展；探索未来十年中国现代化的动力、方向、核心价值理念；中国参与全球经济、文明发展进程的方式，以及当前国际学界研究中国的现状、前景与方法等。①

显然，在这样的研讨会中，中国学者不再一味强调“和”的中国传统文化元素，而是加强了中国学者讲述自己事物的声音，在国际学术交往的舞台上，有意识地提高了话语权的使用。

在中国研究领域，对“话语的研究”已有海外学者加以注意。例如比利时学者蓝露洁（Lutgard Lams），是欧洲地区中国研究学者中关注“中国话语研究”的第一人，他主持过布鲁塞尔中国话语研究中心的课题，在2010年布鲁塞尔的中、欧学术论坛会上，提出了将“中国话语研究”（Chinese Discourse Studies）作为中国研究新领域的设想。认为这一研究的意义在于：“随着中国日益明显的在国际上的崛起趋势，特别是经济上的迅猛发展势头，对中国问题的研究亦成为很多学者的关注焦点。然而，研究者对中国问题的研究，多囿于自身所处的学科领域，不同学科领域研究者之间缺乏一个能够真诚沟通和对话的适当的平台，各学科的关于中国问题的研究成果难以互相借鉴和批评。而由不同学科的中国问题研究者，通过‘中国话语研究’，对中国的民族、人权、知识产权保护等问题，进行深入研究，由于研究方法的同质性，使不同研究成果间达成共识成为可能。”②

对中国研究领域中话语权的问题，我国学者也给予了高度重视。例如，《新华文摘》原主编张耀铭教授认为：“近年来，‘中国崛起’成了国际学术界、理论界热议的话题。在新的世界格局中建构中国的学术话语体系，是当前中国理论界和学术界面临的一项重大而紧迫的时代课题。构建‘中国学’要注重破除‘欧洲中心论’的思维方式，提升中国的学术话语权，加强对当代中国的‘历史叙事’研究，提高‘中国话语’的吸引力，使‘中国学’真正成为本土化的以中国和整个中华民族为对象的研究中国的学问。”③

---

① 第五届世界中国学论坛《会议手册》：第五届世界中国学论坛简介。

② 蓝露洁等：《作为中国研究创新研究典范的话语研究：假设与挑战》，《国际视野中的中国研究》，中国社会科学出版社2013年版，第268页。

③ 张耀铭：《中国崛起与“中国学”的本土化》，《四川大学学报》（哲学社会科学版）2013年第3期。

随着中国研究领域中对话权的重视，中国话语研究领域今后很有可能成为研究领域的分支学科，越来越受到学界的重视。

2. 现代化手段的应用与中国文化海外传播动态数据库的诞生

2010 年 10 月，北京外国语大学中国海外汉学研究中心承接了国家社科基金特别委托项目“中国文化海外传播动态数据库”，这是我国学术界有关海外中国学研究领域应用现代化技术手段开展基础性研究的大型项目。首期计划两年，通过对中国文化海外传播数据的收集和分析，为中国的对外文化交流和相关学术领域的研究提供数据支撑，同时也为国家文化“走出去”战略提供决策咨询。

据项目首席专家张西平教授介绍，中国文化海外传播动态数据库的定位是：“中国立场、全球视野、数据为本、服务学术”，通过一系列功能子库的建设，动态地展现中国文化海外传播的情况。到 2012 年年底，该项目初步完成了“国外中国主题出版机构数据库”、“新中国出版外文图书目录数据库”、“中国主题外文出版物目录数据库”的录入与建设，并成功上线运行。

“国外中国主题出版机构数据库”收集了 20 多个与中国学术文化交流密切的国家和地区出版机构的信息，涵盖英、法、德、意、俄、西、日、韩、阿 9 个语种的 100 多家出版社，这些出版社均为出版过中国主题书籍且有一定影响力，数据库的建成为中国出版机构对外交流合作和相关学术研究提供了基础数据。

“新中国出版外文图书目录数据库”收录了 1949 年至 2009 年中国大陆所有出版社出版的外文图书目录数据，涉及 44 个语种，总数据量约 4 万条，是国内第一个以外文为主的专题书目数据库。

“中国主题外文出版目录数据库”收录了世界主要国家有关中国研究的外文文献目录，包括 80 多个语种中国研究的图书和中文图书的外文译本，数据量为 4 万条左右。

“中国文化海外传播动态数据库”网站介绍，该数据库兼具回溯性与动态性，可追溯到 19 世纪 80 年代。根据已建成的数据库，课题组出版了《中国文化走出去年度研究报告》、《中国文化海外传播：调查与建议》等成果。[①] 这些成果不仅在学术界获得好评，在相关其他领域，也得到很高

① 参见“中国文化海外传播动态数据库”，http：//159. 226. 51. 238/。

的评价。

3. 国别研究与专题研究的深化

国外中国学领域中的国别研究，是学科发展的重要组成部分。近年来，由本国学者向中国学界介绍相关情况和中国学者深入探讨有关国家的研究情况是国别研究领域的两大内容。

在论文方面，有泰国朱拉隆功大学教授芭萍·玛努迈威汶博士的《泰国的中国学：历史与现状》、澳大利亚格里菲斯大学科林·马克林教授的《澳大利亚的中国学》、印度德里大学蕾娜·马尔瓦教授的《中国研究在印度：一条少有人走的路》、新加坡国立大学中文系李焯然教授的《从“汉学”到“中国学”——新加坡的中国研究》、越南社会科学院黄世英教授的《当代越南的中国研究》[①] 等，为中国学界了解海外中国研究的历史沿革及最新动态提供了翔实的信息。

第二次世界大战之后，由于美国的强大，国际事务的方方面面都投下了美国影响的阴影。学术研究领域也不例外。美国的中国研究，尤其是对当代中国的研究，美国一直保持强大的影响力。中国学者在国外中国学国别研究方面发表的成果，也反映出了对美国中国研究的重视。在论文方面，北京外国语大学顾均博士的《美国汉学的研究现况》、中国社会科学院国外中国学研究中心崔玉军博士的《区域研究与美国中国学之兴起》、华东师范大学海外中国学研究中心主任朱政惠教授的《美国学者对中国学研究的反思》、北京行政学院侯且岸教授的《跨世纪的美国中国学》[②]、徐宝锋的《美国汉学界中国古代文论研究的“缺失性”症候》[③] 等，都将注意力集中到美国的中国研究方面。

除了这些论文，《美国的中国学研究》（仇华飞著，中国社会科学出版社 2011 年版）、《中国文学俄罗斯传播史》（李明滨著，学苑出版社 2011 年版）、《京都学派汉学史稿》（刘正著，学苑出版社 2011 年版）、《华裔汉学家周策纵的汉学研究》（王润华著，学苑出版社 2011 年版）、《中国与朝韩五千年交流年历：以黄帝历檀君历为参照》（ 刘顺利著，学苑出版社 2011 年版）、《另一种声音：海外汉学访谈录》（季进编著，复旦大学出

① 何培忠主编：《国际视野中的中国研究》，中国社会科学出版社 2013 年版。

② 同上。

③ 中国社会科学在线：http：//www. csstoday. net/tebiecehua/84065. html.

版社2011年版)、《下江南：苏州大学海外汉学演讲录》(季进编，复旦大学出版社2011年版)、《中国新文学20世纪域外传播与研究》(宋绍香著，学苑出版社2012年版)、《荷兰汉学史》(熊文华著，学苑出版社2012年版)、《汉诗英译研究：理雅各、翟理斯、韦利、庞德》(吴伏生著，学苑出版社2012年版)、《认同与“延异”：中国当代文学的海外接受》(刘江凯著，北京大学出版社2012年版)、《北美中国学的历史与现状》(朱政惠、崔丕主编，上海辞书出版社2013年版)等著作，也是近年国别研究或专题研究的重要成果。

4. 学科称谓的争论

国外的中国研究源远流长，我国学者对这一领域的研究有各种称呼，如汉学、国际汉学、海外汉学、域外汉学、世界汉学、中国学、海外中国学、国外中国学、国际中国学、国际中国文化等。在这一学术领域的研究越来越受重视的现在，学科称谓的问题成了学界热烈讨论的对象。2010年6月4日，《中国社会科学报》发表了北京大学严绍璗教授题为“‘汉学’应正名为‘国际中国学’”的文章，对学科的“正名”问题提出了看法：“汉学的名称很典雅，但与研究对象内涵和价值本质不太一致。研究对象需要正名，这关系到对研究对象的理解、把握和阐释”，认为学术界“要充分认识到中华民族的文化是多元性的文化，充分认识这一多元性的历史价值的现实性与意识形态意义，以及对未来人类文明所能作出的贡献。如果我们在21世纪仍然把世界对中国文化的研究称之为‘汉学’就不大合理了。我希望在命名的时候要根据研究对象内涵的不断变化与时俱进”。①

严绍璗提出的问题，是国外中国学研究学科创立之初到现在一直争论的问题。早在1994年，孙越生先生就曾在《世界中国学名录》的前言中指出：“‘汉学’这一译名的色彩，令人发思古之幽情有余，而给人以时代感则大有不足。当今世界中国研究的重点，虽说传统中国的魅力不减，但已明显由古代中国转移到现代中国，其热点是中国的现代化问题，是中国当代政治、经济、社会、文教、科技等体制的改革问题，倘若仍然把这类研究称为‘汉学’，把这类研究者称为‘汉学家’，就好像硬要小脚女人

① 严绍璗：“汉学”应正名为“国际中国学”，《中国社会科学报》2010年6月4日。

充当现代时代模特儿，看起来很别扭。”[①] 但孙先生的观念并没有被学界普遍接受。就在严绍璗教授的文章发表后不久，北京外语大学教授阎纯德先生也在《中国社会科学报》发表了题为“莫轻易给‘汉学‘更名换姓”的文章，认为“汉学”的内涵是指外国人研究中国历史、语言、哲学、文学、艺术、宗教、考古及社会、经济、政治、法律、科技等人文和社会科学以及自然科学领域的学问，是已有近三百年的习惯的学术称谓。不能“标新立异”地轻易改变名称。[②]

“严—阎”文章表述了目前学界对国外中国研究领域称谓的看法，这一争论由来已久，短期也不会有结果。但争论本身无疑推动了该学科领域的反思与进步。

三 学科建设状况

国外中国学研究在20世纪70年代由中国社会科学院首创后，引起国内学界的高度重视，经过30多年的发展，该学科在各大学蓬勃开展，不仅进入课堂，有了硕士生、博士生培养基地，还有许多研究机构和期刊，每年均有活跃的科研活动。随着国外中国研究热的高涨，国外的中国研究越来越受到国内各界的重视。继北京大学、清华大学、北京外国语大学、北京语言大学、华东师范大学等众多大学成立了研究海外中国学的机构后，2012年9月28日北京联合大学宣布成立了海外中国学研究中心，2012年11月10日，上海社会科学院成立了“世界中国学研究所”，2013年7月，中国石油大学在青岛校区成立了汉学研究所，大力开展海外中国学研究。遗憾的是中国社会科学院在20世纪90年代的机构改革中，取消了国外中国学研究室。这一改变，影响了该学科在中国社会科学院的发展，不仅与国外的中国研究热和国内高度关注国外的中国研究形成强烈反差，也与中国社会科学院的地位和学术界的期望不符。没有了研究建制和经费支持，严重地影响了国外中国学研究的正常进展，目前中国社会科学院的国外中国学研究仅靠个别研究人员的高度

---

① 中国社会科学院文献信息中心、外事局合编：《世界中国学家名录》，中国社会科学出版社1994年版，编者前言。

② 闫纯德：《莫轻易给“汉学”更名换姓》，《中国社会科学报》2010年10月21日。

社会责任感和热情坚持下来。

为开展这一十分有意义的学科研究，中国社会科学院的研究人员一直希望社会科学院对这一学科的定位给予适当考虑。2004 年国外中国学研究中心的成立，为这一学科的恢复和发展提供了支持。2009 年国外中国学研究被列入“特殊学科”，从而有了经费上的保证。该学科计划用 5 年的时间，全面考察该领域的学术发展史及学科理论，以及国外中国学知识群体的当前现状。将社科院的国外中国学研究打造成这一领域基础资料完备、前沿学术研究活跃的部门。5 年内的方向与研究领域是：开展学科发展史、研究方法的研究和重要学科理论建设及重要学者和著作的研究；开展当代国外中国研究界最新动向的跟踪研究；本着贴近时代、贴近社会需求的精神，跟踪国外中国问题研究队伍、研究机构、研究期刊、研究课题的变化，把握国外中国研究的总体发展趋向；考察国外中国研究领域有重要影响的期刊、学术组织对该学科发展的重要性；分析国外重要中国学家的学术成就及中国观的形成原因；对国外学者的中国研究进行专题分析研究；开展国外中国学研究理论、研究范式起源及变化的研究，探讨该学科的各种理论对学科发展的影响和对学界、舆论界的影响；收录国外中国学重要著作目录，编纂国外重要中国研究成果题录资料；对国外中国研究的发展脉络进行清理，整理编年大事记；对中外学术界有关中国问题的研究进行比较分析。

中国社会科学院的国外中国学研究以资料积累丰富和对前沿研究状况反应快速见长，现初步建成了“国外中国学家数据库”、“国外中国学机构团体数据库”、“国外中国学期刊数据库”和“国外中国学论著题录库”等数据库。2009 年列入特殊学科后，很快建成了“国外中国学研究（http：//www. gwzgx. org. cn）”网站，并上线运行，为学术界提供丰富的资料和最新研究动态。截止到 2012 年，作为“特殊学科”得到推进的国外中国学研究，已完成了“西文中论语翻译的研究”（院重点课题）、“1990 年代以来国外的中国民族主义研究”（所重点课题）、“境外智库对中国政治安全的研究与评述”（所重点课题）、“日本部分中国学家治学历程探究”（所重点课题）等课题，创办了内部学术简报刊物“国外智库中国研究动态”，定期向中国社会科学院及相关机构报送海外智库对华研究的最新进展和成果。出版了《国外中国女性研究文献与数据分析》、《陈荣捷与美国的中国哲学研究》、《当代日本中国学家治学历程——中国学家采访录

（1）》、《国外中国民族主义研究辨析》、《海外学者视野中的中国城市化问题》、《国际视野中的中国研究》等著作，此外还有几部著作在出版计划之中。

2011 年 10 月末，国外中国学研究中心举办了“国际视野中的中国研究——历史与现在”国际学术研讨会，会议得到 13 个国家 28 个研究机构中的学者的响应，收到 34 篇论文，60 余位中外学者济济一堂，中国社会科学院武寅副院长到会致辞，学部委员、国外中国学研究中心主任黄长著教授作了“国际视野中的中国研究，快速发展的国外中国研究”演讲，中国的周边国家，如俄罗斯、蒙古、韩国、日本、泰国、越南、印度、新加坡等国的学者都提交了论文，国内的相关研究机构的主要负责人均参加了会议，这种状况，不仅反映出国内外学术界对此次会议的重视，对中国研究的重视，也反映了中国社会科学院的国外中国学研究在经历了恢复和提高阶段后，开始受到国内外学术界的重视，有了相应的学科地位。

四　学科发展前景

国外中国学研究是一个发展迅速的研究领域，随着中国国际地位的不断提升，无论是海外的中国学还是我国学界对海外中国学的研究都在步入新的发展阶段。

这是因为，中国经济的快速发展使全世界都在关注世界格局会发生哪些变化，这样的关注，为海外的中国研究注入了强大的功力。另一方面，我国的政府决策部门也开始关注海外的中国学研究，将海外的中国学研究看作是实现中华文明“走出去”文化战略的一部分，因而在国家政策层面上，对这一学科的发展有了更好的支持力度。例如 2004 年开始的世界中国学论坛，创办于上海，由上海社会科学院主办，得到上海市政府的大力支持，后来得到国务院新闻办公室的支持，由国务院新闻办公室和上海市人民政府联合主办，上海社会科学院、上海市政府新闻办公室共同承办。

2010 年北京外国语大学中国海外汉学研究中心开展的“中国文化海外传播动态数据库”，是国家社科基金特别委托项目，该项目旨在通过对中国文化海外传播数据进行收集和分析，为我国的对外文化交流和相关领域学术研究提供数据支撑，同时也为国家文化“走出去”战略提供决策咨询。

上述两个大的项目都得到国家相应部门较为有力的资金支持。

此外，近年来，学界中还出现了以“海外传播研究中心”命名的研究机构，关注中华文明的域外传播问题，如2010年北京师范大学成立了“中国文学海外传播研究中心”，2012年浙江师范大学人文科学院成立了“中国现当代文学海外传播研究所”等，将中国当代文化的海外传播作为研究对象。而由北京外国语大学牵头，联合多家政府部门、企事业单位和国内外高校于2012年8月共同组建的“中国文化‘走出去’协同创新中心”，更是一个具有深意的设想，该创新中心拟在人才培养、数据库建设、中华文化与学术精品推广、汉语国际传播等方面大力开展工作。该中心2013年8月30日与中国出版传媒商报共同举行了《2013中国图书世界馆藏影响力报告》会，发表了2013年中国出版物在国际上的影响，该研究报告显示，近年来中国图书在国外的影响力逐年加大，在国外图书馆收藏的中文图书中，文学类书籍已超过历史书籍，汉语学习类图书增长势头明显，表明“中国文化走出去，已经取得了积极的效果”。[①] 这一研究结果，为海外出现的中国热提供了有力佐证，也为国外中国学研究丰富了内容。

此外，上海社会科学院和中国社会科学院的一些动向也体现了国外中国学研究领域将有大的发展。2012年，上海社会科学院结束了“有会(世界中国学论坛大会）无（研究）所”的阶段，成立了世界中国学研究所，将蜚声海内外研究当代中国问题的张维为教授聘为所长，大力开拓海外的当代中国学研究。中国社会科学院的国外中国学研究中心也跟随时代的发展步伐，于2013年9月将研究中心的名字更名为“国际中国学研究中心”，以便更好地在国内外学者之间就中国问题研究展开交流。

中国社会科学院的国外中国学研究是作为“特殊学科”开展的，2011年9月，“特殊学科”国外中国学研究的主要团队随中国社会科学院创新工程的进展，整建制地合并到信息情报研究院，在信息情报院先是创办了介绍国外智库有关中国研究的《境外智库文摘》，接着更为明确地将这一

① “中文图书被全球图书馆收藏品种增加 海外影响力加大”，中国新闻网，http://www.chinanews.com/cul/2013/08-30/5228430.shtml.

刊物更名为《国际中国研究动态》，向学术界及时推介海外当代中国研究的最新动态。

国外的中国学，尤其是国外对中国政治、经济、社会、外交等社会科学范畴的研究，深受国际政治风云变化的影响，是与中国经济发展、社会变化和国际地位提升紧密联系、甚至是息息相关的学术领域，在国际风云跌宕起伏的21世纪，随着中国影响力的上升，美国重返亚洲战略对中国的影响、中国经济发展变速问题、中国发展道路、经济改革、政治体制改革中的顶层设计、环境问题等，成了国外中国学研究关注的重点。

1. 关注境外智库对中国的研究及舆情

一个令全世界都叹服的事实是，经过30多年的发展，中国已成为仅次于美国的世界第二大经济体。面对迅速崛起的中国，在国外有关中国的研究中，除传统的学术机构加强了对中国的研究外，各国智库也加入了研究现实中国的行列，其中美国的智库，更是把中国问题作为研究的重点。例如卡托研究所（Cato Institute），在美国学界和政界影响很大，在2013年的数月内，公布了23项有关中国的研究报告，基调是遏制中国的发展。布鲁金斯学会不仅将中国的拉美贸易设定为研究课题，对中国的全球战略走向作出分析，还对中国知识界的多元化趋势给予关注，对未来中国社会发展做出预判。

研究中国的问题，预测中国的发展，成为各国研究机构尤其是智库的热门问题。国际学界认为，各国对中国未来发展趋势的研究，尚缺乏明确的战略评估态势。中国人应独立地拿出令人信服的战略发展评估报告向世界说明，不应将这种命运发展的宣讲权让美国人放在手中拿捏。在此种形式下，国外中国学研究学科将关注各国智库对中国的跟踪研究，并关注其研究观点对国外舆情的影响。

2. 梳理国外有关中国研究论文的信息

梳理国外学者有关中国研究论文的资料，分析国外学者关注中国哪些问题和持何种观点，是国外中国学研究特殊学科设立的课题。目前已整理出了21世纪前十年国外学者发表的有关中国问题的论文，进行学科分类和标引。该数据的完成，将为学界宏观把握21世纪前十年国外中国研究的动向提供数据支持。

3. 推进国外中国学家口述史的翻译与出版

国外中国学家的采访工作已扩展到近10个国家，这是国际中国学界的重要课题。日本中国学家的口述史资料已完成翻译出版，在国内外学术界获得好评。俄罗斯中国学家的访谈和翻译也大部分完成，计划在2014年付梓，相信该采访录出版后，也会得到学术界的肯定。

（信息情报研究院 何培忠）

图书馆学（社会科学数字资源的建设与服务）学科前沿研究报告（2010—2012）

一 学科发展概况

近十年来，院图书馆在数字资源建设方面经历了从无到有、逐步发展壮大的过程，社会科学数字资源建设与服务这一新兴学科领域围绕着数字资源开展了相关的理论研究与实践活动。经过三年多的建设，本学科成为有一定规模和研究成果的研究领域，已初步建立起一支年轻而有活力的骨干队伍，并在国内产生了一定影响。

2002 年，院图书馆开始正式批量引进电子资源。通过十余年的努力，目前已引进了国内外优质学术数据库 100 余个，数字资源成为我院图书馆资源体系中的重要内容，资源引进流程逐步规范化、科学化。我们还开展了多种资源宣传和读者服务工作，引进的数字资源受到科研人员的欢迎，资源利用量稳步增长。

为提高工作能力，我们本着“以科研带动业务工作”的原则，开展了多项学术研究，并取得系列成果。从 1998 年的国家社科基金青年课题“因特网学术资源的搜集与评价”开始，本学科研究人员围绕数字资源建设与服务问题，陆续完成了十余个院、所级课题，为社会科学数字资源建设与服务研究打下了良好的理论基础，形成了我们在社会科学数字资源建设和服务研究方面的特色。

特别是在 2009 年列入院重点学科建设项目之后，学科有了进一步发展。

1. 在基础建设方面，学科成员利用我们的专业优势，搜集了大量相关资料，初步建成学科网站，为学科成员搭建了内部交流平台。

2. 开展了多项学术活动，包括主办、协办学术会议及培训 11 次，赴国外学术交流 5 人次，接待海外来访 9 批。此外，还多次参加国内外重要学术会议，如：第八届柏林开放获取会议、第五届中美图书馆合作会议、国家图书馆馆长论坛等，并在部分会议上进行大会发言。

3. 产生了一批相关研究成果，其中部分已经正式出版或发表在核心期刊上。2010—2012 年间，发表了《数字环境下图书馆用户隐私权保护策略研究》、《开源电子资源管理系统探析 》、《人文社会科学学术资源开放获取现状分析——以中国社会科学院为例》、《图书馆统一资源发现系统的比较分析》等 8 篇论文、2 篇一般文章、3 篇编译文章，在国际会议上宣读 1 篇论文，出版了专著《解读数字参考咨询服务》和工具书《人文社会科学数字资源使用手册》，参与国家社科基金重点课题“文献信息服务在当代社会中的作用和地位”的研究工作及专著的撰写，此外，还完成 9 篇研究报告。三年间，共完成 4 个所级科研课题，即“中国社会科学院图书馆数字资源使用手册”、“中文电子书发展现状与院馆的收藏策略”、“中外文电子期刊发展研究与院图书馆收藏策略”、“院图书馆学科化服务体系建设研究”，这些课题从不同角度对数字资源的建设与服务进行了研究和探索。

4. 与国内同行开展多方面的合作。本学科成员参与国家社科基金重点项目“文献信息服务在当代社会中的作用和地位”，并完成《网络环境中的信息资源和信息消费行为》一章；参与中宣部的“全球数字出版环境下中国进口数字出版信息资源战略保障对策研究”课题；作为“中国机构知识库专家推进组”的成员参与相关调查与研究活动；参与全国数字图书馆标准规范建设；与高校人文社会科学文献中心（CASHL）进行战略合作，开展文献传递服务，等等。通过这些活动，带动了本学科的研究水平，扩大了本学科的影响力。

5. 经过三年多的建设，本学科成员在学科研究和服务能力方面有了长足的进步，培养出多名科研业务骨干。3 位同志在职攻读图书馆学硕士和博士学位，其中 2 位已经获得硕士学位；2 位同志晋升为研究馆员，2 位同志晋升为副研究馆员；1 位同志获得院青年学者发展基金资助。随着机构调整及个人调动，4 位学科成员调离图书馆，目前学科组成员的研究方向和工作实践都紧紧围绕图书馆学情报学这一学科领域，研究方向更加集中。

二 学科前沿动态

2010—2012 年，国内外数字资源建设与服务领域的研究热点主要集中在电子资源引进、开放获取、数字资源的长期保存、数字资源的发现与整合、图书馆用户信息行为研究、图书馆服务创新等几个方面。

（一）电子资源引进

随着电子资源的出现和信息技术的发展，图书馆资源建设的策略重点也发生了转变，资源的收藏范围逐步从印本资源向数字资源转化，用于电子资源购置的经费在全部资源购置经费中所占比重也不断提高。

据统计，美国研究图书馆协会（Association of Research Libraries，ARL）的成员馆中，从 1992 年到 2008 年，电子资源购置费用占资源购置总经费的百分比直线上升，1992—1993 年度的平均百分比仅为 3.6%，2007—2008 年度首次超过 50%，2008—2009 年度已达到 56.33%，说明多数图书馆将电子资源作为首要的资源类型，其中的经费主要花费在电子期刊上[①]。2010 年，美国非营利咨询研究机构 ITHAKA S + R（网络环境下研究和教学的战略咨询和研究机构）发布的一份调查报告显示，馆藏由纸本文献转向电子文献的趋势已经被图书馆和教授们所认可，5 年内大多数图书馆会完全从纸本期刊过渡到电子期刊，大部分馆长已经接受了把纸本期刊移出馆舍的做法，同时对新增经费也会优先考虑购买电子期刊[②]。

电子图书也是图书馆电子馆藏建设的重要内容。英国联合信息系统委员会（JISC）在 2007—2009 年对电子图书使用情况进行了调查，发布了《JISC 国家电子书观察项目：主要发现与建议》[③]。报告认为，电子图书已经成为学术主流文献的一部分，将近 65% 的教师与学生曾经在工作、研究

① Association of Research Libraries：ARL Statistics 2008 - 2009，2010，http：//www. arl. org/bm ~ doc/arlstat09. pdf.

② 李欣：《美国康内尔大学图书馆 2015 年发展方向》，［2013—02—16］，http：//www. lib. ntu. edu. tw/Publication/univj/uj16—1/161—01. pdf.

③ JISC，UCL. JISC national e-books observatory project，2009，［2011—2—17］，http：//www. jiscebooksproject. org/reports/finalreport.

和休闲中使用过电子图书；大约有一半用户最新阅读的电子书来自图书馆；课程教材的电子书是馆藏纸本书非常有价值的备份，可以在借阅高峰时充当“安全阀”，而不是纸本书的替代品。《图书馆杂志》（Library Journal）对美国公共图书馆、高校图书馆及 K－12 学校图书馆的调查显示，用户对电子书的需求正在激增，图书馆电子书供给的数量持续上升，电子书已经成为图书馆的“新常态”。美国提供电子书服务的公共图书馆近 9 成，而高校图书馆则超过 95%。2012 年度高校图书馆的总订购预算中，电子书的投入平均占资源购置经费的 9.6%。预计在未来五年，电子书所占经费比例将增长一倍。2012 年，总部设在美国的《不列颠百科全书》出版公司宣布，待库存纸本书售罄后，已出版 200 余年的纸本书将不再出版印刷，而仅以电子版形式出版。被视为图书馆经典藏书和知识宝库的这一百科全书的重大变化，震动了国际学术界，同时也说明了电子书发展的强劲趋势。2012 年是电子书订购模式和定价问题最富争议的一年，ALA 主席莫琳·沙利文（Maureen Sullivan）致信世界三大出版商，抗议西蒙和舒斯特（Simon & Schuster）、麦克米兰（Macmillan）以及企鹅（Penguin）出版社拒绝美国图书馆购买电子书并提供借阅使用①，三家出版公司被法院判决存在形成电子书价格联盟等问题。

当前，电子资源已经从补充性质的资源发展成多数图书馆资源结构中最重要的资源类型。从发展趋势上看，未来一段时间内图书馆对电子资源的投入还会增长，但是增长速度将有所减缓。与此同时，随着电子资源的增加，一些图书馆开始减少纸本文献的购买。

（二）开放获取资源

2010—2012 年是开放获取活动取得重要进展的三年。三年中，开放获取学术资源持续增加，开放获取期刊出现新模式，机构知识库得到迅速发展。开放获取正在改变图书馆的资源建设模式，开放获取政策实施范围进一步加大。

1. 开放获取资源的重要性日益增强，正在改变图书馆的资源建设模式

随着开放获取运动的不断深入，开放获取期刊和开放获取论文均呈现

① An Open Letter to America' s Publishers from ALA President Maureen Sullivan. [2012—9—20], http://www.ala.org/news/pr? id =11508.

强劲增长趋势。截至2012年11月16日，开放获取期刊目录DOAJ收录了8354种期刊，开放机构知识库目录OpenDOAR中登记的机构知识库有2230个，开放获取论文数量的增长保持了较快步伐。

张晓林等在《开放获取学术信息资源：逼近“主流化”转折点》① 一文中认为，“开放获取学术资源已成为学术研究不可或缺的资源，正逐步逼近‘成为学术研究主流资源’的转折点”。张晓林等还在另一篇文章中阐述了开放获取给图书馆带来的挑战，提出应对措施的分析框架，建议图书馆积极支持开放出版并在开放期刊选择、资助政策和论文处理费控制等方面发挥主导作用；他提出基于开放资源环境的层级复合馆藏策略，建议充分依靠开放环境提供普遍检索，同时选择关键资源定制个性化服务和保障长期保存，并积极将本地资源融入数字化开放环境中②。

2. 开放出版模式的深入探讨与实践

2012年6月，芬奇（Dame Janet Finch）等发布了题为《可访问性、持久性、优异性：如何扩大对研究出版物的获取》③ 的报告，强调了“金色”开放获取的重要性，即由作者支付文章加工费（Article processing charge，APC），文章一出版即可在线免费获取。该模式本质上是将出版商的收入由图书馆的预算转为科学预算而确保期刊出版商的财政收入。英国政府对该报告做出回应，并于该年9月决定出资1000万英镑，支持科研机构和大学开放获取所需的APC。哈佛大学设立专门基金，用于支付本机构作者发表开放论文所需的APC。国际粒子物理学开放出版资助联盟计划（Sponsoring Consortium for Open Access Publishing in Particle Physics，SCOAP 3）联合世界高能物理研究的资助者、研究教育机构和图书馆，将文献采购费转换为开放出版服务费，将高能物理领域高水平论文全部实行开放出版，同时取消订购和APC。这些举措表明：APC成为资助机构和作者机构认可的开放出版支持机制，并逐步被纳入支持科研与教育的总体投入概念

---

① 张晓林等：《开放获取学术信息资源：逼近“主流化”转折点》，《图书情报工作》2012年第9期。

② 张晓林、曾艳等：《开放学术信息资源环境的挑战及其应对策略》，《图书情报工作》2012年第19期。

③ Dame Janet Finch, Accessibility, sustainability, excellence: how to expand access to research publications. [2012—6—19], http://apo.org.au/sites/default/files/Finch-Group-report-FINAL-VERSION.pdf.

和经费预算中。张晓林等在《从 SCOAP 3模式看图书馆资源建设的范式转变》① 一文中详细地分析了 SCOAP 3的基本模式、内容范围和运行机制，以及图书馆遇到的挑战和应对方式等。

图书的开放获取出版模式得到进一步探讨。欧洲开放获取出版网络（Open Access Publishing in European Networks，OAPEN）致力于人文社会科学单行著作的开放出版。2012 年 2 月底，OAPEN 宣布提供开放获取图书目录服务 DOAB（The Directory of Open Access Books），以增加开放获取图书的可发现性，目前已收录来自 35 个出版社的 1260 种同行评议开放获取学术著作。JISC 和 AHRC 共同资助的 OAPEN-UK 项目，已广泛邀请人文和社会科学领域的学术出版商参与试点，与相关人员及机构共同探索学术专著开放获取所面临的挑战和发展。

3. 开放获取政策进一步推进

开放获取政策及法律问题也受到很多关注，各国纷纷制定相关的政策。

2012 年 3 月，英国研究理事会（Research Councils UK，RCUK）提出了一项新的开放获取政策草案，进一步阐明了 RCUK 的开放获取定义，并强化了一些必须要遵守的标准。7 月 16 日 RCUK 发布开放共享政策，明确自 2013 年 4 月起，英国任何公共资金资助的科学研究论文在出版半年（人文研究委员会、经济和社会研究委员会要求的是 12 个月）内必须提供开放获取。同时，该政策采取了知识共享协议“CC-BY”许可，使研究成果的可重用性最大化，而不仅仅是提供免费获取。

2012 年 4 月，联合国教科文组织发布了一个名为《开放获取发展与推广政策指南》的报告，阐明了开放获取的概念，并提供了相关政策的具体实施步骤。世界银行也宣布对其研究成果和知识产品实行新的开放获取政策，并启动开放知识库。欧盟委员会和欧洲议会在下一个研究框架协议——Horizon2020 中要求该计划资助的研究论文必须开放出版或者在出版之后将其存放在开放知识库中。欧盟还建议其成员国推进开放获取政策。2012 年 5 月，阿根廷众议院通过了新法案，将实现从开放获取知识库获取所有公共资助研究成果。2012 年 10 月由 PLOS、SPARC、OASPA（开放获

① 张晓林、李麟等：《从 SCOAP3 模式看图书馆资源建设的范式转变》，《图书情报工作》2012 年第 17 期。

取学术出版商联盟）联合发布一份指南性质的报告——《期刊开放获取频谱》（Open Access Spectrum），讨论了开放获取出版内容的开放度的问题，即在免费阅读的同时，是否允许作者保留著作权、是否允许读者保留其他使用权、是否允许第三方系统享有开放处理权等[①]。

2012 年 4 月，中国科学院发布了《公共教育科研单位机构知识库内容存缴与传播的权益管理政策指南》[②]，对于机构知识库建设的实际操作具有较大的指导作用。

（三）数字资源的长期保存

随着数字资源建设的发展，数字资源长期保存问题在图书馆战略规划中占有越来越重要的地位。许多西方国家都制定了详细的数字资源保存政策，与之相关的理论研究也比较多。

1. 图书馆的数字资源保存政策

美国、澳大利亚和欧洲等西方国家都制定了数字资源保存政策，除了具体的保存内容、保存方式等之外，以下两方面的内容日益受到重视：

（1）数字资源与纸本资源的协同保障

加利福尼亚数字图书馆与出版商签订了许可协议，要求出版商将所有拥有许可使用权的电子期刊提供一份纸本，以便创建一个中央纸本刊档案库，这样既满足了读者对电子期刊的需求，又解决了长期保存的问题。

（2）制定相关的数字资源保存政策，但并不保存所有内容

图书馆在馆藏发展政策中制定相关的数字资源保存政策，确定了是否保存的决策程序，但是并不一定要求必须本机构进行保存。如哥伦比亚大学图书馆的数字资源保存政策规定了是否需要保存要由许多专家共同决定，同时，尽可能在采购或获得许可时决定是否需要长期保存。对于图书馆引进的资源，该政策规定，图书馆有责任通过集团行为、许可协议等方面的工作确保某一机构（可能是本馆，也可能是其他机构）对资源进行保存，以便使该校的用户可以持续对资源的访问。对于仅有电子版的资源要特别强调这一点[③]。

---

① 李麟、张晓琳：《传统出版社的开放出版政策》，《图书情报工作》2013 年第 1 期。

② 中国科学院国家科学图书馆科技信息政策研究中心：《机构知识库内容存缴与传播的政策指南》，2012 年。

③ http：//www. columbia. edu/cu/lweb/services/preservation/dlpolicy. html.

2. 数字资源长期保存的模式

对于如何进行数字资源的长期保存，图书馆、出版商和一些其他机构都进行了实践探索，目前国外已经形成了一些相对成熟的模式。

从图书馆和出版商角度来看，保存模式可以分为机构独立保存、合作保存和第三方委托保存三种模式。其中后两种模式可以是国家内部的，也可以是国际层面的。

（1）机构独立保存

机构独立保存是由保存机构在拥有对被保存资源的使用权的条件下，获得出版商许可后进行的保存。这种保存模式一般都有国家收藏的背景。

荷兰国家图书馆（Koninklijke Bibliotheek，KB）是较早开始数字资源长期保存实践的机构。KB 对出版物的收藏主要是通过 KB 与国内外数据生产商之间的缴存协议来实现的①。澳大利亚国家图书馆 1996 年开始实施 Web 存档项目 PANDORA，以保存澳大利亚国家包括社会、科学、政治、经济、宗教、自然科学、文化等重要文献资产。该项目主要是针对在线电子出版物。

（2）合作保存②

随着各种长期保存试验项目的广泛开展，国家或区域的战略合作保存体系发展迅速，美国、澳大利亚和欧洲各国都进行了数字资源长期保存活动的应用部署。合作保存的代表是 LOCKSS，该项目已运行十余年，拥有一定的用户群体。LOCKSS 通过建立出版商与图书馆、图书馆与图书馆之间的协作平台，提出了从电子资源出版、发布到永久性保存与利用等一整套解决方案。这种模式允许图书馆在本地收藏、管理电子期刊（图书馆订阅期刊的电子版）并提供用户服务。

（3）第三方委托保存③

Portico 是近年发展起来的第三方保存机构，为出版商和图书馆提供数字资源长期保存服务。该机构创立于 2005 年，受到美国梅隆基金会支持。

图书馆在出版商授权后，可以委托 Portico 保存电子期刊内容，确认图

① 张静：《荷兰国家图书馆对数字资源保存的探索》，《国外社会科学》2008 年第 6 期。

② 孙艳、马炳厚、王栋：《LOCKSS 还是 Portico——谈图书馆电子资源的长期保存》，《图书馆建设》2010 年第 1 期；吴振新、李春旺、郭家义：《LOCKSS 数字资源长期保存策略》，《现代图书情报技术》2006 年第 2 期；丁艳君、郑建程：《数字资源长期保存模式比较》，《图书馆杂志》2010 年第 2 期。

③ 丁艳君、郑建程：《Portico：第三方数字资源长期保存模式初探》，《图书情报工作》2009 年第 2 期。

书馆拥有保存权后，图书馆与 Portico 签署相关协议。协议期间，图书馆必须按照其年度采购经费额度向 Portico 缴纳一定数量的保存费用。出版商与 Portico 签署非排他性的协议，授予 Portico 在世界范围内的长期保存权利，并将内容提交给 Portico。Portico 为出版商保存以电子形式出版或以其他形式出版并电子化的资源，同时提供保存内容的无障碍获取。

3. 数字资源长期保存的其他热点问题

技术的发展使得数字资源的种类和格式不断增多，新形态、新格式数字资源的长期保存成为图书馆面临的新问题，如 Web 2.0 环境下用户生成的内容，以及音频、视频等文件。美国国会图书馆从 2010 年 4 月开始收集社交网络及微博服务网站“推特”（Twitter）上的内容，截至 2012 年 12 月共收集了 1700 亿条微博信息①，供研究人员使用。随着开放获取的资源不断增多，如何长期保存这些开放获取的学术资源，也是图书馆面临的问题之一。此外，电子书的普及，使得电子书的长期保存问题逐渐成为图书馆面临的挑战。

《图书馆高新技术》（Library Hi Tech）期刊在 2010 年第 2 期发表专刊《技术与数字保存》（Technology and digital preservation），讨论了网络世界的归档—互操作②、格式淘汰—威胁与防范评估③、数字保存中的开源软件经济④，数字保存的经济、可持续与合作模式⑤等问题。迈克尔·西多（Michael Seadle）在 2009—2012 年间发表了系列文章《网络世界的归档》（Archiving in the networked world），涉及主题有互操作⑥、资源描述⑦、开

① http://www.loc.gov/today/pr/2013/files/twitter_ report_ 2013jan.pdf.

② Michael Seadle, Archiving in the networked world: interoperability. *Library Hi Tech*, Vol. 28, No. 2, 2010.

③ David S. H. Rosenthal, Format obsolescence: assessing the threat and the defenses. *Library Hi Tech*, Vol. 28, No. 2, 2010.

④ Sheila Morrissey, The economy of free and open source software in the preservation of digital artefacts. *Library Hi Tech*, Vol. 28, No. 2, 2010.

⑤ Tyler O. Walters, Katherine Skinner. Economics, sustainability, and the cooperative model in digital preservation. *Library Hi Tech*, Vol. 28, No. 2, 2010.

⑥ Association of Research Libraries: ARL Statistics 2008 - 2009, 2010, http://www.arl.org/bm~doc/arlstat09.pdf.

⑦ Michael Seadle, Archiving in the networked world: resource description framework. *Library Hi Tech*, Vol. 31, No. 1, 2013.

放获取期刊[①]、保存模式[②]等。数字保存联盟（Digital Preservation Coalition，DPC）在2010—2012年间发表了四份技术观察报告，就保存电子邮件、保存动画和音频资料、知识产权与保存、数字取证与保存等问题进行了研究[③]。

（四）数字资源的发现与整合

1. 统一资源发现

网络环境下，用户信息需求的变化对图书馆提出了信息资源整合和集成服务的要求，因而统一资源发现系统成为图书馆研究和实践的热点。

2011年美国图书馆协会的期刊《图书馆技术报告》（Library Technology Reports）在第一期发表专刊《网络级的发现服务》（Web Scale Discovery Services）。詹森·沃恩（Jason Vaughan）从内容、界面、功能三个方面比较了OCLC、Serials Solutions、EBSCO、Ex Libris四个公司的产品，是第一篇较为全面地对资源发现系统产品进行讨论的文章。从2012年开始，国内关于资源发现系统的研究论文开始陆续出现。陈定权等对资源发现系统的原理、功能进行论述，指出资源发现系统未来的发展趋势[④]。窦天芳等结合清华大学的探索实践，阐述资源发现系统在图书馆应用的经验，提出数据驱动的知识服务新思路[⑤]。刘颉颃等以广州大学城8所高校图书馆的学生用户为调查对象，调查了解用户对资源发现系统各项功能的价值感知，总结出发现系统最有用的十大功能，为图书馆引进资源发现系统提供参考性意见[⑥]。

根据2012年《图书馆杂志》发布的市场调查报告显示，全球采用各

---

① Michael Seadle, Archiving in the networked world: open access journals. *Library Hi Tech*, Vol. 29, No. 2, 2011.

② Michael Seadle, Archiving in the networked world: LOCKSS and national hosting. *Library Hi Tech*, Vol. 29, No. 4, 2011.

③ http://www.dpconline.org/publications/technology-watch-reports.

④ 陈定权、卢玉红、杨敏：《图书馆资源发现系统的现状与趋势》，《图书情报工作》2012年第7期。

⑤ 窦天芳、姜爱蓉：《资源发现系统功能分析及应用前景》，《图书情报工作》2012年第7期。

⑥ 刘颉颃、陈定权、郭婵：《用户对图书馆资源发现系统功能的期望——基于广州大学城高校图书馆学生用户的调研》，《图书情报工作》2012年第7期。

类资源发现系统的图书馆及其他信息机构的数量已超过4000家[①]。国内从2011年开始到现在，已陆续有十多家图书馆考察、测试和应用相关技术与产品。2012年5月，北京大学图书馆发布“未名搜索”上线服务，组织召开“图书馆资源发现与管理学术研讨会”；9月，清华大学图书馆发布“水木搜索”正式上线，组织召开“学术资源发现系统研讨会”。

为了规范和整合各类发现服务产品，2012年美国国家信息标准化组织成立ODI（The Open Discovery Initiative，开放发现首创计划）工作组，致力于定义基于索引检索的新一代图书馆发现服务的标准和/或最佳实践[②]。

2. 图书馆领域的关联数据

（1）关联数据概述

关联数据是语义网的主题之一，描述了通过可链接的URI（统一资源标识符）方式来发布、分享、连接Web中各类资源的方法[③]。关联数据的概念由蒂姆·伯纳斯—李（Tim Berners—Lee）在2006年提出，近年来得到了广泛的认同和快速发展。截至2012年3月8日，W3C的关联开放数据项目（Linking Open Data，LOD）已经包含520多亿条RDF三元组记录[④]。关联数据提出的目的是构建具有结构化和富含语义的数据网络，以便于在此之上构建更智能的应用。关联数据技术所具有的框架简洁、标准化、自助化、去中心化、成本低的特点，为构建人机理解的数据网络提供了根本性的保障，为实现语义网远景奠定了坚实的基础。

（2）图书馆领域的关联数据

图书馆拥有大量的结构化数据，关联数据的应用已引起了全球图书馆界的重视与推广。目前图书馆关联数据主要集中在书目数据、规范数据和术语服务三个主要领域[⑤]。

2010年5月28日，W3C宣布成立图书馆关联数据孵化小组（Library Linked Data Incubator Group）[⑥]，以通过汇集图书馆界内外参与语义网活动

---

① Breeding M.，“Automation marketplace 2012：Agents of Change”，*Library Journal*，Vol. 137 Issue 6 2012.

② http：//www. niso. org/workrooms/odi/.

③ http：//en. wikipedia. org/wiki/Linked_ data.

④ http：//www. w3. org/wiki/SweoIG/TaskForces/CommunityProjects/LinkingOpenData.

⑤ http：//thedatahub. org/group/lld.

⑥ W3C：《W3C Library Linked Data Incubator Group》，http：//www. w3. org/2005/Incubator/lld/.

(重点在关联数据)的人、基于现有创新举措、确定未来的合作轨迹,帮助提高图书馆数据在互联网上的全球互操作,孵化小组的成立也标志着图书馆应用关联数据走向国际化、规范化与组织化。2011 年 6 月 2—3 日,在美国旧金山举办了“国际图书馆、档案馆和博物馆关联开放数据峰会”(The International Linked Open Data in Libraries, Archives, and Museums Summit)①,会议宗旨为促进关联开放数据公布途径的实用性和可行性,超过 85 个团体参加了峰会。从开放知识基金会网站登记的关联数据项目情况来看,截止到2012 年 11 月,图书馆关联数据项目已达到57 个。这些项目包括了图书馆书目数据、图书馆规范主题词数据、规范人名数据等,还包括 MARC、DDC 等图书馆标准、工具的关联数据形式。

在赫尔辛基举行的 IFLA 2012 年会上,OCLC 举办了一个关联数据圆桌会议,介绍了目前图书馆领域关联数据的进展,并有不列颠图书馆等 3 个图书馆进行了实践分享②。2012 年 6 月,美国斯坦福大学图书馆馆长兼斯坦福大学出版社社长迈克尔·凯勒(Michael A. Keller)在“2012 年高校图书馆发展论坛暨数字图书馆前沿问题高级研讨班”上作了题为“关联数据:资源发现与导航的下一个前沿”(Linked Data: the next frontier for discovery and navigation)的主题报告③。上海图书馆等单位于 2012 年 7 月在上海图书馆举办主题为“从文献编目到知识编码:基于语义的信息组织基础”的专题研讨班④。2012 年有更多的图书馆数据发布了关联数据,如丹麦国家书目、OCLC WorldCat、日本国会图书馆规范库、德国国家书目等。美国国会图书馆宣布其“书目框架转变行动”启动建立模型工作,准备把 MARC21 格式翻译到关联数据模型⑤。

美国国家信息标准组织(NISO)的《信息标准季刊》出版了一期特刊《图书馆档案馆博物馆的关联数据》(Linked Data for Libraries, Archives, and Museums)⑥,聚焦了当前图书馆档案馆博物馆领域开放数据运动的发展状态。美国图书馆协会期刊《图书馆技术报告》(Library Technology Re-

---

① LOD-LAM. Home, http://lod-lam.net/summit/.

② http://www.ifla.org/news/presentations-from-oclc-linked-data-round-table-available.

③ http://www.sal.edu.cn/2012/.

④ http://conf.library.sh.cn/node/225.

⑤ http://www.loc.gov/marc/transition/news/modeling-052212.html.

⑥ http://www.niso.org/publications/isq/2012/v24no2-3/.

ports) 在 2012 年第 4 期发表了专刊“关联数据工具：网络上的连接”(Linked Data Tools: Connecting on the Web)。卡伦·柯伊尔 (Karen Coyle) 讨论了书目控制的未来，关联数据的概念及发展，关联的创建及术语的映射，还提供了相关的资源。《中国图书馆学报》在 2012 年第 1 期发表了关联数据研究专题，包括：《RDA 与关联数据》、《关联数据开放应用协议》、《关联数据发布技术及其实现——以 Drupal 为例》、《图书馆关联数据：机会与挑战》等论文。

(五) 图书馆用户信息行为研究

受信息技术和信息环境变革的影响，图书馆用户的信息需求和信息行为发生很大变化，对网络资源和数字资源的需求越来越迫切。对此，国内外学者近年来做了很多关于用户信息需求和信息行为、图书馆资源利用情况的调查和研究，以期对图书馆服务创新、资源建设等相关举措起到积极的借鉴作用。

1. 用户信息需求研究

国外图书情报界对用户信息需求的研究主要分布在美国、英国、西班牙、巴西、加拿大等国家，研究内容比较具体和微观。如凯伦·戴维斯 (Karen Davies) 通过网络调查问卷分析英国医生获取电子信息的需求及障碍因素①。艾伦·布莱恩 (Alan Brine) 和约翰·费瑟 (John Feather) 试图对英国现有历史名宅的情况及其信息需求进行分析②。国内图书情报界相关学者主要是针对用户信息需求特点、对策等的研究，也开始采用案例调研等方法。如，邓碧侠从信息时代用户信息需求的特征入手，分析用户需求实现过程中的障碍因素，并提出相关对策与措施③。袁红与吴明明从马太效应和用户信息需求的基本理论出发，探讨了用户信息需求的特点及规律以及不同环境下用户信息需求的马太效应的表现，探讨了马太效应对用户信息需求的影响④。曹霞、吴新年和马建玲以中国科学院为例，采用调

① Karen Davies, Information Needs and Barriers to Accessing Electronic Information: Hospital-Based Physicians Compared to Primary Care Physicians, *Journal of Hospital Librarianship* , Vol. 11, No. 3, pp. 249 - 260, 2011.

② Alan Brine, John Feather, The information needs of UK historic houses: mapping the ground, *Journal of Documentation* , Vol. 66, No. 1, 2010.

③ 邓碧侠：《用户信息需求实现的障碍因素研究》，《图书与情报》2010 年第 5 期。

④ 袁红、吴明明：《用户信息需求的马太效应及实证分析》，《情报科学》2011 年第 5 期。

查问卷方式，对科研人员标准信息需求与获取行为进行调查，总结出科研用户信息需求与获取行为特征，并探讨了面向科研创新的标准信息保障模式①。

2. 用户信息行为研究

很多学者以网络用户信息行为研究为主题，从网络用户信息检索行为、浏览行为、交互行为、选择行为等方面做了大量的研究。威尔逊（T. D. Wilson）分阶段对 1959 年以来的用户信息行为变化进行综述，并提出了未来的研究和发展方向②。国内学者不仅将国外各种有意义的研究方法与结论及时翻译引进到国内，并在此基础上做了进一步的探索。例如邱均平、沙勇忠等做了大量有关网络用户信息行为的研究；常进等人以兰州大学图书馆主页为实例，使用 CNZZ 网络数据从访问量、时间偏好、访问资源、用户浏览习惯等方面分析了网络用户的信息行为，分析网络用户信息行为的特征与规律，从而为网络管理者提供改善服务的相关依据③。

此外，有关虚拟用户信息行为的研究也成为一个热点。莱茵戈尔德（Rheingold）于 1993 年首次提出虚拟社区的概念。近年来，关于虚拟社区用户信息行为的研究变得越来越重要。金燕和王晓斌从数据收集、数据挖掘分析和结果展现三方面构建出虚拟社区用户信息行为研究的三维框架，着重介绍了虚拟社区用户信息行为研究的专用工具④。袁静从社会学和心理学视角、知识管理视角、商务视角、传播学视角四个方面，综合分析国内外虚拟社区用户信息行为研究理论与实践的成果⑤。

3. 电子阅读需求与行为研究

图书馆用户对电子信息的需求越来越强烈。国内外学者做了很多关于用户信息需求、图书馆资源利用情况的调查和研究。

康那威（L. S. Connaway）和迪基（T. J. Dickey）的一份报告总结了 OCLC、英国研究信息网（Research Information Network，RIN）以 JISC 近年

---

① 曹霞、吴新年、马建玲：《科研用户标准信息需求及获取行为调查分析——以中国科学院为例》，《图书与情报》2010 年第 4 期。

② T. D. Wilson, Fifty Years of Information Behavior Research, [2013—6—23], http://www.asis.org/Bulletin/Feb-10/FebMar10_ Wilson.html.

③ 常进等：《基于 CNZZ 的网络用户信息行为挖掘》，《图书馆理论与实践》2013 年第 4 期。

④ 金燕、王晓斌：《虚拟社区用户信息行为研究方法的三维框架》，《图书情报工作》2012 年第 14 期。

⑤ 袁静：《虚拟社区用户信息行为研究综述》，《图书情报工作》2011 年第 16 期。

来发布的 12 个研究报告的主要内容①。报告认为，在各种层次的研究中，电子期刊正在变得越来越重要；与实体图书馆相比，用户更喜欢通过快捷方便的电子途径获取资源。

RIN 发布的《电子期刊：使用、价值和影响力》报告发现，英国科研机构依赖于电子期刊，电子期刊的使用效益很好。此外，大学里电子期刊的投入和文章下载量成强正相关关系；电子期刊使用和科研产出水平之间存在明显的相关关系，高使用率与发表论文的数量、博士学位授予的数量及科研基金和合同所带来的收入都有关系。

《2012 年美国公共图书馆电子书使用报告》② 表明，美国公共图书馆电子书的流通量从 2009 年到 2010 年增长了 1 倍，而从 2010 年到 2011 年则增长了 3 倍，3/4 的受访图书馆表明 2011 年电子书的需求量“急剧增长”，并预计 2012 年电子书的流通量还要再上涨 67%。

乔冬敏和于丽萍对 2007 年、2008 年西北师范大学用户利用馆藏资源的情况进行比较分析，认为与纸质文献利用相比，用户对数字资源和网络需求涨势更为猛烈，64.7% 的用户倾向于加大数字资源的购买力度。但是对不同学科的用户来说又有所不同，理工科用户对数字资源的依赖程度更强，文史专业的用户对纸质资源的依赖更强③。

以上调查结果表明，用户越来越多地使用数字资源，电子期刊和电子图书的使用量都增长迅速，使用量越来越高。

（六）图书馆服务创新

随着图书馆用户信息需求、行为的变化，图书馆服务理念和模式也相应发生了变化，移动服务、云服务、数据管控服务等许多新型图书馆服务模式应运而生。

1. 移动服务

移动服务作为国外图书馆服务创新的新举措正日益受到重视。国际电

---

① Lynn Silipigni Connaway, Timothy J. Dickey：《数字信息查询者：节选自 OCLC、RIN 及 JISC 用户行为项目研究报告》，杨志刚译，《图书情报工作动态》2010 年第 6 期。

② LIBRARY JOURNAL, School Library Journal. 2012 Ebook Usage in U. S. Public Libraries, [2013—6—14], http://www.library.arkansas.gov/PublicLibraryServices/Documents/Ebook-Usage-Report-Academic.pdf.

③ 乔冬敏、于丽萍：《新信息环境下高校图书馆用户信息需求调查分析》，《图书与情报》2012 年第 4 期。

信联盟预测，未来五年内，来自移动设备的网络访问将会超过来自桌面计算机的访问。移动技术正逐步改变用户发现和获取信息的习惯，移动服务成为图书馆发展的新趋势[①]。ALA 出版的一份报告《走向移动：使用基本 HTML 编程语言开发应用程序》为图书馆员如何把图书馆放入用户手中提供实际指导[②]。OCLSS Shake It 是美国佛罗里达州奥兰多市奥兰治郡图书馆系统的移动应用。用户通过它可访问图书馆移动目录，查看是否可借以及借阅次数并在标题上设置预订。此外，艾德菲大学移动图书馆、北卡罗来纳州立大学图书馆、加州大学河滨图书馆、美国弗吉尼亚理工大学图书馆等都是移动图书馆的示范。

国内移动服务的相关研究很多。曾妍在《移动阅读在图书馆实行的可能性分析》中指出图书馆接待读者人数的下降，使得图书馆寻求拓展服务领域的新途径成为必要。图书馆开展移动阅读服务的外部因素为移动阅读在图书馆实行提供了成熟的契机，内部因素则提供了实行的基础。基于对外部环境及内部因素的分析，借鉴现有的图书馆、数字图书馆、网络移动阅读的相关经验，移动阅读在图书馆开展具有可行性[③]。茆意宏在《移动互联网与图书馆服务创新》中阐述移动互联网服务的兴起和特点，在此基础上提出将移动互联网应用于图书馆服务，开拓图书馆手机服务，并分析了图书馆手机服务存在的问题与发展前景[④]。在实践方面，2003 年北京理工大学率先在国内推出短信息服务。2007 年湖南理工学院图书馆率先开通 WAP 网站服务。2009 年上海图书馆、国家图书馆率先开始了客户端应用的移动图书馆服务的尝试与运作等。

移动服务日益成为图书馆服务的重要组成部分，但是移动服务的发展当前还存在一些障碍。移动阅读要想得以充分发展，必须解决好数字资源版权保护和相关的技术问题。

2. 云服务

云服务是图书馆服务发展的又一热点。致力于提供数字服务的非营利

---

① 国际电信联盟（ITU）：《2010—2011 年电信改革趋势：实现明天的数字化世界》，[2012—5—16]，http：//www. itu. int/net/itunews/issues/2011/03/04-zh. aspx.

② 魏剑编译：《美国图书馆协会评选出第二届图书馆年度大赛四个最前沿服务》，《图书情报工作动态》2011 年第 3 期。

③ 曾妍：《移动阅读在图书馆实行的可能性分析》，《图书馆建设》2009 年第 2 期。

④ 茆意宏：《我国图书馆移动信息服务的现状与发展对策》，《大学图书馆学报》2012 年第 2 期。

组织 Dura Space 于 2011 年 11 月 1 日正式发布了开源云服务 Dura Cloud 平台，为学术机构、博物馆和其他知识管理机构提供数字图书馆及研究成果的数据存储。许多美国的著名大学，如麻省理工学院、哥伦比亚大学、莱斯大学等已经签约使用其托管云服务保管数字资源①。

国内有关云计算在图书馆的应用的讨论也非常热烈。刘炜在《图书馆需要一朵怎样的“云”?》中分析了云计算的现状和特点，结合图书馆业务和服务的发展趋势，探讨了 OCLC “云” 服务的具体内容，重点阐述了云计算将会对图书馆行业的 IT 应用产生怎样的影响。范并思在《云计算与图书馆：为云计算研究辩护》中指出，云计算已不是概念的炒作，而是大型企业的实际运作。图书馆学应该关注云计算，云计算也将给图书馆管理带来挑战。云计算在图书馆的可能应用包括：软件即服务、图书馆集成系统、云存贮、平台即服务或基础设施即服务。此外，孙坦、黄国彬《基于云服务的图书馆建设与服务策略》、沈奎林《基于 VMware vSphere 虚拟化技术构建图书馆云服务平台初探》等也是对云服务的积极探索。

虽然云计算模式目前仍然面临很多问题，如网络传输问题、数据隐私问题、安全问题、软件许可证问题等，但是，随着“云计算”在图书馆领域的深入应用，将来的图书馆应用将越来越集中在“云端”，未来图书馆发展重点将更多地放在如何为用户提供高效、个性、泛在化的服务。

3. 数据管控（data curation）② 服务

大数据时代的到来引起科学界的广泛关注。在某些“大科学”领域，如天文学和物理学中，数据的增长已经带来了科学的新模式——统称为“第四范式”③。在数据密集型科研环境下，关于研究数据的利用、共享和再利用成为一个显著问题。而数据管控的相关研究和实践正是为解决这些问题而孕育而生的。JISC 将“数据”定义为“原始的研究数据”。美国国家科学基金会 NSF 把“数据”的定义进一步细化为“所有能以数字化形式存储并能以电子方式获取的信息，包括数字、文本、出版物、感应器读

---

① Nonthaeumjane P.，Key Skills and Competencies of a New Generation of LIS Professionals，[2012—6—14]，http：//conference. ifla. org/ifla77.

② 有时也翻译为“数据监护”。

③ Hey，T.，Tansley，S. & Tolle，K.（Eds.），The Fourth Paradigm：Data Intensive Scientific Discovery，[2012—6—14]，http：//research. microsoft. com/en-us/collaboration/fourthparadigm.

数流、视频、音频、算法、软件、模型、模拟、图像等”。[①]

近两年来，数据管控服务逐渐成为国内外图书馆界研究与实践的新热点。约翰·麦科尔（John MacColl）和迈克尔·朱布（Michael Jub）提出，科研管理服务和学术档案库的建立是未来图书馆发展的重要方向[②]。国外图书馆界参与数据管控服务的实践包括：数据素质教育课程及培训、数据管控及工具的相关知识、数据管理指导与咨询、数据政策数据仓储建设、多学科元数据标准及元数据服务、数据资源登记与导航、开放关联数据等[③]。代表性项目包括斯坦福大学数字图书馆的基础设施、普渡大学的Databib项目、加州大学研究网络基础设施组（Research Cyber Infrastructure，RCI）项目等。重要的会议包括：2012年3月召开的“第三届美国信息科学与技术学会研究数据获取与保存峰会”（Research Data Access & Preservation，RDAP)[④]，以及2012年8月14日国际图联科学技术图书馆组所召开的主题为“图书馆在数据管控、存取、保存中的作用：国际视角”（The Role of Libraries in Data Curation，Access，and Preservation：an International Perspective）会议等。

国内有关数据管控服务着重在于对国外相关实践的介绍，以及一些初期的研究。杨鹤林通过对DataStaR项目的考察，就康奈尔大学图书馆基于机构库的数据管控内容、模型和方法进行了论述，讨论了美国高校图书馆在机构库建设中遇到的问题及新思路，为中国高校的数据管控服务和机构库建设提供参考[⑤]。其他的学者，如青秀玲、程莲娟等在进行数据管控的相关探索。主要的研究机构包括国家科学图书馆、暨南大学图书馆等。

除以上内容外，伴随着信息技术的深入发展和用户信息需求的变化，

---

① Nation al Science Board，Long-lived digital data collections：enabling research and education in the 21st century，[2012—6—14]，http：//www. nsf. gov/pubs/2005/nsb0540/n sb0540. pdf.

② John MacColl、Michael Jub：《科研支撑服务研究：科研环境、管理机构与图书馆》，宋丹辉编译，《图书情报工作动态》2011年第7期。

③ 青秀玲：《数据监护：我们的机遇与挑战》，《图书情报工作》杂志社第27次图书馆学情报学学术研讨会，2012年10月。

④ 57 Karen M. Wickett，Xiao Hu，Andrea Thomer，RDAP12 Summit：Challenges and Opportunities for Data Management，[2012—6—14]，http：//www. asis. org/Bulletin/Jun-12/JunJul12_ Wickett_ Hu_ Thomer. html.

⑤ 杨鹤林：《从数据监护看美国高校图书馆的机构库建设新思路——来自DataStaR的启示》，《大学图书馆学报》2011年第2期。

许多更新的服务模式，如知识服务、智慧服务、出版服务等在图书馆领域进一步发展起来，正在潜移默化地影响着图书馆的服务模式，成为未来图书馆服务发展的新方向。

三　学科建设状况

（一）学科建设基本情况

同国内其他大型图书馆相比，本学科起步较晚，学科基础相对薄弱，此前并没有这方面的专门人才。2010 年以来，学科成员通过认真学习和研究国内外图书馆的新方法、新成果，并在院图书馆进行实践，从而推进和带动本学科的研究和实际工作，产生了一定数量的研究成果，培养了若干科研业务骨干。在人文社会科学领域数字资源及其服务的研究方面，学科的研究成果和研究人员在国内已经具有一定的影响力。

（二）本学科成员主持的研究项目

序号	课题名称	主持人	课题类别	起止时间	进展情况
1	中国社会科学院图书馆数字资源使用手册	孔青青	所重点	2008—2011	结项
2	院图书馆学科化服务体系建设研究	赵以安	所重点	2009—2012	结项
3	中文电子书发展现状与院馆的收藏策略	黄丽婷	所重点	2010—2012	结项
4	中外文电子期刊发展研究与院图书馆收藏策略	包凌	所重点	2010—2013	结项

（三）学术活动

序号	会议名称	主要内容	起止时间	人数	地点	会议类型
1	外文期刊投稿与电子资源利用研讨会	与 SAGE 出版集团联合举办，邀请国内外专家就外文期刊投稿与电子资源利用问题进行研讨	2010 年 8 月 24 日	86	院图书馆	合办

续表

序号	会议名称	主要内容	起止时间	人数	地点	会议类型
2	全国社科院系统机构/个人数字图书馆建馆大赛暨数字图书馆建馆设计与示范观摩研讨会	全国社科院系统如何建设机构和个人数字图书馆	2010年1月19日	50	院图书馆	合办
3	网络资源管理与知识共享系统	国防大学图书馆祁长松研究员进行学术讲座	2010年1月14日	20	院图书馆	主办
4	社科院方志数字化相关问题研究	就方志数字化的现状、版权问题、数字方志与知识组织及地理信息系统的关系等问题进行深入研讨	2010年5月13日	20	院图书馆	主办
5	数字资源与图书馆建设	斯坦福大学图书馆馆长 Keller 博士进行学术讲座	2010年3月18日	80	院图书馆	主办
6	我院电子资源利用的统计分析	当前网络学术资源的发展状况及院馆电子资源建设概况，并就馆藏学术资源的利用情况展开深入分析	2010年7月8日	20	院图书馆	主办
7	馆藏电子资源检索与服务	向欧洲所研究人员介绍院图书馆馆藏电子资源	2010年4月22日	30	欧洲所	合办
8	馆藏电子资源检索与服务	向国际合作局同志介绍院图书馆馆藏电子资源	2010年7月15日	30	国际合作局	合办
9	馆藏电子资源检索与服务	向马研院研究人员介绍院图书馆馆藏电子资源	2010年7月15日	40	马研院	合办

续表

序号	会议名称	主要内容	起止时间	人数	地点	会议类型
10	中国社科期刊走向世界	邀请SSCI选刊总监James Testa及国内相关专家 就中国社科期刊发展的系列问题展开研讨	2011年5月15日	50	院部会议室	主办
11	"数字资源走进财贸所"培训讲座	向财贸所研究人员介绍院图书馆馆藏电子资源	2011年5月12日	30	财贸所	合办
12	LEXIS-NEXIS数据库培训	介绍LEXIS-NEXIS数据库的使用技巧	2011年10月17日	15	院图书馆	主办

(四) 已发表的主要成果

序号	成果名称	作者	成果形式	字数	发表时间	发表单位	所属课题及类别
1	网络环境中的信息资源和信息消费行为	蒋颖	专著的一章	55千字	2010.3	黄长著等著,《网络环境下图书情报学科与实践的发展趋势》,社会科学文献出版社,第74—132页。	社科基金重点项目"文献信息资源开发利用在当代社会中的作用和地位"
2	解读数字参考咨询服务	顾红、任宁宁	专著	258千字	2010.12	经济管理出版社	院B类重大课题"数字化参考咨询服务研究"
3	人文社会科学数字资源使用手册	孔青青、包凌、蒋颖	工具书	561千字	2012.11	社科文献出版社	所重点课题"中国社会科学院图书馆数字资源使用手册"
4	科学数据共享:共享内容、对象、时间及原因	蒋颖	论文	10千字	2010.9	第五届中美图书馆合作会议宣读论文	

续表

序号	成果名称	作者	成果形式	字数	发表时间	发表单位	所属课题及类别
5	Question-Point 在中国使用与发展现状的实证分析	顾红、白洁、陈涛	论文	6 千字	2010.12	《图书馆学研究(应用版)》	
6	开源电子资源管理系统探析	赵以安	论文	6 千字	2011.6	《现代图书情报技术》	院青年学者发展基金项目
7	数字环境下图书馆用户隐私权保护策略研究	包凌	论文	9.6 千字	2011.11	《农业图书情报学刊》	
8	人文社会科学学术资源开放获取现状分析——以中国社会科学院为例	蒋颖	论文	8 千字	2012.3	《社会科学管理与评论》	
9	图书馆统一资源发现系统的比较分析	包凌、蒋颖	论文	6 千字	2012.10	《情报资料工作》	
10	国外图书馆战略规划中的信息技术	赵以安	论文	6 千字	2012.10	《图书馆学研究》	院青年学者发展基金项目
11	2011 年国外图书馆服务研究进展	孔青青	论文	6 千字	2012.11	《图书馆建设》	
12	国内外学科服务主要研究进展	孔青青	论文	6 千字	2012.12	《新世纪图书馆》	
13	谷歌图书搜索的是是非非	黄丽婷	一般文章	3 千字	2010.4.	《中国社会科学报》	
14	图书馆·情报与文献学名词审定工作进展	蒋颖、刘振喜	一般文章	3 千字	2012.7	《中国科技术语》	

续表

序号	成果名称	作者	成果形式	字数	发表时间	发表单位	所属课题及类别
15	2011 年图书馆技术领域的十大趋势	孔青青	编译文章	1.5 千字	2012.1	《图书情报工作动态》	
16	学术图书馆未来的思考：图书未来的构想	孔青青	编译文章	1.2 千字	2012.7	《图书情报工作动态》	
17	OCLC 与 EBSCO 公司合作，提供图书馆服务的互操作性并增加检索选项	孔青青	编译文章	0.8 千字	2012.7	《图书情报工作动态》	

（五）获奖成果

序号	成果名称	成果形式	发表时间	作者	成果获奖情况			
					奖项名称	授奖单位	等级	获奖时间
1	1995—2004 年文献计量学研究的共词分析	论文	2011 年	蒋　颖	中国社会科学院第七届科研成果三等奖	中国社会科学院	院级	2011 年
2	基于关键词的图书馆学科化服务研究发展分析	论文	2011 年	赵以安	2010 年中国社会科学情报学会学术年会优秀论文二等奖	中国社会科学情报学会	学科专项奖	2011 年
3	北京城区基层公共图书馆发展现状与对策研究	论文	2010 年	李广立	2010 年中国社会科学情报学会学术年会优秀论文二等奖	中国社会科学情报学会	学科专项奖	2010 年
4	社会科学网络文献资源建设	论文	2010 年	杨　丹	2010 年中国图书馆学会年会优秀论文三等奖	中国图书馆学会	学科专项奖	2010 年

续表

序号	成果名称	成果形式	发表时间	作者	成果获奖情况			
					奖项名称	授奖单位	等级	获奖时间
5	苏南基层图书馆的创新与发展	专著	2012年	蒋颖、顾红、彭绪庶	中国社会科学院图书馆所级优秀科研成果一等奖	中国社会科学院图书馆	所级	2012年

四　学科发展前景

在已有学科建设的基础上，本学科未来发展的总体目标是使本学科成为国内人文社会科学数字资源建设与服务领域领先的优势学科。为建设社会科学数字资源保障体系提供依据，并打造一支具有较高理论水平和较强应用能力的队伍。

主要研究方向包括社会科学数字资源建设与服务的理论、技术与应用。重点围绕电子期刊、电子图书的最新发展状况，综合考虑图书馆馆藏策略，特别是针对国外电子图书的采购模式进行分析，以确定院图书馆在纸本文献与电子图书之间的采访模式与收藏政策。同时，围绕统一资源检索与发现平台开展较为深入的分析研究，结合院图书馆引进的资源发现系统平台的进行部分开发工作。此外，还要进行国外机构知识库发展状况跟踪，分析研究国内人文社科领域机构知识库的建设及其影响因素。

在科研队伍建设方面，以当前学科中的骨干力量为主，吸收院图书馆的相关专业人员，利用他们对传统图书馆的研究功底和复合图书馆环境中的经验来深化对数字资源建设与服务的理解；通过参加培训和学术会议继续拓展学科知识面，通过课题研究来带动学术研究；保持与国内其他图书馆的合作与交流关系，跟踪国内外同行的最新研究成果。

2014年7月，本学科的资助即将到期，在此之前，我们将完成现有研究任务，整理已有成果，出版一部专著，发表多篇论文，不断扩大本学科的社会影响。

（中国社会科学院图书馆　蒋颖　包凌　赵以安　孔青青）

文献计量学学科前沿研究报告（2010—2012）

一　学科发展概况

（一）历史沿革与发展背景

文献计量研究始于20世纪初。1917年，文献学家科尔（F. T. Cole）和伊尔斯（N. B. Eales）率先以动物解剖学方面的论文为对象对文献进行了统计分析。1922年，英国伦敦专利局的图书馆员休姆（E. W. Hulme）以《国际科技文献目录》为基础，对有关科技文献的数量增长情况进行了分析研究，并称之为“统计书目学”（Statistical Bibliography）。1969年，英国的普查里德（A. Pritchard）提出用“文献计量学”（Bibliometrics）代替“统计书目学”一词，并认为文献计量学是“将数学和统计学的方法运用于图书及其他交流介质研究”的一门学科。之后又出现了科学计量学（Scientometrics）、信息计量学（Informetrics）和网络计量学（Webometrics）等新的概念及相关的理论，从而使文献计量学在原有基础上研究的范围和领域拓宽了。最近，有学者提出Altmetrics的概念，国内有学者将其翻译为“选择性计量学”①。虽然这些概念众多，研究对象和目的有所不同，但起源相同，并且享有共同的原理、方法和工具。为表述方便，本文使用“文献计量学”一词包含以上众多计量学的研究领域。

1963年，加菲尔德编制出版的《科学引文索引》（SCI）开创了文献

① 刘春丽：《Web2.0环境下的科学计量学：选择性计量学》，《图书情报工作》2012年第14期。

计量学的引文分析时代。1973 年推出《社会科学引文索引》（SSCI）。1978 年又推出了《艺术与人文科学引文索引》（A&HCI）。这三个引文数据库一直是众多学者开展文献计量学研究最常用的工具。2004 年，Scopus 和 Google Scholar 的相继推出，结束了 Web of Science 的垄断地位。我国国内也先后研制出中国科学引文索引（CSCD）、中国人文社会科学引文数据库（CHSSCD）和中文社会科学引文索引（CSSCI），为我国文献计量学研究提供了可靠的中文数据来源。

（二）代表人物及科研成果分布情况

为了了解 2010—2012 年三年间国际文献计量学界的整体状况，本文通过 Web of Science 的精炼检索功能从以下几个方面进行统计分析：国家（地区）、组织机构、来源期刊、作者和高被引论文。本文使用 SSCI 数据库，检索式设定如下：（TS = （informetric * or bibliometric * or scientometric * or webometric * ）OR SO = （scientometrics OR " journal of informetrics" ））AND PY = （2010—2012））AND 语种 = （English）。文献类型限定为 ARTICLE、PROCEEDINGS PAPER 和 REVIEW 三种，共获得 1556 篇文献。考虑到文献计量学在实际应用中可能会涉及很多学科，而本文主要考察文献计量学本身的发展情况，故将来源期刊限定在前 13 种，这 13 种期刊上的发文量共计 1116 篇，占全部文献量的 71%。以下统计分析即基于 13 种期刊上的 1116 篇文献。检索日期为 2013 年 6 月 20 日。

1. 代表人物

我们从发文数量 10 篇及以上的 23 个作者中选出近三年学科研究的代表人物，这些作者发文数量占到全部发文数量的 35%。这些大多是我们耳熟能详的全球文献计量学领域顶尖学者。排名第一的是德国马普学会的博恩曼（Lutz Bornmann）。博恩曼主要从事科研评价、同行评议和文献计量指标研究，过去几年发表了多篇 h 指数相关研究。排在第 2 位的鲁索则是大家熟知的国际文献计量学家，被誉为信息计量学之父，曾获国际计量学领域最高奖——普赖斯（Price）奖，现任 ISSI 委员会主席。雷迭斯多夫（Loet Leydesdorff）是荷兰阿姆斯特丹大学的教授，因其在科学计量学研究方面所取得的成就而获得 2003 年普赖斯奖，他发表了《科学计量学的挑战》等多部专著，发表了引文分析方面大量论文，并开发了针对文献计量的系列程序。格伦采尔（Wolfgang Glanzel）也是国际知名科学计量学家，曾于1999年荣获普赖斯奖，现任鲁汶大学教授、比利时R&D监控中心（ECOOM）主任、科学政策研究所资深研究员和《科学计量学》主编。迈克·塞沃尔（Mike Thelwall）是英国的青年学者，近期非常活跃高产，专注于网络链接分析与网络引文分析领域，其专著《网络计量学导论：用于社会科学的网络定量研究》阐明网络计量学是对网站、网页、网页上各部分及字词、超文本链接、搜索引擎结果等各个方面进行计量分析的一门学科，主要为社会科学提供网站及网页定量研究的原理与方法[①]。瑞恩（Van Raan AFJ ）是荷兰莱顿大学CWTS中心主任，致力于文献计量指标及科研绩效评价方面的研究，是皇冠指数研制者之一。莱文（Van Leeuwen TN）也是CWTS资深文献计量学家。埃克（Van Eck NJ）和沃尔特曼（Waltman L）则是CWTS团队的后起之秀，俩人开发了知识图谱软件VOSviewer。弗兰切斯基尼（Franceschini F）和马伊萨诺（Maisano D）近几年关注指标研究较多，并提出了成功指数（success-index）的概念。黄慕萱（HUANG MH）则是台湾大学图书资讯学系教授、系主任，主要致力于文献计量与科学评价方面的研究，其与陈达仁（CHEN DZ）合作发表了多篇文章。中国大陆唯一入选者官建成（GUAN JC）目前是中国科学院大学管理学院教授，近几年发表了多篇科学计量学及创新管理方面的文章。

表1　　**高产作者及发文数量**

排序	作者	所属国家（地区）	发文数量
1	博恩曼（BORNMANN L）	德国	29
2	鲁索（ROUSSEAU R）	比利时	27
3	阿布拉莫（ABRAMO G）	意大利	26
4	丹杰洛（D'ANGELO CA）	意大利	25
5	格伦采尔（GLANZEL W）	比利时	24
6	雷迭斯多夫（LEYDESDORFF L）	荷兰	23
7	埃格赫（EGGHE L）	比利时	20
8	黄慕萱（HUANG MH）	中国台湾地区	19

① Thelwall M, *Introduction to Webometrics: Quantitative Web Research for the Social Sciences*, Morgan and Claypool Publishers , 2009.

续表

排序	作者	所属国家（地区）	发文数量
9	沃尔特曼（WALTMAN L）	荷兰	17
10	埃克（VAN ECK NJ）	荷兰	16
11	PARK HW	韩国	15
12	塞沃尔（THELWALL M）	英国	15
13	莱文（VAN LEEUWEN TN）	荷兰	15
14	陈达仁（CHEN DZ）	中国台湾地区	14
15	丹尼尔（DANIEL HD）	瑞士	13
16	JACSO P	美国	13
17	弗兰切斯基尼（FRANCESCHINI F）	意大利	12
18	官建成（GUAN JC）	中国大陆	12
19	马伊萨诺（MAISANO D）	意大利	12
20	PRATHAP G	印度	12
21	瑞恩（VAN RAAN AFJ）	荷兰	12
22	丁颖（DING Y）	美国	11
23	拉里维埃（LARIVIERE V）	加拿大	10

2. 代表性成果

我们从高被引论文中选出代表性成果。高被引论文通常代表该学科领域学者关注的重点，能反映出近期该学科领域的研究热点。据汤森路透引文数据库的引文分析报告显示，本文检索出的1116篇文献的h指数值为21，因此这里将被引21次及以上的文献称为“高被引论文”。

这些高被引论文的研究主题基本可归为以下几类：（1）文献计量学指标讨论，该类论文占了高被引论文的1/3之多，其中包括排名第一的莫德（Moed）关于SNIP指标的研究和排名第七的SJR指数。其中几篇是荷兰学者雷迭斯多夫（Leydesdorff L），Opthof T与莱顿大学瑞恩等人关于皇冠指数的讨论。其他讨论比较多的指标还有h指数及类h指数和影响因子。（2）引文分析及共被引分析，如陈超美提出的多视角共被引分析。（3）科学评价研究，包括如何评价交叉学科及大学排名等。（4）数据源的研发及不同数据源的比较。论文题录信息详见表2。

表 2 **高被引论文**

排序	作者	标题	出版年	来源出版物	被引次数
1	Moed, Henk F.	Measuring contextual citation impact of scientific journals	2010	JOURNAL OF INFORMETRICS	72
2	Opthof, Tobias; Leydesdorff, Loet	Caveats for the journal and field normalizations in the CWTS ("Leiden") evaluations of research performance	2010	JOURNAL OF INFORMETRICS	58
3	Waltman, Ludo; van Eck, Nees Jan; van Leeuwen, Thed N.	Towards a new crown indicator: Some theoretical considerations	2011	JOURNAL OF INFORMETRICS	53
4	Rafols, Ismael; Meyer, Martin	Diversity and network coherence as indicators of interdisciplinarity: case studies in bionanoscience	2010	SCIENTOMETRICS	49
5	Leydesdorff, Loet; Bornmann, Lutz; Mutz, Ruediger	Turning the Tables on Citation Analysis One More Time: Principles for Comparing Sets of Documents	2011	JOURNAL OF THE AMERICAN SOCIETY FOR INFORMATION SCIENCE AND TECHNOLOGY	39
6	vanRaan, Anthony F. J.; van Leeuwen, Thed N.; Visser, Martijn S.	Rivals for the crown: Reply to Opthof and Leydesdorff	2010	JOURNAL OF INFORMETRICS	35
7	Gonzalez-Pereira, Borja; Guerrero-Bote, Vicente P.; Moya-Anegon, Felix	A new approach to the metric of journals´ scientific prestige: The SJR indicator	2010	JOURNAL OF INFORMETRICS	33
8	van Eck, Nees Jan; Waltman, Ludo	Software survey: VOSviewer, a computer program for bibliometric mapping	2010	SCIENTOMETRICS	31

续表

排序	作者	标题	出版年	来源出版物	被引次数
9	Bornmann, Lutz; Mutz, Ruediger; Hug, Sven E.	A multilevel meta-analysis of studies reporting correlations between the h index and 37 different h index variants	2011	JOURNAL OF INFORMETRICS	30
10	Leydesdorff, Loet; Bornmann, Lutz	Integrated Impact Indicators Compared With Impact Factors: An Alternative Research Design With Policy Implications	2011	JOURNAL OF THE AMERICAN SOCIETY FOR INFORMATION SCIENCE AND TECHNOLOGY	28
11	Chen, Chaomei; Ibekwe-SanJuan, Fidelia; Hou, Jianhua	The Structure and Dynamics of Cocitation Clusters: A Multiple-Perspective Cocitation Analysis	2010	JOURNAL OF THE AMERICAN SOCIETY FOR INFORMATION SCIENCE AND TECHNOLOGY	28
12	Vanclay, Jerome K	Impact factor: outdated artefact or stepping-stone to journal certification?	2012	SCIENTOMETRICS	27
13	Bornmann, Lutz; Leydesdorff, Loet; Van den Besselaar, Peter	A meta-evaluation of scientific research proposals: Different ways of comparing rejected to awarded applications	2010	JOURNAL OF INFORMETRICS	25
14	D'Angelo, Ciriaco Andrea; Giuffrida, Cristiano; Abramo, Giovanni	A Heuristic Approach to Author Name Disambiguation in Bibliometrics Databases for Large-Scale Research Assessments	2011	JOURNAL OF THE AMERICAN SOCIETY FOR INFORMATION SCIENCE AND TECHNOLOGY	24
15	Zitt, Michel	Citing-side normalization of journal impact: A robust variant of the Audience Factor	2010	JOURNAL OF INFORMETRICS	24
16	Billaut, Jean-Charles; Bouyssou, Denis; Vincke, Philippe	Should you believe in the Shanghai ranking?	2010	SCIENTOMETRICS	24

续表

排序	作者	标题	出版年	来源出版物	被引次数
17	Chen, Yu-Chun; Yeh, Hsiao-Yun; Wu, Jau-Ching;	Taiwan's National Health Insurance Research Database: administrative health care database as study object in bibliometrics	2011	SCIENTOMETRICS	23
18	Alonso, S.; Cabrerizo, F. J.; Herrera-Viedma, E.	hg-index: a new index to characterize the scientific output of researchers based on the h- and g-indices	2010	SCIENTOMETRICS	23
19	Vieira, E. S.; Gomes, J. A. N. F.	Citations to scientific articles: Its distribution and dependence on the article features	2010	JOURNAL OF INFORMETRICS	22
20	Jacso, Peter	Metadata mega mess in Google Scholar	2010	ONLINE INFORMATION REVIEW	22
21	Wagner, Caroline S.; Roessner, J. David; Bobb, Kamau;	Approaches to understanding and measuring interdisciplinary scientific research (IDR): A review of the literature	2011	JOURNAL OF INFORMETRICS	21
22	Hirsch, J. E.	An index to quantify an individual's scientific research output that takes into account the effect of multiple coauthorship	2010	SCIENTOMETRICS	21
23	Franceschet, Massimo	A comparison of bibliometric indicators for computer science scholars and journals on Web of Science and Google Scholar	2010	SCIENTOMETRICS	21

3. 论文分布情况

(1) 国家（地区）分布

本文检索到的1116篇文献共来自64个国家（地区），表3列出前15位，其中排名前三的国家分别是美国、中国和西班牙，且发文数量明显高于后面的国家（地区）。中国台湾位列第四。欧洲和美国一直是文献计量学研究比较活跃的地区，表3也显示有8个国家来自欧洲，其中就包括文献计量学的研究重镇比利时和荷兰。

表3　**国家（地区）发文数量**

排序	国家（地区）	文献数量（篇）	百分比（%）
1	USA（美国）	168	15.054
2	PEOPLES R CHINA（中国大陆）	135	12.097
3	SPAIN（西班牙）	115	10.305
4	TAIWAN（中国台湾地区）	87	7.796
5	BELGIUM（比利时）	86	7.706
6	NETHERLANDS（荷兰）	85	7.616
7	ENGLAND（英国）	75	6.72
8	GERMANY（德国）	71	6.362
9	ITALY（意大利）	70	6.272
10	SOUTH KOREA（韩国）	47	4.211
11	CANADA（加拿大）	41	3.674
12	INDIA（印度）	38	3.405
13	HUNGARY（匈牙利）	32	2.867
14	FRANCE（法国）	31	2.778
15	AUSTRALIA（澳大利亚）	24	2.151

(2) 机构分布

表4列出了发文数量超过15篇的13个机构。比利时天主教鲁汶大学以51篇位居第一，荷兰莱顿大学、西班牙国家研究委员会、匈牙利科学院、比利时安特卫普大学分列2—5位。前13家机构中有3家来自比利时、2家来自荷兰、2家来自西班牙，其他分别来自中国台湾、匈牙利、美国

和英国。这些国家或地区都位于表1中的前15名。但是值得注意的是，中国大陆虽然发文总量居于第2位，但并没有特别突出的机构在论文数上超过15篇。武汉大学和中国科学技术信息研究所分别以发文数量15和14篇位居第12位和13位。鲁汶大学是比利时最大的大学，是欧洲顶尖高等学府，也是世界著名大学之一，鲁索即任教于此。莱顿大学成立于1575年，是欧洲历史最悠久的大学之一，也是荷兰声望及学术地位最高的大学，该校的科学技术研究中心（Centre for Science and Technoloy Studies，CWTS）是国际上著名的文献计量学研究机构之一。西班牙国家研究委员会（Spanish National Research Council，CSIC）是欧洲最早的基础研究组织之一，该机构下设网络计量学实验室，一直致力于互联网和网络内容的量化分析研究，特别有关科学知识的生成过程和学术交流等相关内容的量化分析研究，并出版电子杂志"赛博计量学（Cybermetrics）"。

表4　**机构发文数量**

排序	所属国家（地区）	机构名称	文献数量（篇）	百分比（%）
1	比利时	鲁汶大学（KATHOLIEKE UNIV LEUVEN）	51	4.57
2	荷兰	莱顿大学（LEIDEN UNIV）	43	3.853
3	西班牙	西班牙国家研究委员会（CSIC）	32	2.867
4	匈牙利	匈牙利科学院（HUNGARIAN ACAD SCI）	30	2.688
5	比利时	安特卫普大学（UNIV ANTWERP）	27	2.419
6	美国	印第安纳大学（INDIANA UNIV）	26	2.33
7	中国台湾地区	台湾大学（NATL TAIWAN UNIV）	26	2.33
8	意大利	罗马第二大学（UNIV ROMA TOR VERGATA）	26	2.33
9	西班牙	格拉纳达大学（UNIV GRANADA）	25	2.24
10	荷兰	阿姆斯特丹大学（UNIV AMSTERDAM）	24	2.151
11	比利时	布鲁日—奥斯坦德大学（KHBO ASSOC KU LEUVEN）	23	2.061
12	意大利	意大利国家研究委员会（NATL RES COUNCIL ITALY）	17	1.523
13	英国	苏塞克斯大学（UNIV SUSSEX）	16	1.434

(3) 期刊分布

表5列出了刊发文献计量学相关研究的主要期刊。该表显示，文献计量学领域发文具有明显的集中分散规律，其中，Scientometrics 发文数量占到了一半以上，其次是 Journal of Informetrics。正因为此，很多学者直接通过统计这两个重要期刊的刊载文献来研究文献计量学相关领域的发展。除了上述两个期刊，图书情报界中的顶尖期刊 Journal of the American Society for Information Science and Technology 也是发文重地。剩下的文献便分散于图书情报学、管理学等期刊中。

表5　**期刊名称及其发表文献数量**

排序	期刊名称	文献数量（篇）	百分比（%）
1	科学计量学（Scientometrics）	697	62.455
2	信息计量学杂志（Journal of Informetrics）	195	17.473
3	美国信息科学与技术学会杂志（Journal of the American Society for Information Science and Technology）	90	8.065
4	马来西亚图书馆信息科学学报（Malaysian Journal of Library & Information Science）	26	2.33
5	研究评价（Research Evaluation）	20	1.792
6	在线信息评论（Online Information Review）	14	1.254
7	公共科学图书馆·综合（PLoS ONE）	14	1.254
8	技术预测与社会变革（Technological Forecasting and Social Change）	14	1.254
9	研究政策（Research Policy）	11	0.986
10	信息管理协会会报（ASLIB Proceedings）	10	0.896
11	文献工作杂志（Journal of Documentation）	9	0.806
12	信息科学杂志（Journal of Information Science）	9	0.806
13	信息处理与管理（Information Processing & Management）	7	0.627

二　学科前沿动态

文献计量学是一门应用性很强的学科。主要是应用文献计量学的经典定律与研究成果来解决学术文献与科研管理方面的问题。应用研究主要包括两个方面：一是文献计量学的应用方法和技术研究；二是文献计量学在科研评价与管理实践领域中的具体应用研究。

从上文统计筛选出的国际高被引论文可以看出，三年来的国际研究前沿及热点问题主要涉及有：文献计量学的方法和技术、指标研究、科学评价与科学政策、数据源等。

（一）文献计量学方法和技术

1. 引文分析

引文分析自诞生以来，一直是文献计量学的核心内容和基本方法。近几年，引文分析在理论与实践方面都取得了进展。

（1）共被引分析

共被引分析方法相对成熟，按分析对象可分为文献共被引、作者共被引和期刊共被引三种类型。陈超美 2010 年引入了“多视角共被引分析”这一概念。由于之前的共被引分析在标识聚类的时候总是以高被引文献（cited items）为来源，而“多视角共被引分析”强调不仅以高被引文献为来源，还要同时考虑这一共被引聚类的施引文献（citing items to each cluster），因为施引文献在更大程度上表征了研究前沿[①]。杜建等人受此启发，以“健康素养”领域的文献为对象，同时应用被引和施引两种视角进行了聚类分析，并确定了类的标识，结果发现两种视角得到的聚类标识基本上一致，但是后者往往比前者更具体，更细化[②]。

（2）加权直接引用

传统引文关系分为直接引用（Direct Citation）、文献耦合（Bibliograph-

① Chen, Chaomei, Ibekwe-SanJuan Fidelia, Hou, Jianhua, “The Structure and Dynamics of Cocitation Clusters: A Multiple-Perspective Cocitation Analysis”, *Journal of the American Society for Information Science and Technology*, Volume 61, Issue 7, July 2010.

② Du Jian, Xu Peiyang, Zhang Bin, “The Conceptual Structures and Thematic Trends of Health Literacy Research: A Multiple-Perspective of Document Co-Citation Analysis”.

ic Coupling）和共被引（Cocitation）三种类型。瑞典学者皮尔逊（Olle Persson）在传统引文关系基础上引入了共享引用（Shared References）和加权直接引用（Weighted Direct Citation）的概念。共享引用是指文献耦合中的被引文献簇。加权直接引用是指将共享引用和共被引两种情形与直接引用整合，使之成为一个新的引用强度。皮尔逊认为在探测研究前沿方面对共享引用和共被引进行加权，有利于在研究前沿中探测有意义的子领域①。加权直接引用的方法已经用于皮尔逊开发的 Bibexcel 软件中。

（3）自引与自引率

目前国内外研究最多的是关于期刊的自引和自引率。国内学者张建合从工作实践出发，认为期刊自引大体可分为客观性自引和主观性自引。客观性自引是指科学研究主体（作者）从科学研究的继承性和相关性角度对自身早期文献的恰当引用，主观性自引是指科学研究主体受科学研究之外的因素诱导对自身早期文献的不恰当引用。同时认为，对期刊自引不能一概用好与不好加以评论，更不能用一刀切的办法把自引从总被引频次中剔除，要结合学科发展的特点予以客观评价②。

一般认为，期刊高自引有助于提升其影响因子，因此世界各国都有一些期刊编辑部在用“威逼利诱”的方式，让作者多引用本刊。期刊自引对期刊影响因子到底有多大？坎帕纳罗（Juan Miguel Campanario）在《自引对期刊影响因子的贡献：投资—效益—收益分析》一文借用经济学的概念作类比，将对当年影响因子（IF）有贡献的自引率（当年自引率）与期刊总自引率（历史总自引率）的比值定义为“投资”（Investment），将计入自引计算出的 IF 与排除自引计算出的 IF 之比值定义为“效益”（Benefit）；将效益与投资的比值定义为“收益”（Yield）。作者用 2008 年 JCR 的全部期刊为样本，删除 482 条不合适的记录后，最后得到的期刊总数是 6138 种。研究发现：效益之分布不同于投资和收益的分布；按照三种指标排行，头 20 种期刊是不一样的；总体说来，自引对期刊影响因子的贡献

---

① Olle Persson, “Identifying research themes with weighted direct citation links”, *Journal of Informetrics* Volume 4, Issue 3, July 2010.

② 张建合：《影响因子中的期刊自引成分分析》，《信阳师范学院学报》（自然科学版）2010 年第 2 期。

（或曰“收益”）是非常有限的①。无独有偶，国内学者郑毅从基本假定及定量角度出发，推导出了人为自引率变动与影响因子变动之间的关系，得到了二者之间的公式。研究结果表明，自引率变动与影响因子之间呈准线性关系，提高自引率会在一定程度上提高影响因子，但在合理的自引率范围内，上述提高效果有限，提高影响因子更应依靠提高文章本身的质量②。

与国外科技期刊相比，我国科技期刊的自引率相对偏高，且高影响因子和高总被引频次期刊的自引率明显高于我国科技期刊的平均值；大学科的平均自引率相对较小，而小学科的平均自引率相对较高。人为因素导致了期刊的不合理自引，郭建顺在论证和分析前人研究成果的基础上，提出了甄别不合理自引的量化标准：当某个成熟期刊的自引率大于20%，且自引率增加或减小，影响因子就随之增加或减小，那么该种期刊就非常可能存在不合理自引的现象③。

2. 共词分析

共词分析方法作为一种相对成熟的分析方法经常应用于探测学科研究热点、分析学科发展过程及学科结构等。叶鹰等人在传统共词分析的基础上结合网络方法，尝试以数学、电化学、信息计量学和传播学4个分布于文、理不同学科领域的共关键词网络为例，探索通过共关键词网络研究领域知识结构的方法④。

近几年，国内有学者认为通常进行共词分析时视每篇文献、每个关键词同等重要，实际上不同文献或关键词的重要程度是不同的，因此在进行共词分析中应引入加权概念。钟伟金对共词聚类分法中的词对共现频率进行深入的分析，认为在文献的标引中存在主要主题词与次要主题词的差别，在词对共现频率计算时应对主要主题词进行加权计算，从而突出主要主题词在聚类过程中的主导地位。通过实例的对比分析，说明这种加权对

---

① Juan Miguel Campanario, “Self-citations That Contribute to the Journal Impact Factor: An Investment-Benefit-Yield Analysis”, *Journal of the American Society for Information Science and Technology*, Volume 61, Issue 12, December 2010.

② 郑毅：《科技期刊人为提高自引率对影响因子的定量研究》，《江汉大学学报》（自然科学版）2012年第4期。

③ 郭建顺：《我国科技期刊的高自引率及其不合理自引的甄别》，《中国科技期刊研究》2010年第4期。

④ 叶鹰、张力：《用共关键词网络揭示领域知识结构的实验研究》，《情报学报》2012年第12期。

共词聚类分析法的改进是有效的，也是有必要的[①]。杨彦荣和张阳在《加权共词分析法研究》一文中分析了目前共词分析方法中存在的问题，并在此基础上进行了垂直加权、水平加权和混合加权共词分析。在实证分析部分，根据文献的来源和关键词在文献中的位置，设置不同水平权值和垂直权值，对数据进行加权共词分析，证明了加权共词分析法的有效性[②]。李纲和李轶也探讨了基于关键词加权的合理性和必要性，并提出了一种基于关键词加权的共词分析方法，通过在关键词词频统计和词对相似度计算两个步骤中使用的改进的加权算法，从而实现了基于关键词重要性的加权[③]。

3. 社会网络分析

社会网络分析（Social Network Analysis，SNA）最初用于心理学研究，后被应用于社会学、人类学、经济学、生命科学、科学学等众多领域。将其应用于文献计量学研究，可以通过社会网络分析中的K核、中心性和中介性等概念，找寻出具有重要地位的作品作者或者是关键词。目前社会网络分析主要用于合著、合作网络分析，引文分析或共现网络。

合著网络研究。国外这方面的研究成果比较多，在这些研究成果中，作者往往根据各自的研究目的选取一定范围的学者，或者是某一数据库中有关一个特定主题的所有文献的作者，或者是一个专业数据库中所有文献的作者。在构建社会网络时，将这些作者作为网络中的节点，而作者之间的合著关系则构成作者之间的连线，然后应用社会网络分析方法对合著网络进行分析。Liu Xiaoming等人的研究在该领域具有重要意义。他们选择对ACM和IEEE各自的数字图书馆会议以及ACM/IEEE联合召开的数字图书馆会议JCDL（Joint Conference on Digital Library）的文献进行研究。他们首先根据社会网络理论建立起作者之间的合著网络，然后应用社会网络分析法中的中心性分析研究该合著网络。同时还在PageRank方法的基础上提出了AuthorRank方法，并应用该方法对合著网络进行分析，最后对两种方法的分析结果进行了一定的比较[④]。国内也有众多学者进行此方面的研究，

---

① 钟伟金：《基于主要主题词加权的共词聚类分析法效果研究》，《情报学报》2009年第2期。

② 杨彦荣、张阳：《加权共词分析法研究》，《情报理论与实践》2011年第4期。

③ 李纲、李轶：《一种基于关键词加权的共词分析方法》，《情报科学》2011年第3期。

④ Liu X. M. , Bollen J. , NelsonM. L. , etal, "Co-authorship networks in the digitallibrary research community", *Information Processing and Management*, Vol. 41, No. 6, 2005.

如邱均平和伍超通过选取 2000—2010 年论文数据，对我国计量学领域的作者合作关系进行了研究[①]。潘有能等以 WOS 收录的 25 位普赖斯奖得主论文数据为依据，运用社会网络分析法研究该获奖群体间的科学合作网络[②]。

国外很多学者都积极应用社会网络分析法进行引文分析。引文网络的构建以作者为网络节点，以作者之间的引用关系为网络连线。用社会网络分析法分析引文网络比较直观，同时还可以结合作者之间的社会关系，如同事关系、朋友关系等进行分析。国外在此方面进行的理论关注比较多，例如如何将网络图转化为关系矩阵等。相比国外的理论关注，国内更多的是应用探讨。例如宋歌提出将社会网络分析引入到引文评价中，以改进评价方法，补充评价指标。从引文网络的构成及性质、社会网络分析的内涵及元认识论两个方面，论证社会网络分析在引文分析中的适用性；阐明基于社会网络分析的引文评价能够自动生成被引权重，消除自引对评价的影响，有利于开展分层评价，增加基于知识流通的评价指标，促进分类评价[③]。

4. 可视化与知识图谱

信息可视化是利用计算机支撑的、交互的、对抽象数据的可视表示。而知识图谱就是利用信息可视化技术，根据共引分析、共现分析等理论基础，构建的一种知识之间关系的网络图。

知识图谱（Mapping Knowledge Domain），也称科学知识图谱，是显示科学知识的发展进程与结构关系的一系列各种不同的图形。它用可视化技术描述知识资源及其载体，挖掘、分析、构建、绘制和显示知识及它们之间的相互联系。国内学者秦长江将知识图谱定义为：把应用数学、图形学、信息可视化技术、信息科学等学科的理论与方法与计量学引文分析、共现分析等方法结合，用可视化的图谱形象地展示学科的核心框架、发展历史、前沿领域以及整体知识架构的多学科融合的一种研究方法[④]。知识

---

① 邱均平、伍超：《基于社会网络分析的国内计量学作者合作关系研究》，《图书情报知识》2011 年第 6 期。

② 潘有能、谭健：《普赖斯奖得主的科学合作网络研究》，《图书情报工作》2012 年第 16 期。

③ 宋歌：《社会网络分析在引文评价中的应用研究》，《图书情报工作》2010 年第 14 期。

④ 秦长江、侯汉清：《知识图谱——信息管理与知识管理的新领域》，《大学图书馆学报》2009 年第 1 期。

图谱作为对科学知识及其间的关系可视化得出的结果，具有较为直观、定量、简单与客观等诸多优点；是一种有效的、综合的知识可视化分析方法和工具，被广泛应用并取得较可靠的结论；目前成为科学计量学、科学学、管理学等领域的研究热点与实践探索趋势。

知识图谱绘制方法主要来源于传统文献计量学方法，包括引文分析、共引分析、共词分析等，同时也借鉴了社会学中的社会网络分析。知识图谱绘制技术主要来源于统计学领域的数据简化和降维技术，既有传统的聚类分析、因子分析、多维尺度分析，也有较新的寻径网络、自组织特征映射、力矢量布局算法、潜在语义分析、最小生成树算法、三角测量等算法。

知识图谱主要应用于以下几个方面：（1）分析学科进展、学科前沿和研究热点以及学科发展趋势，描绘科学结构。国内外这方面的应用占了绝大多数；（2）绘制作者合作网络。通过合作网络的知识图谱绘制，可以直观地识别出较大规模的合作团队和团队组成结构，可以认知区域间和机构间的科研合作水平，从而为科研管理提供依据；（3）期刊评价与研究。知识图谱在对期刊的研究热点、研究趋势及学术影响力等方面的研究有着得天独厚的优势，进而还可分析某个学科核心期刊群体的结构。

国外可视化技术与知识图谱方面值得特别关注的是美国 Drexel 大学信息科学技术学院的陈超美教授。他在 20 世纪末就进行信息可视化方面的研究，利用可视化技术分析有关文献的共引情况，后将 Pathfinder 算法引入作者共被引分析，并生成了超文本的共被引图。2004 年，他又基于引文分析理论并将其范围进行了扩展，融合人机交互、数据挖掘、图像技术、图形学、认知科学等诸多学科原理和方法，应用 JAVA 语言开发了适用于多元、分时、动态网络分析的 Citespace 信息可视化软件。目前 Citespace 已升级到 3. 5. R9 版。陈超美本人基于 Citespace 进行了多项研究，展现具体的学科领域的知识基础或研究前沿，挖掘其中的重要文献等。2012 年陈超美等人利用 Citespace 并结合文本分析方法对再生医学领域的新兴研究趋势进行了可视化分析①。国内大连理工大学刘则渊团队在知识图谱方面开展了大量研究，继“知识计量与知识图谱丛书”后于 2012 年又推出“知识

① Chen C. , Hu Z. , Liu S. , Tseng H. , “Emerging trends in regenerative medicine: A scientometric analysis in Cite Space”, *Expert Opinions on Biological Therapy*, Volume12, Issue5, 2012.

计量与知识图谱丛书（第二辑）”，其中包括“技术创新前沿图谱”、“区域科技空间计量”、“科学合作及其产出计量”、“专利计量与专利战略”、“引文分析学知识图谱”等。

知识图谱绘制工具中 SPSS、Ucinet 和 Pajek 这些都是通用软件，Citespace 和 VOSViewer 则是专门软件。近几年，国内众多学者利用 Citespace 分析学科进展、学科前沿和研究热点以及学科发展趋势，描绘科学结构。VOSviewer 是荷兰莱顿大学埃克与沃尔特曼研发的可视化软件，能够绘制作者、引文、关键词等共现图谱，并提供四种图形展示方式：标签视图（the label view），密度视图（the density view），聚类密度视图（the cluster density view）和分散视图（the scatter view）①。VOSviewer 的突出特点是图形展示能力强，特别适合分析大规模样本数据。目前，CWTS 已基于该软件推出了一系列有助于机构科研评价的研究成果，这些成果中有基于 VOSviewer 的大学概况图、学科概况图、引证密度图、合作图谱等。相对于 Citespace，国内利用 VOSViewer 进行实践分析的文献则较少，已有的文献也多是对 VOSViewer 和 Citespace 的功能比较或者分析结果的比较。廖胜姣从两个软件的界面、可操作性、数据处理能力、绘图功能和技术支持以及绘制图谱的特点等方面进行了对比②；张力等人则是从实证角度对 CiteSpace 与 VOSviewer 进行应用比较，结果显示两个软件给出了基本一致的图谱结构③。

知识图谱研究也存在一些问题。文献调研表明，国外知识图谱研究存在的突出问题是：虽然很多先进的算法和优秀的软件不断涌现，但在学界和社会上都没有广泛推广应用，也没有建立起评判这些工具和软件功能优劣的有效方法和标准，影响了进一步的集成、大规模的研究。而国内知识图谱研究与国外相比有较大差距，主要表现在：研究手段和方法滞后；研究层次较低，对一些比较先进的技术（算法、软件）更多的都是理论上的探讨和介绍，很少进行实际的实验研究，如 PFNET、SOM、潜在语义分析

---

① Van Eck N. J. , Waltman L. , “Software survey: VOSviewer, a computer program for bibliometric mapping”, *Scientometrics*, Volume84, Issue2, August 2010.

② 廖胜姣：《科学知识图谱绘制工具 VOSViewer 与 Citespace 的比较研究》，《科技情报开发与经济》2011 年第 7 期。

③ 张力、赵星、叶鹰：《信息可视化软件 Citespace 与 VOSviewer 的应用比较》，《信息资源管理学报》2011 年第 1 期。

和最小生成树算法；研究对象范围窄。目前国内知识图谱构建研究的领域都是范围很窄的某一学科的发展历程或者研究前沿，并且很多都是使用Citespace这一工具。

5. 多种方法技术的综合与集成

随着技术的发展，现在的研究越来越多地需要将多种技术方法综合集成才能得到相对客观准确的结果。格伦采尔提出基于文献耦合、文本挖掘、交叉引用链接的混合聚类技术用于识别学科前沿领域①。韩毅、张克菊、金碧辉就指出将文本挖掘技术、社会网络分析技术及可视化方法整合到引文网络分析中②。其实科学知识图谱本身就是多种方法技术综合集成的结果，是传统文献计量学方法融入数据、信息可视化技术和社会网络分析方法的产物。

（二）文献计量学评价指标

1. 期刊评价新指标

（1）传统影响因子的变形

影响因子（Impact Factor，IF）作为期刊评价中最重要的指标，一直以来以2年为时间窗口统计数据，但是某些学科特别是人文社会科学引文高峰出现较晚。因此，汤森路透从2009年版开始，JCR中增加了五年影响因子，即某刊前五年发表论文在统计当年的总被引次数除以该刊前五年刊载论文数量。IF5作为IF的有益补充，有望解决IF不能较好地衡量被引高峰出现较晚的期刊论文学术影响力的问题。国内学者从实证角度，使用期刊引证报告（JCR）6015种期刊数据，以统计学方法探索性地分析5年期影响因子IF5的特点。研究结果显示，IF5作为具有代表性的平均性期刊评价指标，能更好地反映多数期刊被引高峰，总体符合布拉德福分布。研究结果还显示，IF5与2年期影响因子IF存在排序相关，也有显著统计学差异，两者测评结果在较好和较差期刊上相对一致，但在多数水平居中的期刊上存在区别③。国内也有多家机构将IF5用于期刊评价实践，如中国

---

① Glänzel, Wolfgang, "Bibliometric methods for detecting and analysing emerging research topics", *El profesional de lainformación*, , Vol. 21, No. 1, 2012.

② 韩毅、张克菊、金碧辉：《引文网络分析的方法整合研究进展》，《中国图书馆学报》2010年第4期。

③ 赵星：《JCR五年期影响因子探析》，《中国图书馆学报》2010年第187期。

科学技术信息研究所研制的中国高被引指数分析和中国社会科学院文献信息中心研制的中国人文社会科学核心期刊要览2012版。Scopus则是以三年为时间窗口计算期刊的影响因子。

(2)基于Pagerank算法的指标

传统的期刊评价指标中总被引频次和影响因子都存在只考虑被引次数，并不区分不同引用之间重要性的问题。因此，受Google的PageRank算法的启发，Scopus和Web of Science先后推出期刊评价新指标——SCImago Journal Rank（SJR）和Eigenfactor。SJR指数由西班牙SClmago研究小组基于Scopus数据库的数据应用与PageRank类似的算法提出的指标，它利用期刊之间的引用关系来计算期刊的重要性。SJR的基本假设是：一种期刊越多地被高声望期刊所引用，则此期刊的声望也越高。计算时给予来自高声望期刊的引用更高的权重，并以此规则迭代计算直到收敛，是一个同时衡量了期刊被引次数量和质量的指标。SJR与期刊影响因子相比更客观地反映了引用的价值，衡量了期刊的声望，具有重要的学术价值和实践意义。SJR还具有免费、数据公开透明、刊源范围广等诸多优点。但是，随着期刊数量的增加，SJR存在声望得分随着时间递减的问题。为克服此问题，西班牙SClmago研究小组对SJR指数进行了改进，提出了SJR2指数，该指数不仅考虑了引用期刊的声望，还考虑了引用期刊与被引期刊之间的领域相关性，即该领域或密切相关领域内较有声望的引用会获得较重的权重①。Scopus于2012年10月已将SJR指数调整为SJR2指数。

特征因子也借鉴了PageRank算法，认为来自更好期刊的引用比来自一般期刊的引用具有更大的说服力，其基本假设是：期刊越多地被高影响力的期刊所引用，则其影响力也越高。JCR期刊引文数据库根据特征因子法则计算了期刊的两个主要得分——特征因子值（Eigenfactor Score）和论文影响分值（Article Influence Score）。

SJR指数和特征因子的共同点就是综合考虑引用的数量和质量从而计算期刊分数，区分了不同引用之间的重要性差别，比只考虑被引用次数更客观合理些。但也存在一个普遍的问题：在构建期刊引用网络时并未考虑系统缺失部分。在期刊引用网络中，期刊上刊载论文的引用文献类型是多

① Vicente P. Guerrero-Botea, Félix Moya-Anegónb, “A further step forward in measuring journals' scientific prestige: The SJR2 indicator”, *Journal of Informetrics*, Volume 6, Issue 4, October 2012.

种类的，既有期刊论文，也有会议论文、书籍、标准、专利、网络信息等，目前还没有一个数据库能涵盖所有的这些文献类型，缺失比较严重，如果在构建期刊引用网络矩阵时不考虑系统缺失部分的内容就可能会造成结果的偏差。针对以上问题，中国科学信息研究所潘云涛等人提出了基于PrestigeRank算法的权威因子指标。PrestigeRank算法是在PageRank算法的基础上修改优化而成，PrestigeRank算法专门针对期刊引用网络缺失严重提出了合理的解决方案，在权威因子的计算中，期刊之间的引用不再是同等对待，重要期刊的一次引用比次要期刊的一次引用要被赋予更高的权重。同时，他们还利用PrestigeRank算法计算2008年的中国科技论文与引文数据库（CSTPCD）的所有期刊的权威因子，并在2009年版的中国科技期刊引证报告（核心版）推出。研究还发现权威因子与总被引频次相关性较高，但是它能发现一些并不流行（总被引频次相对较少）但权威性较高（权威因子相对较高）的期刊。权威因子能部分消除因为学科规模和性质不同造成的被引机会的不同的问题，缺点是较为抽象，计算量较大①。

这几个指标的设计思路基本相同：考虑到不同层次期刊的引用权重，通过引文构建起文献引用网络，从而对期刊的影响力进行评价，不仅考虑了引文的绝对数量，也考虑了引文的质量。但也存在一些问题：计算的数据封闭性比较强，计算难度大等。

（3）SNIP（论文来源标准化影响力）期刊指标

SNIP由荷兰莱顿大学社会科学学院科技中心的资深研究人员莫德于2010年提出，是期刊发表论文的篇均粗影响（RIP，即3年影响因子）和期刊主题领域中的数据库相对引用潜力（RDCP）的比值，用来测评期刊的语境引文影响。该指标考虑到不同主题领域的特点，尤其是作者在参考文献中引用他人论文的频次，引文影响达到峰值的速度及来源数据库的主题领域文献覆盖面。

SNIP＝期刊的“原始”引用影响力/该期刊在其学科领域的引用潜力②

某期刊原始影响力即期刊前三年发表的论文在统计年被（数据库来源期刊）引用的平均数；该期刊在其学科领域的引用潜力即数据库相对引用

---

① 苏成、潘云涛、马峥等：《权威因子：一个新的期刊评价指标》，《编辑学报》2010年第4期。

② Moed H. F.，“Measuring contextual citation impact of scientific journals”，*Journal of Informetrics*，Volume 4，Issue 3，July 2010.

潜力，即经过标准化处理的数据库引用潜力。

SNIP 的优点主要有：考虑到了引用区间的问题，将引用区间延长为三年，在一定程度上考虑到了那些引用周期较长（较慢达到引用峰值）的期刊；采用全新的主题领域界定方法，将主题领域的界定建立在与目标期刊有关的引文基础上，有利于综合性或多学科期刊的评价；考虑数据库覆盖面，反映数据库的特性；采用标准化方法处理数据，然后进行统一比较。总之，SNIP 在传统指标的基础上进行了创新与完善，考虑到了期刊的出版、主题领域以及国际化的特点，在一定程度上降低了人为操作性，这对进一步完善定量评价具有重大意义，是目前文献计量指标的一个有益补充。

SNIP 指标自 2010 年出现以来受到众多学者的关注，并被 Scopus 数据库应用于实践。国内学者紧追国际发展趋势，对 SNIP 进行了很多探讨。《图书情报工作》2012 年 10 期刊发了程小娟等人的一组文章，围绕 SNIP，从其产生、性质、原理、可行性、与 IF、h 指数和 SJR 的比较以及从国内外期刊引文数据验证等多侧面研究了 SNIP 新指标的优劣、意义[①][②][③]。

但是 SNIP 也存在和直觉相反的一些特性，为此，CWTS 的研究人员对 SNIP 进行了稍加改进，如使用不同的平均程序计算分母，以减少范围外（outlier）的影响[④]。改进后的 SNIP 已应用于 Scopus。

新指标的推出弥补了传统指标的缺陷，但是期刊评价是一个复杂的过程，期刊质量是一个多元化的概念，没有一个“完美”的指标能够作为唯一的评价指标。因此，在评价过程中不能仅限于一种评价指标，而应该是多种指标相结合。

2. h 指数

h 指数是一项旨在评价科研人员个人绩效的指标，由美国物理学家赫希（JE Hirsh）于 2005 年提出。赫希将 h 指数定义为：引文数大于等于 h

---

① 程小娟、杨晶晶：《Scopus 数据库引文评价新指标 SNIP 原理及可行性探讨》，《图书情报工作》2012 年第 10 期。

② 邹新贝、程小娟：《引文评价新指标 SNIP 与 IF、h 指数和 SJR 的理论比较研究》，《图书情报工作》2012 年第 10 期。

③ 杨晶晶、邹新贝：《引文评价新指标 SNIP 在国内外期刊中的实证研究》，《图书情报工作》2012 年第 10 期。

④ Ludo Waltman, Nees Jan van Eck, Thed N. van Leeuwen, “Some modifications to the SNIP journal impact indicator”, *Journal of Informetrics*, Volume7, Issue 2, April 2013.

的h篇论文数量。一个科学家的分值为h，当且仅当在他/她发表的N篇论文中有h篇论文每篇获得了不少于h次的引文数，剩下的（N-h）论文中每篇论文的引文数都小于h次。

h指数综合了数量因素（论文数）和质量因素（被引频次），因此h指数的出现立即引起了学术界的广泛兴趣和高度关注，很快成为学术评价新指标和文献计量学研究热点。H指数研究主要集中于两类：1. 基础理论研究，包括h指数的优缺点、h指数的影响因素、h指数与传统指标的比较以及h指数的衍生指数；2. 应用研究，包括科研人员的学术评价、科研团体的学术评价、期刊影响力评价、研究热点及研究趋势的预测与分析等。目前，h指数为主题的研究仍是现阶段的一个热点问题，理论研究不断深入，应用研究范围不断扩大。H指数研究的主要学者之一博恩曼首次运用元分析计算了h指数和30多种类h指数之间的相关性，研究结果显示h指数与类h指数高度相关，这也意味着类h指数相对h指数几乎不能提供更多的信息，因此多数类h指数对于h指数来说是多余的①。H指数最初多是应用于自然科学评价，随着研究的深入，很多学者开始探讨h指数在人文社会科学评价中的应用。目前，国内学者除了对h指数进行学术评价领域进行综述以及国内外h指数研究整体情况综述外，还有学者探讨了h指数在人文社会科学领域成果评价中的适用性②。叶鹰等人在国家自然科学基金项目“h指数与类h指数的机理分析与实证研究”资助下研究并结合国内外进展创作了一部有关h指数和h型指数研究的专著。该专著在阐明h指数和h型指数来龙去脉的基础上，对h指数和h型指数的理论机理、实证研究和应用研究进行了系统探索③。

3. 论文被引频次标准化

论文被引频次是引文分析中最具有代表性的指标，通常认为是学术影响力的标志。由于被引频次受学科领域、文献类型、出版时间等因素的影响，因此被引频次需要标准化以实现跨学科或跨领域的比较。荷兰莱顿大

① Lutz Bornmanna, Rüdiger Mutz, “A multilevel meta-analysis of studies reporting correlations between the h index and 37 different h index variants”, *Journal of Informetrics*, Volume 5, Issue 3, July 2011.

② 王新、金贞燕：《h-指数在人文社会科学领域成果评价中的适用性探讨》，《图书情报工作》2013年第2期。

③ 叶鹰等：《h指数与h型指数研究》，科学出版社2011年版。

学 CWTS 的 Crown Indicator（CPP/FCSm）就是以 JCR 主题类作为被引频次标准化的参照标准，先求出研究实体论文集的平均被引频次，然后再除以对应参照标准的期望被引频次以获得相对影响指标。CPP/FCSm 自问世以来一直所向披靡，但 2010 年受到了 Leydesdorff L，Opthof T 等人的质疑，经过几番讨论，CWTS 提出用 MNCS（Mean Normalized Citation Score）替代原来的 CPP/FCSm 成为新的“Crown Indicator”指标①。MNCS 则是先通过论文的被引频次除以对应参照标准的期望被引频次获得每篇论文的相对被引频次，而后再求其平均相对被引频次获得相对影响指标。MNCS 已用于莱顿 2011/2012 年大学排名。CPP/FCSm 和 MNCS 的公式见下。汤森路透新推出的 Incite 数据库中的很多相对指标也是基于被引频次标准化的考虑。被引频次的标准化是该指标的发展趋势，但是如何标准化仍处于争论中，陈仕吉等人阐述了目前典型的被引频次标准化方法，并进一步分析和讨论标准化引文指标的实际应用②

$$\text{CPP/FCSm} = \frac{\sum_{i=1}^{n} c_i/n}{\sum_{i=1}^{n} e_i/n} = \frac{\sum_{i=1}^{n} c_i}{\sum_{i=1}^{n} e_i}$$

一般为 JCR 主题类，期望被引频次为对应 JCR 中论文的平均被引频次。

c_i表示第 i 篇论文的被引频次，e_i表示第 i 篇论文所在学科领域的期望被引频次，n 表示评测论文数量。

$$\text{MNCS} = \frac{1}{n}\sum_{i=1}^{n} \frac{c_i}{e_i}$$

一般为 JCR 主题类，期望被引频次为对应 JCR 中论文的平均被引频次。

c_i表示第 i 篇论文的被引频次，e_i表示第 i 篇论文所在学科领域的期望被引频次，n 表示评测论文数量。

4. 其他评价指标

弗兰切斯基尼等人在 2012 年提出用成功指数（success-index）替代 h 指数来评价个人研究成果，随后又讨论了成功指数的信息计量学模型，并

① Waltman L.，van Eck N. J.，van Leeuwen T. N.，“Towards a New Crown Indicator：Some Theoretical Considerations”，*Journal of Informetrics*，Volume 5，Issue 1，January 2011.

② 陈仕吉：《论文被引频次标准化方法述评》，《现代图书情报技术》2012 年第 4 期。

尝试将其用于机构评价①②。雷迭斯多夫和博恩曼提出了综合影响指标(Integrated Impact Indicators，简称为I3指标）的概念，I3指标使用非正态分布统计量（如分位数）作为基础测度参数以应对论文和引文中经常出现的幂律或指数分布现象，从而试图克服原有正态分布统计量的偏差③。

（三）科学评价实践

1. 学术期刊评价

期刊评价是文献计量学研究的重要组成部分，它通过对学术期刊的发展规律和增长趋势进行量化分析，来揭示学科文献数量在期刊中的分布规律，为优化学术期刊的配置和使用提供重要依据。期刊评价方面国外侧重于期刊评价指标如影响因子等的研究，而国内则主要集中于期刊评价实践。期刊评价指标方面前面已有阐述。

目前，国内期刊评价体系主要有六家，其产品是：《中文核心期刊要目总览》（下简称“总览”)、《中国人文社会科学核心期刊要览》（下简称“要览”)、《中国科技期刊引证报告（核心版)》与《中国期刊引证报告(扩刊版)》(CJCR)、《中国科学计量指标：期刊引证报告》、《中文社会科学引文索引》(CSSCI)。北京大学已于2012年推出“总览”2011版，将出版周期由四年改为三年。中国社会科学院文献计量学研究室即将推出“要览”2013年版。中国科学院国家科学图书馆每年一次的引证报告已发布到2012年。目前国内期刊评价研究有以下发展趋势：更加重视综合性和交叉学科期刊的评价；多指标综合评价；定量与定性评价相结合；网络期刊的评价。

虽然目前国内期刊评价体系基本形成，但仍存在诸多问题。叶继元认为目前我国学术期刊评价体系中存在质量和创新力评价弱化、过分数量化、过分形式化、过分简单化、评价主体淡化、评价结果软化等问题。建

---

① Franceschini F., Galetto M., Maisano D., & Mastrogiacomo L., “The success-index: an alternative approach to the h-index for evaluating an individual' s research output”, *Scientometrics*, Volume 92, Issue 3, September 2012.

② Franceschini F., Galetto M., Maisano D., & Mastrogiacomo L., “An informetric model for the success-index” *Journal of Informetrics.*, Volume 7, Issue 1, January 2013.

③ Loet Leydesdorff, Lutz Bornmann, “Integrated Impact Indicators Compared with Impact Factors: An Alternative Research Design with Policy Implications”, *Journal of the American Society for Information Science and Technology*, Volume 62, Issue 11, August 2011.

议采用形式评价、内容评价和效用评价组合，形成新的同行专家评价与引文等文献计量评价相结合的评价方法和新的评价指标体系[①]。

2. 科研项目评价

在澳大利亚，“研究质量框架（Research Quality Framework，RQF）评价计划”已经被澳大利亚研究理事会的“澳大利亚卓越研究（Excellence in Research for Australia，ERA）”计划所代替。该计划于2009年进行了试评价，2010年正式开展了第一轮评价活动，评价结果于2011年初公布。2012年进行第二轮评价，并已发布评价结果报告。ERA2012评价计划中有四类指标，其中“研究质量”类目中包括出版物指标和引文分析指标。出版物包括图书、书的章节、期刊论文、专家评审后的会议出版物。引文分析中包括三种类型的文献计量学分析：相对引文影响力（Relative Citation Impact ，RCI）、相对于RCI等级的论文分布以及百位数分析（Centile analysis）。下一轮ERA预定于2015年进行。

3. 机构评价与大学排名

泰晤士高等教育世界大学排名（Times Higher Education World University Rankings，THEWUR）最初由《泰晤士报高等教育专刊》和英国著名高等教育研究机构QS联合进行，2004年首次出版。THEWUR评价一直以同行评议为主，但饱受质疑。2010年，THE放弃与QS合作，开始与汤森路透合作，启用新的评价系统，评价体系中加强了文献计量学指标的权重。新的评价体系中采用的13个绩效指标可分为5类，其中“引用：研究影响力”一类占总评分30%的权重。THE对引用数据进行科学标准化处理，按照六大学科领域收集与分析数据，从而给出艺术和人文、医疗卫生、生命科学、自然科学、工程和技术、社会科学等六大学科领域的独立排名。

荷兰莱顿大学科学技术研究中心较早就开始进行科学计量学研究，并专门建立了为科学计量学分析服务的科技指标数据库。2011年12月发布了2011/2012大学排名，此次排名基于汤森路透公司2005—2009年的数据对世界500所大学所发论文进行论文被引次数的排名。所用指标包括影响力指标（Impact indicators）和合作指标（Collaboration indicators）。影响力指标包括 Mean citation score（MCS）、Mean normalized citation score

---

① 叶继元：《学术期刊的质量与创新评价》，《浙江大学学报》（人文社会科学版）2013年第2期。

（MNCS）、Proportion top 10% publications （$PP_{top\ 10\%}$）。合作指标有 Proportion collaborative publications （PP_{collab}）、Proportion international collaborative publications （$PP_{intcollab}$）、Mean geographical collaboration distance （MGCD）、Proportion long distance collaborative publications （$PP_{>1000\ km}$）[①]。CWTS 大学排名的特点就是分别给出不同指标的数据，由用户根据自己的权重去做综合评价。

（四）评价数据源建设

长期以来，国内外引文数据库都是以收录期刊为主，并未将图书列入收录范围。但是图书已经成为社会科学、艺术人文领域研究成果的重要载体，在学术交流与科学评价中占有重要地位。为弥补传统引文索引中图书缺失的缺陷，汤森路透于 2011 年底在 Web of Knowledge 平台推出图书引文索引（Book Citation Index，简称 BkCI）。BkCI 的内容包括电子和纸质学术图书，收录研究论文或综述的全部参考文献。这些图书是根据严格的标准选出的学术著作，从而提供最具价值的文献资料。该索引覆盖了自然科学、社会科学和艺术人文的众多领域，图书可追溯至 2005 年，到 2012 年 10 月已覆盖 3 万多种学术著作，并将每年新增学术著作 1 万多种。BkCI 的推出，使 Web of KnowledgeSM 平台集合了学术著作、期刊和会议录文献资源，进一步优化了强大的引文导航功能，使该平台能分析学术专著和更广泛的学术研究之间的引用脉络。BkCI 使用户不仅能通过连接图书馆目录和电子书馆藏的直接链接访问机构资源，访问更完整的自然科学、社会科学和艺术人文领域的重要收录内容，还可以借此制定合理的图书采购计划，衡量图书在特定学科的贡献，并可发现潜在的合作伙伴。但是 BkCI 与该平台的其他资源一样，存在收录图书语种分布不平衡等问题。

针对中文图书，叶继元团队于 2012 年发布了《中文图书引文索引人文社会科学》（CBKCI）示范数据库。该数据库检索模块包括来源图书检索和被引文献检索。来源图书检索入口主要有：来源责任者、责任者姓名拼音、第一责任者、英文题名、学位分类、学科分类、出版者或期刊社、出版时间或年代卷期、基金类别、基金、机构名称、第一机构、地区、主题词等。被引文献检索入口主要有：被引文献责任者、被引文献题名、被

---

① http：//www. leidenranking. com/.

引期刊或被引图书出版者、被引文献年代或出版时间、被引文献类型、被引文献细节、被引频次（可以区分正面引用、负面应用与中性引用）等[①]。CBkCI 整合了中文人文社会科学诸多学科领域图书和图书上的全部引用文献，为人文社会科学研究人员提供了一个崭新的中文人文社会科学图书检索、分析与评价资源，帮助研究人员针对人文社会科学图书等文献进行定量、系统、客观、科学的统计与分析。CBkCI 作为综合性人文社会科学文献检索工具，还具有引文分析与评价功能，为学术研究成果交流、成果评价提供数据支持。

科学数据（包括观测数据、考查数据，实验数据，统计数据等）是人类科研活动中产生的成果，对于科研人员有着重要的参考价值。但是由于种种原因，科研人员在获取相关科学数据时面临重重困难，如：数量庞大的数据知识库、质量良莠不齐的科学数据以及如何正确引用科学数据以客观反映数据提供者的贡献等。为此，汤森路透于 2012 年 10 月 16 日宣布推出数据引文索引（Data Citation Index，DCI）。DCI 将研究数据与众多强大的研究发现工具连接起来，使研究人员能够快速和轻松识别并获取最相关的数据研究。研究数据和数字化的学术资源的加入，使 Web of Knowledge 平台强大的引文检索和导航功能优势得到了进一步增强。

除了这些传统的引文数据库，还有一些基于数据库开发的数据分析平台，如汤森路透科技集团于 2011 年推出的 InCites。InCites 是一个基于 Web of Science 数据建立的科研评价与分析平台。通过 InCites，用户能够实时跟踪机构的研究产出和影响力；将本机构的研究绩效与其他机构以及全球和学科领域的平均水平进行对比；发掘机构内具有学术影响力和发展潜力的研究人员，并监测机构的科研合作活动，以寻求潜在的科研合作机会。InCites 能够帮助政府和学术研究机构中的决策者、科研管理人员分析本机构的学术表现和影响力，并针对全球同行的研究成果进行比较。InCites 能够以多种形式定制机构数据，实现对机构整体、院系、研究团队、人员和单篇科研成果的多层次、全方位深入分析。定制数据中提供了 13 个指标。预置数据中提供了 17 个文献计量学评价指标，能够方便的对比分析机构总体论文和学术影响力概况，机构优势学科的全球定位、以及对

① 叶继元：《〈中文图书引文索引·人文社会科学〉示范数据库研制过程、意义及其启示》，《大学图书馆学报》2013 年第 1 期。

潜力学科的预测，为研究绩效评价和学科规划提供客观依据。InCites 的特点就是除了提供传统的绝对量指标外，还引入了很多新的相对分析指标，如相对影响力、相对论文被引率和综合绩效指标等，这些相对量指标在很大程度上弥补了绝对量指标的不足，使科学评价更加客观、全面反映科学活动的规律。

三 学科建设状况

(一) 国外情况①

1. 荷兰莱顿大学科学技术研究中心（CWTS）

(1) 概况

荷兰莱顿大学科学技术研究中心（the Centre for Science and Technology Studies，简称 CWTS，http：//www. socialsciences. leiden. edu/cwts/）成立于 1984 年，由瑞恩教授与莫德教授联合创建。CWTS 成立 20 多年以来，利用定量分析方法，主要是文献计量方法从事科学技术评价研究活动并对外提供商业服务。CWTS 提供的商业产品或定题服务大都基于对科技文献数据库数据的挖掘，在全球科学评价研究以及情报产品服务领域享有很高声望。

CWTS 以引领本领域基础理论与应用研究的前沿为目标，两位创始人瑞恩教授与莫德教授曾先后荣膺普赖斯奖（科学计量领域国际最高奖）。同时，CWTS 的多位研究人员，如 Tijssen 教授、Noyons Ed 博士，在科学评价或文献计量研究领域都颇有造诣，有着较高的知名度。

(2) 主要研究领域

①科学评价研究

科学评价方法的科学基础。CWTS 认为，科学评价方法的研究应当基于两个理念：首先，评价方法（包括文献计量学分析）是一个跨学科的行为，以多角度为目标，从一系列相关学科入手；第二，科学评价是一个理论和实践相结合的活动。

现有评价指标和软件的深入研究，加强文献计量学分析的有效性。分

① 本部分主要参照机构网站提供信息和《国家科学图书馆赴欧洲战略情报研究考察报告》（杨立英，2010）。

析现有的各个文献计量学指标、方法的主要特征，验证各个指标、方法在实际科研评价中的合理性和有效性，总结其优势和局限性；关注其他文献计量学研究小组的研究进程，把自己的方法指标与其他各种指标、方法之间进行对比分析，研究它们之间的联系和依赖性等。

CWTS 对科研评价方法的研究涵盖了不同层面的评价对象，包括宏观层面（国家）、中观层面（领域）、微观层面（机构），以及超微观（科学家层面）。

此外，CWTS 的研究还关注可能影响文献计量学指标的各种因素，以及对用文献计量学方法进行定量分析的结果进行解释时需要考虑的一些重要问题。

②科学与创新研究

从科研出版物和科研专利中抽取“文献计量学”的相关数据，在此数据集的基础上，开发新的分析工具，创建量化指标、模型，用这些工具、指标、模型揭示科学和工程研究结果转移为经济成果的过程，以及技术创新过程中的一些重要影响因素。

③科学图谱研究

近年来，CWTS 在科学图谱方面开展了一些研究工作。VOS（visualization of similarities）viewer 即是在 CWTS 资助下开发完成的科学图谱工具，支持大规模数据处理，可供免费下载使用（http：//www. vosviewer. com）。VOS 可以于生成三种基于文献计量关系的图谱：作者或期刊的共引关系图，关键词共现关系图。与其他可视化软件相比，其主要特点为图形化展现的方式较为丰富，显示清晰，使得文献计量学的分析结果易于解释。

CWTS 的图谱研究主要集中在两个方面：科学结构的描述和个体对象之间的关联结构的揭示。CWTS 图谱研究的目标主要是监测科学、科学领域、研究主题的动态性，利用社会网络理论及网络架构的特征来洞察学科或领域发展的态势，由此探索科学发展的趋势、组织结构，并最终实现在一定程度上预见未来发展。

此外，CWTS 还对其定量分析方法的背景即科技政策和理论基础即科学系统进行研究。

（3）科研特色

①研究工作以基于文献计量的定量评价方法为主

CWTS 研究工作的核心围绕文献计量方法在科研绩效评价中的应用，

设计和构建描述科学技术活动的指标；另外，CWTS的创始人瑞恩教授早年对关键词共现做过深入研究，是共词分析方法的倡导者之一。随着图谱技术在科学计量研究中的应用，CWTS尝试开展了基于共词、共被引等文献计量关系绘制揭示不同层面和科学活动要素的图谱。

CWTS拥有20年以上科研成果数据库建设历史，在数据加工，数据可靠性验证，设计和使用文献计量指标进行科研影响力评价，解决不同规模国家、机构、院系在不同学科的可比性方面积累了丰富经验。CWTS所使用的数据库以汤森路透的WoS数据库为主，同时，也尝试纳入其他的数据库数据如SCOPUS、R&D数据以及欧盟国家、世界其他国家、大学、商业机构数据。

②独创了一套用于科研绩效评价的定量指标体系

在评价的实践工作中，CWTS设计了一套独特的评价指标。指标设计侧重对不同学科学术影响力标准化处理 。

在CWTS的评价实践工作中，以成果影响力的评价为基本出发点，充分发挥其自建数据库的优势，针对不同学科引用规律差异较大（例如引用频次、参考文献数量存在量纲差异）的特点，考虑到不同研究规模机构在体量上的差距，设计了一系列独具特色的文献计量指标，如皇冠指标和SNIP（Source Normalized Impact Per Paper）可以将不同学科、不同研究规模的机构放在相同的基准下进行国际比较。这些指标在全世界范围内都有广泛影响，在欧洲国家的评价机构中应用很广。

（4）重要学术活动

①大力倡导并多次承办两年一届的科学技术评价指标会议（Science and Technology Indicators Conference）

每届会议都会有各国科研管理部门的决策者和从事科研绩效评价研究的人士参加，目前该会议已成为科研管理、科学评价领域的重要国际会议，其知名度仅次于ISSI会议；2010年9月该会议第5次由CWTS主办。

通过多次举办高水平学术会议，CWTS吸引了各国科研决策者和优秀科研人员的眼球，一方面，有效提升了科学计量研究工作的影响力，为该领域的蓬勃发展做出了贡献；另一方面，扩大了CWTS的国际影响，借助会议增加与国际同行深度交流的机会，为本机构研究人员的成长提供契机。

②每年定期发布莱顿排名榜（Leiden Ranking）

对欧洲和全世界范围内的高校给出学术影响力排名。在排名榜数据的统计中，CWTS 利用其独创的一套文献计量指标体系，基于 WoS 数据库，对欧洲超过 250 家高校、全球超过 500 家高校的原始数据进行规范化处理，分别提供欧洲前 100 位、前 250 位，世界前 100 位、前 250 位、前 500 位的高校排名数据。

目前，CWTS 已成为欧洲乃至全球科技评价活动的中心。

2. 比利时研发监测中心（ECOOM）

（1）概况

研发监测中心（Expertisecentrum O&O Monitoring，英文译名 Centre for R&D Monitoring，以下简称 ECOOM）是比利时的一个大学校际联合体，参加单位包括佛兰德地区全部大学，即 K. U. Leuven（鲁汶大学）、UGent（根特大学）、VUB（布鲁塞尔自由大学）、UA（安特卫普大学）和 Uhasselt（哈塞尔特大学）。

ECOOM 的任务涉及两个方面，一是为佛兰德政府提供服务，二是在相关领域开展研究。ECOOM 的主要学术影响涉及计量学以及相关研究，主要是对文献计量学方法工具的研究，以及衍生出的技术计量研究、创新经济研究等。ECOOM 每年都会出很多研究报告，其中包括学科文献计量分析报告。

（2）主要研究领域及研究工作

ECOOM 的文献计量学研究主要致力于以下三个领域：文献计量学基础研究（Bibliometrics for bibliometricians，或 Basic research in bibliometrics）、学科的文献计量学（Bibliometrics for scientific disciplines，或 Scientific information）和科学政策与管理的文献计量学（Bibliometrics for science policy and management，或 Research evaluation）。ECOOM 的文献计量学研究团队主要开展以下工作：

a）利用 WoS、ISI proceedings、SCOPUS 等作为分析研究的数据源；

b）开发并维护供分析研究用的数据库基础设施；

c）通过专项研究活动（如 Basisfinanciering、BOF、IOF 等）为政府持续提供新的数据信息；

d）参与各种评估评价实践（如 VIB、IMEC、FWO、rankings 等）；

e）开展其他研究计划。

（3）学术带头人格伦采尔（Wolfgang Glanzel）教授

格伦采尔教授拥有数学博士和科学研究博士双重学位，现任 ECOOM 主任，是文献计量学研究团队带头人。他主要利用文献计量学方法对科学研究开展定量分析，研究内容涉及经典定律及其应用、引证关系与特点、通过共著现象研究科研合作特点、自引对文献计量指标及效果的影响、科学研究的国家态势与学科态势、期刊评价等。2005 年以来，格伦采尔比较关注新的指标与方法的拓展，如 h 指数的应用条件及改善、文本挖掘、关联分析、聚类分析、关系图表等。

格伦采尔有较深厚的数学基础，喜欢侧重于对定量方法与模型的研究。其主要涉及以下研究主题：文献计量指标与方法研究及其拓展；引证、参考文献、共著等现象研究；科研态势的分析与评价；区域技术发展研究。

3. 西班牙科学研究委员会人文社科中心

（1）概况

人文社会科学中心（Centro de Ciencias Humanas y Sociales，CCHS-CSIC）是西班牙科学研究委员会众多研究中心之一，从职能定位上看类似于中国的社会科学院。CCHS-CSIC 从事文献计量学相关研究的部门有科学技术文献研究所（Instituto de Estudios Documentales sobre Ciencia y Tecnología，IEDCYT，原 CINDOC）、网络计量学实验室（Cybermetrics Lab）和 SCImago 研究组。IEDCYT 原名为科学文献与信息中心（Centro de Información y Documantación Científica，CINDOC），其前身是成立于 1953 年的信息与文献中心（Centro de Información y Documentación，CID）。IEDCYT 的主要职能是为西班牙科学研究委员会的科学规划提供充分的文献支持，并开展科学文献领域的研究，其中包括开展不同领域科学产出的文献计量研究

（2）主要研究领域

①科技文献计量与分析

CCHS-CSIC 主要开展以西班牙科技成果主题的文献计量学研究，搜集、分析西班牙科技期刊上发表的论文，开发评估指标，研究西班牙科技期刊的本质特征（可塑性、体制支持等）和外部特征（可视度、国内外知名度、引文等）。研究科学成果，完善期刊的评估工作，研究评估科学期刊的质量指标，并应用在 ISOC 数据库和 Latindex 目录中的期刊。

②网络计量学

设计和开发虚拟监测平台，监测全球范围内参与科学技术活动的机

构、组织和研究人员的网络平台；建立系列化的网络量化描述指标，对网络上的科学交流的评价；研究互联网资源的识别、收集和评价的自动化方法；文献分析规则和网站实质真实描述的相关研究；对搜索引擎和其他用于定位和检索互联网信息的工具进行定期评价。

（3）主要产品

数据库。IEDCYT 出版了 ICYT（科学与技术）、ISOC（社会科学与人文科学）以及 IME（生物医学）书目数据库，它们涵盖了从 20 世纪 70 年代至今在西班牙出版的西班牙科学出版物。大部分是科学期刊上的文章，也有一些国会和会议论文、连续出版物、资料汇编、报告以及专论。可以通过订购和免费使用两种方法来访问数据库。

主办《网络计量学》期刊。《网络计量学》是英文期刊，主要发表网络学术和科学交流的定量分析成果，是 OPEN ACCESS 的刊物，但发表的文章是经过国际同行评审的。该刊具有电子期刊和虚拟论坛的性质，编辑部经常组织一系列会议（研讨会），传播和交流互联网的定量分析结果，展示研究成果和新的方法，这些会议一般是与一些大型国际会议同时举行。该刊还保留了一系列电子资源目录，包括 PDF 格式网页的二次存档。其目的在于为以互联网为学术交流工具的定量描述和分析研究提供参考工具和原始数据，这其中比较重要的包括了网上关于 R&D 分布和进展的数据。

期刊与国家排名数据库和 Web 排名数据库。

（4）科研特色

CCHS 在文献计量学和网络计量学两个主题尤其是对相关指标的研究及其成果是其特色和亮点。

①SJR 指标及应用

SJR 即是由 CCHS 的 SCImago 研究组提出。为了推广和提高 SJR 的影响，SCImago 研究组建立了期刊与国家排名数据库，并放到了网站上供公众自由检索使用。网址是：http：//www. scimagojr. com/。

②WEB 指标及应用

CSIC 的网络计量学实验室主要从事网络计量学的研究，其负责人 Isidro F. Aguillo Caño 及其团队主要从事 WEB 资源结构研究及互联网上科学交流过程的定量分析。可分为以下三大类：

a）互联网定量分析：包括网络计量学、Web 定位与电子期刊，主要研究可描述互联网科研活动与交流及其相互之间关系的指标和方法。

b）Web 结构：包括拓扑和计量、社会关系网络和隐形网络，主要研究 Web 结构的分类、动态和演化。

c）定性研究：包括中介和搜索引擎、正式和非正式交流、数字化差距以及 e-Science/e-Research/E-Innovation。

网络计量学实验室提出了一套 Web 分析指标和工具。为推广其研究成果，网络计量学实验室提出了 Web 排名体系“ Ranking Web of Repositories”，对全球研究机构、大学进行了排名，并以公开获取方式在互联网上公布，网址：http：//repositories. webometrics. info/。

4. 美国印第安纳大学信息科学与图书馆学系

（1）主要研究领域

该系进行的文献计量学相关研究主要包括：科学计量学、信息计量学、学术交流、引文分析、评估和成果评价等，

（2）主要项目和成果

该系与该校的网络科学中心合作开发了 Network Workbench Tool（NWB）和 Science of Science Tool（Sci2）两款工具。NWB 是一个全面的网络分析、建模和可视化工具。它可以完成数据预处理、不同类型网络构建、知识网络的分析，知识可视化整个流程；也可进行历时性分析。数据的预处理包括去重，分时间段，探测和整合同义词；可以构建多种网络：共引、合作、共词和耦合等，也可以形成作者—文档网络或直接引证网络；可使用众多算法分析知识网络，并进行突变探测。Sci2 是对 NWB 在科学计量、文献计量分析领域的定制和扩展，支持基于时间序列、地理位置、网络分析等多层面的文献分析，提供科学文献的宏观、中观和微观的可视化分析。

（3）学科带头人布雷思·克罗尼（Blaise Cronin）

布雷思·克罗尼（Blaise Cronin）担任印第安纳大学图书馆与信息科学学院院长已长达 19 年，兼任伦敦城市大学和爱丁堡龙比亚大学的名誉客座教授，Journal of the American Society for Information Scienceand Technology 期刊主编，Annual Review of Information Science and Technology 编辑，荣获 2013 年普赖斯奖。他主要从事学术交流、科研合作、引文分析、学术奖励制度、信息计量学和战略情报等研究。其与 Cassidy Sugimoto 合编的《BeyondBibliometrics》即将出版。

5. 美国德雷克塞尔（Drexel）大学 信息科学与技术学院

(1) 概况

德雷克塞尔信息科学与技术学院的信息科学技术位居美国前列，也是美国和世界影响最大的信息可视化与科学计量学研究中心之一。该院的信息可视化技术和科学知识图谱技术在世界处于领先地位。

(2) 学科带头人

①怀特（Howard D. White）和麦肯（K. W. McCain）

怀特（Howard D. White）和麦肯（K. W. McCain）是该院著名科学计量学家，现已退休，曾先后荣获普赖斯奖。两位学者早年将共引概念扩展至作者，提出了作者共引概念，并将SOM引入共引。同时以共引分析为基础，与多种多元统计分析结合起来，采用相关的统计绘图软件，开展科学文献的计量研究，绘制多维尺度知识图谱。两位学者的早期研究为后来的科学知识图谱研究奠定了坚实基础。

②陈超美

陈超美教授则创造性地把信息可视化技术和科学计量学结合起来，开创了以知识领域为分析单元的可视化综合性学术与应用领域，把对科学前沿的知识计量和知识管理研究推进到以知识图谱与知识可视化为辅助决策重要手段的新阶段。他所开发的文献计量分析软件 CiteSpace，对科学知识图谱理论与方法做出了奠基性贡献。

(二) 国内情况

1. 中国科学院国家科学图书馆

(1) 概况

中国科学院国家科学图书馆的文献计量学研究主要应用于战略情报，为科研管理和科学决策提供服务。涉及领域主要有两个方面：基于文献计量学理论与方法的领域描述和科研绩效评价。前者主要包括以大型文献数据库为主要依托，充分运用各种类型的计量数据进行学科、领域的发展态势分析，进而利用可视化技术研究分析科学的机构、特点和发展规律；后者主要包括从宏观层面评价世界、国家、机构科技发展情况。

(2) 主要成果

战略情报产品。包括学科发展态势评估、机构核心竞争力评价等。

数据库及附属产品。中国科学引文数据库（Chinese Science Citation

Database，简称 CSCD)、中国科学文献计量指标数据库和中国科技期刊引证指标数据库以及《中国科学计量指标：期刊引证报告》（每年发布一次)。

2. 中国科学技术信息研究所

(1) 概况

中国科学技术信息研究所以潘云涛为首的团队主要从事科学计量学科研绩效评价和科技期刊评价的研究工作。研究领域包括利用国内外大型文献数据库或专利文献数据库的数据，揭示国家、机构、科学家之间的学术交流关系以及体现在数量上的科学生产能力和学术影响能力，分析我国科学研究的结构与布局，研究科学技术发展的主流趋势，为国家的宏观决策提供有用的参考。建立中国科技期刊评价体系，对我国科技期刊的整体状况进行监测和研究。

(2) 主要成果

①中国科技论文与引文数据库（CSTPCD)

②《中国科技期刊引证报告》(每年发布一次)

③《中国高被引论文指数分析（2011 年版)》和《中国高被引分析报告（2012 年版)》

3. 武汉大学

武汉大学的邱均平教授是国内最早从事文献计量学研究的学者之一，其所带领的研究团队由早年的文献计量学基础理论研究转向以评价为主的文献计量学应用研究。基于文献计量学开发的产品主要有：《中国学术期刊评价研究报告》、《中国大学及学科专业评价报告》、《中国研究生教育评价报告》、《世界一流大学及学科竞争力评价研究报告》和《高考分数线与报考指南》。除第一个是两年发布一次外，其余都是每年发布一次。

4. 南京大学

(1) 概况

南京大学的主要研究主题有：人文社会科学计量、中文社会科学引文分析、人文社会科学影响力研究等。研究方向主要有国外学术著作对我国人文社会科学研究的影响、各人文学科最有学术影响力的学术著作分析、人文社会科学著者的引文分析、人文社会科学学术影响力评价指标体系等。

(2) 主要成果

①中文社会科学引文索引（Chinese Social Sciences Citation Index）；

②中国人文社会科学图书学术影响力报告；

③中国人文社会科学学术影响力报告。

5. 大连理工大学

刘则渊与德国科学计量学家克雷奇默博士创建创办的大连理工大学网络—信息—科学—经济计量实验室（WIS 实验室）是我国科学计量学研究中心的后起之秀。该中心聘请美国德雷塞尔大学信息科技学院陈超美博士为长江学者讲座教授，借助其开发的 Citespace 软件，开展了一系列科技前沿的知识计量学与科学知识图谱研究，并向国内同行积极推广 Citespace 的使用。该中心继《科学知识图谱：方法与应用》后，于 2012 年又出版了《知识计量与知识图谱丛书（第二辑）》系列丛书。该中心利用 Citespace 进行的科学知识图谱研究在国内处于领先水平。

（三）中国社会科学院文献计量学研究室

1. 学科优势

中国社会科学院文献计量学研究室在人文社会科学评价研究、文献计量学指标、引文数据库建设、期刊评价研究、网络计量学等几个领域取得重要进展。

（1）文献计量评价指标研究方面，首次提出了“学科被引指数下载指数”的论文评价指标概念，该标准化指标有助于评价不同学科领域的学术论文，该研究是目前国际文献计量学指标研究的前沿之一；（2）评价数据源建设方面，建设的“中国人文社会科学引文数据库（CHSSCD）”是我国目前有较大影响、年度收文量较大的人文社会科学引文索引，是我国文献计量评价研究的重要工具之一，已被北京市教委认定为社科类学者申报高级职称成果认证的指定数据库；（3）科学评价实践方面，基于 CHSSCD 研制的《中国人文社会科学核心期刊要览》已成为全国几大社科期刊评价体系之一，在国内具有较大影响，目前即将推出 2013 年版核心期刊要览及《出版社学术影响力评价报告》、《中国人文社会科学期刊评价指标集》。此外，还承担了中国社会科学院创新工程绩效评价指标体系设计等大型委托项目。

2. 主要项目及学术成果

（1）成果评价研究

2010 年 8 月在中国社会科学出版社出版《人文社会科学成果评价研究》专著，通过对国内评价的回顾及国内外评价的实践与理论比较，以价值论、情报学、信息哲学、系统论作为理论基础，构建出我国人文社会科学研究成果评价的完整体系，包括评价对象、评价主体、评价指标、评价方法、评价程序等；并以此评价体系为框架，根据人文社会科学研究成果的形式特点与传播规律，分别设计出论文成果、研究报告成果与著作成果三种不同类型成果的评价指标与评价体系。

2012 年 1 月，合著出版《人文社会科学评价理论与实践》。该书分上下两册，内容丰富，从人文社会科学评价的理论基础，到评价体系，再到实证与应用，涉及到评价机制 评价环境，评价体系、评价要素、分类体系、运作体系、指标体系、成果评价、人员评价、机构评价、项目评价等内容，并针对人员成果评价、机构评价和中国学术期刊国际影响力评价分别做了实证研究，构建了评价信息系统集成平台与应用系统。

2012 年 12 月，在国际专业期刊 Scientometrics（《科学计量学》）发表关于人文社会科学成果评价指标的研究论文："Evaluation index system for academic papers of humanities and social sciences"。在该文中，我们首次提出"学科被引指数下载指数"论文评价指标，也叫论文的学科影响因子（Paper Impact Factor，PIF），这是一个数值标准化指标，计算过程较为复杂，涉及到学科篇均被引和篇均下载的计算。根据文献被引量的偏态分布特征，论文专门探讨了学科篇均被引和学科篇均下载的三种计算方法：第一种是对学科论文总体进行计算，将该学科论文的总被引频次和总下载频次进行统计，从而得到篇均被引和篇均下载的数值；第二、第三种方法是针对高质量论文进行计算，分别选取学科核心区的前 20% 和前 30% 的论文作为统计对象。通过反复验证，最后选用 30% 的学科核心区来计算样本论文的学科篇均被引和学科篇均下载，以发表于 2003 年或 2004 年并获得中国社会科学院第 6 届优秀科研成果奖的论文作为分析样本，进行实证研究，得到了有价值的统计结果与研究结论。

2012 年 6 月，在专业核心期刊《大学图书馆学报》发表学术论文《基于文献引证关系的人文社会科学论文评价》。该文针对目前在科学评价中广泛采用的引文分析指标，详细分析归纳了人文社会科学的学科特殊性以及文献计量方法对于人文社会科学评价的适用性。人文社会科学的特殊性包括：1. 具有明显的地域性；2. 成果形式以图书和研究报告为主，期刊论文相对较少；3. 期刊论文的半衰期较长，旧文献的引文率较高，而且往往比自然科学领域的参考文献量要少，因为社会科学多半是随着社会需要而研究现实问题，针对某一专题提出自己的观点与看法，当前的各种热门话题都有可能被探讨，在人文社会科学领域既定的知识核心很小，研究前沿相对很大。基于这一学科特殊性，提出人文社会科学论文评价新思路：引用认同论文评价；引证图像论文评价；复合层次论文评价。引用认同和引证图像分别从引用与被引用两个角度设计评价指标，重点通过引证图像评价指标解决数据库收录范围问题、评价时间窗口的选择问题、出版物形式的多样性问题。复合层次论文评价则逐级设计了高被引论文、核心论文、经典论文、高质量论文、获奖论文的评价指标与做法。

（2）网站评价及网络计量学研究

网站评价、网络学术信息空间分布等领域发表有期刊论文《学术网站评价方法研究》、《网络学术信息的地理空间分布现状研究》、《网络学术信息的地理空间集聚研究》、《网络学术信息空间依赖性》等。论文《我国网络学术信息空间分布影响因素研究——基于空间计量的实证分析》选取我国省域网络学术信息截面数据，在考虑地理空间因素的情况下，建立网络学术信息空间分布影响因素计量模型，以定量的方法对形成我国网络学术信息空间分布格局的原因进行分析。研究发现，网络学术信息的空间分布存在空间依赖性，空间误差模型是进行该分析的最优模型，经济发达程度、科研队伍大小、网络发展水平、人口基数和城市居民数量是影响网络学术信息空间分布情况的主要因素。

四　学科发展前景

（一）发展趋势

综观国内外文献计量学的学科发展概况、学科前沿动态及学科建设状况，可以看出目前文献计量学主要呈现出如下发展趋势：

（1）应用化趋势。无论是国外众多研究机构越来越多地将文献计量学应用于机构、期刊等评价，还是国内各种评价中心如雨后春笋般崛起，都说明文献计量学越来越多地应用于科研管理实践与科研政策的制定，应用化趋势越来越明显。

（2）国际化趋势。两年一次的国际科学计量学和信息计量学大会和国际科学技术指标大会以及每年一次的网络计量学、信息计量学和科学计量学交流会暨 COLLNET 会议为世界各国文献计量学领域学者提供了相互交流学习的平台。随着交流的频繁，越来越多的国家和地区的业内人士参会。由中国科学学与科技政策研究会科学计量学与信息计量学专业委员会主办的“科学计量学与大学评价国际研讨会”已举办 7 届，亦邀请了多位国际著名文献计量学家参会。如现任国际科学计量学与信息计量学学会会长、国际著名科学计量学家鲁索教授，自 1998 年首次访华以来的 15 年间，多次访华，为中外学术交流、培养中国科学计量研究力量做出了杰出贡献。为了纪念鲁索与中国合作交流成绩，中国科学计量学与信息计量学专业委员会将于今年 11 月份以第八届科学学与大学评价国际学术研讨会的形式在中国宁波召开纪念大会。除了学术交流的国际化，数据库建设与使用的国际化也很明显。中国科学院国家科学图书馆已将 CSCD 嵌入 Web of Knowledge 平台，为国外学者了解使用中文期刊数据提供了平台。

（3）学科综合性趋势。由于文献计量学中不断引入新的方法和技术，如社会学中的社会网络分析方法和信息技术中的可视化技术，因此学科综合性不断提高。同时，文献计量学研究已不囿于传统的图书情报部门仅仅为图书馆期刊采购等服务。随着其实际应用趋势的发展，文献计量学的评价功能越来越多的为科研管理和科学决策服务，随之而来的就是文献计量学研究需要科研管理等多部门的参与。

（4）大数据依赖趋势。文献计量学研究本身都是基于大规模数据，且样本越大，准确性越高。大数据时代的到来无疑为文献计量学研究提供了更广阔的统计源，为文献计量学发展提供新的契机。同时，评价结果的准确性越来越依赖于各类型数据库的数据质量与开放程度，文献计量与科学评价研究与实践也越来越成为投入巨大的奢侈学术活动。

（二）问题与不足

目前，文献计量学的学科发展与实际应用也存在着一些问题和不足不容忽视。相对于异常活跃的应用研究，基础理论研究显得偏弱，特别是期刊评价和大学评价。随着其实际应用范围的扩大，很多应用者并不能完全客观地认识到文献计量学本身的一些缺陷或不足，特别是在评价实践中，对文献计量学的评价功能期望过高，存在过度期待、过度重视、过度使用等问题，因此实际应用中不免存在泛化现象。理论研究是为了更好的应用，而实际应用又为理论研究提供事实依据，两者并重，不可偏颇，文献计量学才能可持续性地健康发展。

（中国社会科学院图书馆 文献计量学研究室
耿海英　任全娥）

参考文献

1. 刘春丽：《Web 2.0 环境下的科学计量学：选择性计量学》，《图书情报工作》2012 年第 14 期，第 52—56 页。

2. Thelwall M. , *Introduction to Webometrics: Quantitative Web Research for the Social Sciences*, Morgan and Claypool Publishers , 2009.

3. Chen, Chaomei, Ibekwe-SanJuan Fidelia, Hou, Jianhua, "The Structure and Dynamics of Cocitation Clusters: A Multiple-Perspective Cocitation Analysis", *Journal of the American Society for Information Science and Technology*, Volume 61, Issue 7, July 2010.

4. Du Jian, Xu Peiyang, Zhang Bin , "The Conceptual Structures and Thematic Trends of Health Literacy Research: A Multiple-Perspective of Document Co-Citation Analysis" , 许培扬博客 http: //blog. sciencenet. cn/blog-280034 – 382429. html 2013. 6. 20.

5. Olle Persson , "Identifying research themes with weighted direct citation links", *Journal of Informetrics*, Volume 4, Issue 3, July 2010.

6. 张建合：《影响因子中的期刊自引成分分析》，《信阳师范学院学报》（自然科学版）2010 年第 2 期。

7. Juan Miguel Campanario, "Self-citations That Contribute to the Journal Impact Factor: An Investment-Benefit-Yield Analysis", *Journal of the American Society for Information Science and Technology*, Volume 61, Issue 12, December 2010.

8. 郑毅：《科技期刊人为提高自引率对影响因子的定量研究》，《江汉大学学报》（自然科学版）2012 年第 4 期。

9. 郭建顺：《我国科技期刊的高自引率及其不合理自引的甄别》，《中国科技期刊研究》2010 年第 4 期。

10. 叶鹰、张力：《用共关键词网络揭示领域知识结构的实验研究》，《情报学报》2012 年第 12 期。

11. 钟伟金：《基于主要主题词加权的共词聚类分析法效果研究》，《情报学报》2009 年第 2 期。

12. 杨彦荣、张阳：《加权共词分析法研究》，《情报理论与实践》2011 年第 4 期。

13. 李纲、李铁：《一种基于关键词加权的共词分析方法》，《情报科学》2011 年第

3 期。

14. Liu X. M. , Bollen J. , NelsonM. L. , etal, "Co-authorship networks in the digitallibrary research community", *Information Processing and Management*, Vol. 41, No. 6, 2005.

15. 邱均平、伍超:《基于社会网络分析的国内计量学作者合作关系研究》,《图书情报知识》2011 年第 6 期。

16. 潘有能、谭健:《普赖斯奖得主的科学合作网络研究》,《图书情报工作》2012 年第 16 期。

17. 宋歌:《社会网络分析在引文评价中的应用研究》,《图书情报工作》2010 年第 14 期。

18. 秦长江、侯汉清:《知识图谱——信息管理与知识管理的新领域》,《大学图书馆学报》2009 年第 1 期。

19. Chen C. , Hu Z. , Liu S. , Tseng H. , "Emerging trends in regenerative medicine: A scientometric analysis in CiteSpace", *Expert Opinions on Biological Therapy*, Volume 12, Issue 5, 2012.

20. Van Eck N. J. , Waltman L. , "Software survey: VOSviewer, a computer program for bibliometric mapping", *Scientometrics*, Volume 84, Issue 2, August 2010.

21. 廖胜姣:《科学知识图谱绘制工具 VOSViewer 与 Citespace 的比较研究》,《科技情报开发与经济》2011 年第 7 期。

22. 张力、赵星、叶鹰:《信息可视化软件 Citespace 与 VOSviewer 的应用比较》,《信息资源管理学报》2011 年第 1 期。

23. Glänzel, Wolfgang, "Bibliometric methods for detecting and analysing emerging research topics", *El profesional de lainformacíón*, , Vol. 21, No. 1, 2012.

24. 韩毅、张克菊、金碧辉:《引文网络分析的方法整合研究进展》,《中国图书馆学报》2010 年第 4 期。

25. 赵星:《JCR 五年期影响因子探析》,《中国图书馆学报》2010 年第 187 期。

26. Vicente P. Guerrero-Botea, Félix Moya-Anegónb, "A further step forward in measuring journals' scientific prestige: The SJR2 indicator", *Journal of Informetrics*, Volume 6, Issue 4, October 2012.

27. 苏成、潘云涛、马峥等:《权威因子:一个新的期刊评价指标》,《编辑学报》2010 年第 4 期。

28. Moed H. F. , "Measuring contextual citation impact of scientific journals", *Journal of Informetrics*, Volume 4, Issue 3, July 2010.

29. 程小娟、杨晶晶:《Scopus 数据库引文评价新指标 SNIP 原理及可行性探讨》,《图书情报工作》2012 年第 10 期。

30. 邹新贝、程小娟:《引文评价新指标 SNIP 与 IF、h 指数和 SJR 的理论比较研究》,《图书情报工作》2012 年第 10 期。

31. 杨晶晶、邹新贝:《引文评价新指标 SNIP 在国内外期刊中的实证研究》,《图书情报工作》2012 年第 10 期。

32. Ludo Waltman, Nees Jan van Eck, Thed N. van Leeuwen, "Some modifications to the SNIP journal impact indicator", *Journal of Informetrics*, Volume 7, Issue 2, April 2013.

33. Lutz Bornmanna, Rüdiger Mutz, "A multilevel meta-analysis of studies reporting correlations between the h index and 37 different h index variants", *Journal of Informetrics*, Volume 5, Issue 3, July 2011.

34. 王新、金贞燕:《h-指数在人文社会科学领域成果评价中的适用性探讨》,《图书情报工作》2013 年第 2 期。

35. 叶鹰等:《h 指数与 h 型指数研究》,科学出版社 2011 年版。

36. Waltman L, van Eck N J, van Leeuwen T N, "Towards a New Crown Indicator: Some Theoretical Considerations", *Journal of Informetrics*, Volume 5, Issue 1, January 2011.

37. 陈仕吉:《论文被引频次标准化方法述评》,《现代图书情报技术》2012 年第 4 期。

38. Franceschini F., Galetto M., Maisano D., & Mastrogiacomo L., "The success-index: an alternative approach to the h-index for evaluating an individual' s research output", *Scientometrics*, Volume 92, Issue 3, September 2012.

39. Franceschini F., Galetto M., Maisano D., & Mastrogiacomo L., "An informetric model for the success-index" *Journal of Informetrics.*, Volume 7, Issue 1, January 2013.

40. Franceschini F., Galetto M., Maisano D., & Mastrogiacomo L., "Evaluating research institutions: the potential of the success-index", *Scientometrics*, Volume 96, Issue 1, July 2013.

41. Loet Leydesdorff, Lutz Bornmann "Integrated Impact Indicators Compared with Impact Factors: An Alternative Research Design with Policy Implications", *Journal of the American Society for Information Science and Technology*, Volume 62, Issue 11, August 2011.

42. 叶继元:《学术期刊的质量与创新评价》,《浙江大学学报》(人文社会科学版) 2013 年第 2 期。

43. http://www.leidenranking.com/.

44. 叶继元:《〈中文图书引文索引·人文社会科学〉示范数据库研制过程、意义及其启示》,《大学图书馆学报》2013 年第 1 期。

45. 杨思洛、韩瑞珍:《国外知识图谱绘制的方法与工具分析》,《图书情报知识》2012 年第 6 期。

46. Loet Leydesdorff, "Field-normalized impact factors (IFs): A comparison of rescaling and fractionally counted Ifs", *Journal of the American Society for Information Science and Tech-

nology, 2013.

47. Chaomei Chen, "CiteSpace II: Detecting and visualizing emerging trends and transient patterns in scientific literature", *Journal of the American Society for Information Science and Technology*, Volume 57, Issue 3, February 2006.